道路与桥梁工程施工技术研究

戴隆强　骆　杨　胡泉辉 ◎著

中国商务出版社
CHINA COMMERCE AND TRADE PRESS

图书在版编目（CIP）数据

道路与桥梁工程施工技术研究 / 戴隆强，骆杨，胡泉辉著. -- 北京 ： 中国商务出版社，2022.10
ISBN 978-7-5103-4475-6

Ⅰ．①道… Ⅱ．①戴… ②骆… ③胡… Ⅲ．①道路施工②桥梁施工 Ⅳ．①U415②U445

中国版本图书馆CIP数据核字(2022)第188813号

道路与桥梁工程施工技术研究

DAOLU YU QIAOLIANG GONGCHENG SHIGONG JISHU YANJIU

戴隆强　骆杨　胡泉辉　著

出　　版：中国商务出版社
地　　址：北京市东城区安外东后巷28号　　邮　编：100710
责任部门：教育事业部（010-64283818）
责任编辑：丁海春
直销客服：010-64283818
总 发 行：中国商务出版社发行部 （010-64208388　64515150 ）
网购零售：中国商务出版社淘宝店 （010-64286917）
网　　址：http://www.cctpress.com
网　　店：https://shop162373850.taobao.com
邮　　箱：347675974@qq.com
印　　刷：北京四海锦诚印刷技术有限公司
开　　本：787毫米×1092毫米　1/16
印　　张：11　　　　　　　　　　字　数：228千字
版　　次：2023年10月第1版　　　印　次：2023年10月第1次印刷
书　　号：ISBN 978-7-5103-4475-6
定　　价：72.00元

前　言

随着时代的发展，道路与桥梁工程成为交通建设中两个必不可少的工程门类，国家对道路与桥梁工程专业人才培养日益重视。道路逐渐成为连通各个区域的重要枢纽，在国家相关政策的大力支持下，我国道路中公路建设取得了显著成就。与此同时，由于现阶段道路建设施工管理是一项涉及多部门协作、各环节协调的复杂工作，在实际工作中更加应该得到应有的重视。道路施工管理工作要求施工企业摒弃落后陈旧的管理方法，引进现代技术，为道路建设提供强有力的后备保障。只有这样，才能实现资源的优化配置，有效保障道路施工质量，从而达到经济效益和社会效益双赢的局面。

交通运输行业的地位越来越重要，而道路桥梁等基础工程建设是交通运输行业的基本保障。作为我国一项基础设施建设工程，道路桥梁的施工技术已日益成熟，并伴随着科学技术的进步，越来越多的新设备投入到道路桥梁的施工中来，道路桥梁的施工技术得到进一步发展。但是由于道路与桥梁工程施工空间具有不确定性，外部影响因素较多，并且工程施工比较复杂，注意事项较多，因此，施工单位必须精确把握道路及桥梁工程的施工技术。

本书是道路与桥梁工程施工技术研究的著作，主要研究道路与桥梁工程施工技术。本书从道路工程介绍入手，针对路面基层施工技术，沥青类、水泥混凝土路面施工技术进行分析；另外对桥梁工程做一定的介绍，包括桥梁工程的基本内容、桥梁下部上部施工技术以及拱桥、钢桥施工设计的阐述；旨在摸索出一条适合道路与桥梁工程施工技术的道路，帮助相关工作者在施工中少走弯路，运用科学方法，提高效率。对道路与桥梁工程施工技术的研究有一定的借鉴意义。

目　录

第一章　道路工程概述

第一节　高速公路

在人们的日常社会生活中，交通是出行活动必不可少的组成部分。随着社会经济的飞速发展，公路交通作为诸多交通形式中最方便、最灵活的交通方式得到了极大的发展。目前，我国的公路交通体系基本涵盖了全部的公路系统，如高速公路、国道、省道、县道、乡道等，尤其是高速公路的发展更是极大地提高了我国公路交通的建设水平。

一、高速公路特点

高速公路是专供汽车高速、安全、舒适行驶，并具有四条以上车行道，设有中央分隔带，全部立交并全部控制出入口的全封闭式高速道路；是具有完善的交通安全设施与管理设施、服务设施，并能适应大交通量的现代化公路。它具有如下一些特点。

（一）专供汽车行驶

高速公路是专供汽车行驶、不允许其他类型车辆混入，让汽车各行其道和没有混合交通现象的高等级公路。

（二）行车速度高

国外高速公路的行车速度都在 80km/h 以上，一般是 120km/h 左右，我国规定最高速度为 120km/h。由于采取了全封闭、全立交及完善的沿线设施，从而保证了车辆连续、安全行驶。

（三）通过能力大、运输效率高

根据资料统计，多车道高速公路每一条车道的通过能力可以超过 1 500 辆 /h。这就是说，在正常情况下，每一条车道可以通过的昼夜交通量将达到 12 000 车次。由此推算，设置 4 条车道的高速公路，一昼夜可以通过的交通量可达到 25 000 ~ 55 000 车次。从对汽车的通过能力看，一条这样的高速公路相当于 7 条二级公路。

（四）划分车道和设置中间带

高速公路的车行道路面宽，车道多。为了不让汽车在车行道上横穿或摆动，都要按一定的宽度，划分车道，并规定各条车道上的汽车只能沿着车道线路向前行驶。在双向对行的内侧车道之间，为了避免因高速行车产生相互干扰，都设有中央分隔带或中间带隔开。中央分隔带宽度至少1.5m，中间带宽度可达到4.5m以上。在公路行车道两侧，设有定宽度的硬路肩或临时停车道，可供紧急停车之用。

（五）全部立体交叉和控制进出口

高速公路与一切与之相交的线路都必须设置立体交叉。这样的设施能有效避开交叉车流的相互干扰，不降低交叉路口的行车速度和通过能力，还能保证行车安全。高速公路与另一条高速公路立交路口，还设有匝道使其互相连通，以满足左右转弯车辆的需要。为了控制高速公路的行车密度和行车速度，使其发挥最大的通过能力，对进出高速公路的车流量都须加以控制，以达到最佳状态下的行车密度，不致因交通负荷过大而发生拥挤或堵塞。高速公路在通往市镇或服务区的支线和立体交叉匝道的两端设置进出口，对车流进行有效的控制（首先不允许高速公路禁止通行的车辆混入；其次通过监控信息和指挥中心，在高峰小时交通量的状态下不放行大型车驶入）。

（六）具有安全设施和环境保护设施

1.安全设施

高速公路除设置有一般公路的护栏、护柱和护墙，为了预防沿线两侧的人畜横向闯入车行道，都要在沿线路基两侧设置隔离栏栅、墙垣及防护网，使高速车道完全处于封闭状态。

在中央分隔宽度小于3m的路段，为防止高速车道的小客车偶然失去控制，越过中央分隔带闯入对向车道，常在中央分隔带上设置防护栏栅（这种防护栏栅多采用富有弹性的钢材和钢丝网制成），以防发生汽车碰撞事故，还可以栽种矮小的灌木丛和花草，以遮拦夜间对向行车的车头灯光。如果设置较宽的中间带，可以种植不高于1.5m的灌木丛和花草，也能起到很好的防眩作用。

2.环境保护

对交通公害中的废气，主要靠改进发动机的性能予以控制，而噪声污染会影响居民的生活和休息。一些国家规定，通过居民区、医院、学校附近的汽车噪声，白天不超过60dB，夜间不超过50dB。要满足这一标准要求，常须在高速公路的一侧或两侧设置防噪声的隔音壁。

（七）具备交通管理设施和服务实施

l. 交通管理设施

为最大限度地发挥高速公路的通过能力和经济效益，沿线都设有完善的交通标志、标线、信号、监控站和监控中心及收费站等设施。监控中心将收集到的天气变化、公路路基塌方及交通事故造成的交通障碍等情况，及时通知汽车驾驶人绕道或关闭某段高速公路的进口。如果有一段公路发生车辆拥挤或堵塞现象，也可及时调节和引导疏通。此外，通过设置在车道上的传感器、遥测、显示屏和录像等设备，对超速车辆提出警告，对违章车辆给予罚款。

2. 服务性设施

服务性设施包括加油站、公用电话、饮水站、休息站、厕所、餐馆、旅馆及长途汽车的停车场等。

（八）工程量大，造价高

高速公路由于计算行车速度高，对行车的舒适性和安全性要求也高。因此高速公路的线形设计都采用较高的标准，横向路幅也比较宽。这样，在地形复杂的山岭重丘区，就得大量增加土石方工程数量，有时还必须修建隧道和高架桥，再加上路面工程的技术标准高，以及需要建立许多立体交叉，所以高速公路的工程量大，耗用的筑路材料多，单位造价高。

二、高速公路的效益和作用

（一）高速公路的效益

高速公路的出现与发展是国民经济发展的必然结果，只有当国民经济发展到一定程度时才需要有高速公路与其相适应，满足客观要求。修建高速公路的地区经济发展都很快。"要致富，先修路；修大路大富，修快速路快富"的俗语通俗地表达了高速公路与经济发展之间的关系。

l. 经济效益

高速公路是社会经济发展的必然产物，它推动了生产力的发展，又显示了很高的效益。

（1）直接经济效益

包括缩短运输时间，提高汽车使用效率带来的经济效益；节约行驶费用（包括油耗、车耗、轮耗等方面的节约）带来的经济效益；节省包装、装卸，减少货物运输损坏带来的经济效益。

（2）间接经济效益

高速公路的修建促进了沿线的经济发展，对地区性经济开发发挥了巨大的作用，并带来了很高的经济效益，带动了城市群的建设，促进了城市整体能力优势的发挥，对政治、经济、文化教育的发展起到了积极的作用。

2. 社会效益

①促进社会的生产和运输的合理化。高速公路的修建，促使该区域的工农业及各方面生产的布局更为合理。

②促进沿线经济发展和资源的开发。高速公路的修建有利于地方经济和一些特殊事业的发展。

③加速物质生产和产品流通。现代化生产对原材料的需要和产品的流通要求直达、快速，以加快货物运转，加快资金周转，从而达到扩大再生产的目的。高速公路在加速物资生产、促进产品的流通方面起着重要作用。

④促进水运、铁路、高速公路的联运。快速灵活的汽车与运量大的火车运输及廉价长距离的水运有机结合形成联运网，使产品运输更为直接、便利、快速、准时，从而最大限度地提高运输效率，降低运输成本。

⑤有利于城市人口的分散和卫星城镇的开发。修建高速公路后，沿线小城镇、小型工业的兴建，使城市人口向郊外分散，城市主要居住区转向周围卫星城，既促进了地区发展，又缓和了城市人口集中的矛盾。

⑥高速公路的建设对战时集中或疏散物资和人员，快速反应调动部队和军事装备也有重要的作用。

（二）高速公路的作用

我国国家高速公路网的作用和效果表现在以下三方面。

第一，充分体现了"以人为本"，最大限度地满足人的出行需求，创造出安全、舒适、便捷的交通条件，使人们直接感受到高速公路系统给生产、生活带来的便利。如，连接国内主要的 AAAA 级著名旅游城市，为人们旅游、休闲提供快速通道。

第二，重点突出"服务经济"，强化高速公路对于国土开发、区域协调及社会经济发展的促进作用，贯彻国家经济发展战略，加强长三角、珠三角、环渤海等经济发达地区之间的联系，使大区域间有 3 条以上高速通道相连，在三大都市圈内部形成较完善的城际高速公路网，为进一步加快区域经济一体化和大都市圈的形成、加快东部地区率先实现现代化奠定了基础；将显著改善和优化西部地区及东北等老工业基地的公路网结构，提高区域内部及对外运输效率和能力，进一步强化西部地区西陇海兰新线经济带、长江上游经济带、南贵昆经济区之间的快速联系，改善东北地区内部及进出关的交通条件，为"以线串点、以点带面"、加快西部大开发和实现东北等老工业基地的振兴奠定坚实基础。

第三，全面服务于"可持续发展"，高速公路将进一步促进国土资源的集约利用、环境保护和能源节约，有效支撑社会经济的可持续发展，在提供相同路网通行能力的条件下，修建高速公路的土地占用量仅为一般公路的 40% 左右，高速公路比普通公路可减少 1/3 的汽车尾气排放，交通事故率降低 1/3，车辆运行燃油消耗也有大幅度降低。

三、高速公路设计要点

（一）高速公路的设计依据与技术标准

1. 高速公路的分类及主要技术标准

高速公路是专供汽车分向分车道行驶并应全部控制出入的多车道公路。根据高速公路能够适应的交通量情况，将高速公路划分为以下三种类型。

①四车道高速公路应能适应将各种汽车折合成小客车的年平均日交通量 25 000 ～ 55 000 辆。

②六车道高速公路应能适应将各种汽车折合成小客车的年平均日交通量 45 000 ～ 80 000 辆。

③八车道高速公路应能适应将各种汽车折合成小客车的年平均日交通量 60 000 ～ 100 000 辆。

将高速公路按设计速度分为三个级别，分别为 120km/h、100km/h 和 80km/h。

2. 技术标准的运用

设计时是否采用高速公路的设计标准应根据公路功能、路网规划、交通量，充分考虑项目所在地区的综合运输体系、社会经济等因素，经论证后确定，并结合预测交通量确定合理的车道数。

对于设计路段长度，按不同的设计速度设计的各路段长度不宜过短，高速公路设计路段不宜小于 15km。对于设计速度，高速公路应根据交通量、地形等情况选用高的设计速度。对位于地形、地质等自然条件复杂的山区及交通量较小的高速公路，经论证其设计速度可采用 60km/h。不同设计速度的相邻路段速度之差不宜超过 20km/h。不同设计路段相互衔接的地点，应选在交通量发生变化处，或驾驶人能够明显判断前方需要改变行车速度处。在确定了设计速度后，依据设计速度选用相应的设计标准。

（二）高速公路总体设计与选线

1. 高速公路总体设计

高速公路在路网中的作用及其对通过地带的交通、经济、土地开发、生态环境等具有较其他公路更大的影响，且高速公路的设施完善、投资较大、技术复杂、影响面广，一旦建成很难改变，因此高速公路应综合考虑各种因素后做好总体设计。在设计中应协调公路工程项目外部与内部各专业间的关系，确定项目及其各分项的技术标准、建设规模、主要技术指标和设计方案，使之成为完整的系统工程，符合安全、环保、可持续发展的总体目标，保障用路者的安全，提高公路交通的服务质量。

（1）总体设计应考虑的因素

①根据路线在路网中的位置、功能，综合考虑路线走廊带范围的远期社会、经济发展，城市、工矿企业的现状与规划，铁路、水路、航空、管道的布局，自然资源状况等。

②科学确定技术标准，合理运用技术指标，注意地区特性与差异，精心做好路线设计，必要时宜进行安全性评价，以保障行车安全。因条件受限制而采用上限（或下限）技术指标值或对线形组合设计有难度的路段，应采用运行速度进行检验，并采取相应技术对策。

③应在查明路线走廊带的自然环境、地形、地质等条件的基础上，认真研究路线方案或工程建设同生态环境、资源利用的关系，采取工程防护与生态防护相结合等技术措施，减少对生态的影响程度，加强恢复力度，最大限度地保护环境。

④做好同综合运输体系、农田与水利建设、城市规划等的协调与配合，充分利用线位资源，合理确定建设规模，切实保护耕地，使走廊带的自然资源得以充分利用，公路建设得以可持续发展。

⑤总体协调公路工程各专业间、相邻行业间和社会公众间的关系，其设计界面、接口等应符合相关法规、标准、规范的要求或规定，并注意听取社会公众意见。

⑥路线方案比选应对设计、施工、养护、营运、管理的各阶段，从安全、环保、可持续发展理念出发，运用全生命周期成本分析方法进行论证，采用综合效益最佳、服务质量最好的设计方案。

（2）总体设计的主要内容

高速公路总体设计是在项目工程可行性研究报告所进行的项目建设必要性、经济合理性、技术可行性、实施可能性和最佳综合社会经济效益发挥的可能性等综合研究的基础上，对路线做出的全面安排，包括以下五方面。

①路线方案

路线方案是根据指定的路线总方向（路线起讫点和中间主要控制点）和设计道路的性质及其在公路网中的作用，考虑社会、经济因素和复杂的自然条件后拟定的路线走向。路线方案是否合理直接关系到公路本身的工程投资、运输效率和使用质量，还影响到在公路网中是否起到应有作用。因此要在各种可能的方案中，通过调查、分析、比选，确定出一条最优路线方案。

高速公路的任务主要是解决起终点间繁重的直达客货运输，不可过多偏离路线总方向，应尽量缩短运输里程，减少行程时间，降低行车费用和事故率。布线时要考虑的问题如下。

第一，起讫点的位置。高速公路一般都以重要城市、港站、码头或大型工矿基地为起讫或中间控制点，由于这些地点是公路交通量的集中生成源，上、下高速公路的车辆都期望以最短行程出入。为此，高速公路起讫点位置宜靠近城市出入口或连接在城市外环线上。

第二，跨界公路接线点位置。目前我国高速公路建设的管理体制是分块由省、直辖市、自治区立项建设和运营管理。对跨省、直辖市、自治区的公路接线点，应在符合规划路线总方向的前提下，全面考虑社会综合效益，由双方协商确定，并同时商定接界路段的建设规模、设计标准和建设时间，避免出现建设不一致性，从整体上影响社会综合效益的发挥。

第三，经由城镇时的路线布置。高速公路是为起讫点间直达快速交通运输服务的，这一性质决定了它与沿线一般城镇的关系。应结合城镇发展规划，确定其连接方式（穿越、绕行或以支线连接）、地点。一般以距城镇规划区 2～5km 为宜，最大不超过 8km。

第四，高速公路立体交叉。一条较长的高速公路在起讫点之间会有与之相交的其他道路，应根据相交公路的等级、性质、社会和自然条件等决定交叉类型和相交位置。对互通式立体交叉位置的选择还应考虑高速公路本身立体交叉的整体布局、横向交通的便利及相交道路的集散作用等。

②线形设计

公路线形指由公路平、纵、横三个方面组成的立体形状。公路的基本形状是在选线时定下来的，从这个意义上讲，选线时就已经开始了线形设计工作。公路线形的好坏，可从经济性、快速性、安全性和舒适性四个方面来评判，而从公路使用者的角度来看，又以安全性和舒适性最为直接。为此，线形组合时，应注意如下基本原则。

第一，应在视觉上能自然地诱导驾驶人的视线，并保持视觉上的连续性。

第二，线形指标应大小均衡，使使用者在视觉上、心理上保持协调。

第三，在保证有足够视距的前提下，驾驶人看到前方的弯曲一般不宜超过两个，立面上起伏不超过三个。

第四，选择组合得当的合成坡度，以利路面排水和行车安全。

③景观设计

驾驶人或乘客的舒适感和安全感是通过视觉和运动感觉得到外界信息后，在身体上和心理上的综合反应。这些信息来自两个方面。

第一，公路内部的线形协调。

第二，公路与周围环境的外部协调。

前者表现为线形设计，后者属于景观设计的范畴。线形和景观对驾驶人舒适性影响的程度大约相当，这说明高速公路重视景观设计是十分必要的。公路景观设计是使公路立体线形及桥梁、隧道、边坡、沿线设施等人工构造物构成同自然景观相协调的建筑群体。

④沿线设施

根据公路的功能，确定交通安全设施、交通管理设施及停车区、服务区等的布局、配置和位置。

⑤高速公路分期修建

高速公路的分期修建应根据近期和远期交通量、社会经济、自然条件及建设资金等情况确定。其目的是在有限的投资范围内，节省横断方向的工程，以此延长公路的修建长度，使高速公路早日建成。分期修建在经济上是否成立，要从分期修建和全部一次建成的投资方面和效益方面考虑种种条件并加以研究之后确定，很难一概而论。仅就工程费而言，如果分期修建方式折合为现时价值的工程费总额比一次建成的工程费总额少，就可认为是经济的。用算式表示为

$$C > S_1 + S_2 \frac{1}{(1+r)^n}$$ （式1-1）

式中 C ——初次建成总的工程费用。

S_1 ——初期工程费用。

S_2 ——后期工程费用。

r ——利率。

n ——初期到后期建成的年限。

由式1-1可知，为使分期修建成立，必须做到以下几点。

第一，初期工程的费用应尽量小一些。

第二，前期工程在后期要能被充分利用，以减少重复或拆除工程，使后期工程费用尽可能少。

第三，经技术经济论证后确定的前期与后期工程之间的时间，间隔应为适当长的年限，一般以 7 ～ 10 年为宜。

（3）总体设计要点

在进行高速公路总体设计时，应遵循以下设计要点。

①路线起讫点应符合路网规划要求。确定起讫点位置时，应为后续项目预留一定长度的接线方案，或拟订具体的实施设计方案。

②根据公路功能、设计交通量、沿线地形与自然条件等，论证并确定公路等级、设计速度和设计路段。恰当选择不同设计路段的衔接地点，处理好衔接处的过渡及其前后一定长度范围内的线形设计。

③应根据设计交通量论证并确定车道数。

④一般情况下宜采用整体式路基。位于丘陵、山区时，应结合地形、地质条件以及桥梁、隧道的布设等论证采用分离式路基的可行性。

⑤路线设计应确定路堤高度，减少对沿线生态环境的影响，并做好防护、排水、取土、弃土等设计，防止水土流失，保护环境，使公路工程建设融入自然。当出现深挖时，应同架桥、建隧方案进行比选论证。

⑥由面到带（走廊带）、由带到线（沿路线）查明工程地质、水文情况，重大自然灾害地质病害的分布、范围、状态，以及它们对工程的影响程度，论证并确定避让或整治病害的方案与对策。

⑦确定与作为控制点的城市、工矿企业、特大桥、特长隧道等的连接位置、连接方式。

⑧收费公路应在论证收费制式的基础上，确定收费方式、主线收费站位置及其与被交叉公路的交叉形式等。

⑨综合拟定互通式立体交叉、服务区、停车区、公共汽车停靠站等重要设施的位置、规模和间距，以符合功能、安全、服务所需的最小（或最大）距离。

⑩确定交通工程及沿线设施的建设规模与技术标准。

⑪拟分期修建的工程，必须在按远期规划的技术标准做出总体设计的基础上，制订分期修建方案，并做出相应的设计。

2. 高速公路选线

高速公路具有快速、便捷、安全、容量大、经济等特点，但也存在占地多、工程量大、造价高等问题。因此，高速公路线位的确定显得更加重要。特别是高速公路线形标准高，又有较多的立体交叉和交通工程设施，与城市的连接、进出口地点的选择、通道的设置等都是确定线位时需要特别解决的问题。所以说，高速公路选线是一项综合技术和经济的工作，必须进行总体设计及方案比选，才能确定最优的路线方案。

（1）高速公路选线的原则与步骤

公路选线是一个涉及面广、影响因素多、政策性和技术性都很强的工作。它是由面到带、由带到线、由粗略到细致的过程，是逐步具体化、逐步补充修改和提高的过程。选线要先通过总体布局解决基本走向，再解决局部路线方案直到具体定线。

高速公路的勘测设计工作一般采用两阶段测设程序，即通过初测编制初步设计和工程概算，然后根据批准的初步设计，通过定测编制施工图和工程预算。对复杂的项目或路段，有时采用三阶段设计，即在两阶段设计的中间增加技术设计阶段，完成修正概算。

设计的前期工作，需进行预可行性研究和工程可行性研究。预可行性研究主要是概略规划路线方案，完成工程项目的立项并为工程可行性研究做准备。工程可行性研究主要是路线方案的比选论证，确定路线的基本走向，并为下达计划任务书提供依据。高速公路选线的基本原则如下。

①应针对路线所经地域的生态环境、地形、地质的特性与差异，按拟定的各控制点由面到带、由带到线、由浅入深、由轮廓到具体，进行比较、优化与论证。

②选择控制点的影响因素多且相互关联、相互制约，应根据公路功能和使用任务全面权衡，分清主次，处理好全局与局部的关系，并注意局部难点的突破引起的关系转换给全局带来的影响。

③应对路线所经区域、走廊带及其沿线的工程地质和水文地质进行深入调查、勘察，查清对公路工程的影响程度。遇有滑坡、崩塌、岩堆、泥石流、岩溶、软土、泥沼等不良工程地质的地段应慎重对待，视其对路线的影响程度，分别对绕、避、穿等方案进行论证比选。当必须穿过时，应选择合适的位置，缩小穿越范围，并采取切实可行的工程措施。

④应充分利用建设用地，严格保护农用耕地。

⑤国家文物是不可再生的文化资源，路线应尽可能避让不可移动的文物。

⑥保护生态环境，并同当地自然景观相协调。

⑦高速公路同作为路线控制点的城镇相衔接时，以连接城市环线或以支线连接为宜，并与城市发展规划相协调。

⑧路线设计是立体线形设计，在选线时即应考虑平面、纵断面、横断面的相互组合与合理配合。为达到上述要求，选线工作必须由浅入深、由轮廓到具体，按照程序分阶段分步骤进行，经分析比较后选定最合理的路线。

（2）一般按全面布局、逐段安排和具体定线三个步骤进行

①全面布局。这是在路线总方向确定后，从大面积着手，由面到带进行总体布置的过程。此项工作最好先在1∶100或1∶500地形图上进行路线布局，选出可能的路线方案，然后进行踏勘与资料收集，根据需要并结合具体条件，通过比选落实必须通过的主要控制点，放弃那些应避让的控制点，逐步缩小路线活动范围，定出大体的路线布局。

②逐段安排。在总体路线方案的基础上，在相邻主要控制点间划分段落，根据公路等级标准，结合其间具体地形，逐段加密细部控制点，进一步明确路线走法，构成路线的雏形。

③具体定线。根据地形难易程度，定出一系列的控制点，通过多数点位具体确定转角点，拟定曲线半径，落实路线的桩位。

（3）平原微丘区选线

平原区是地面高度变化微小的地区，有时有轻微的起伏和倾斜，平原地区除泥沼、盐渍土、河谷漫滩、草原、戈壁、沙漠等外，一般多为耕地，且分布有各种建筑设施，居民点较密；在天然河网湖区，还具有湖泊、水塘、河汊多等特点。平原区虽然地势比较平坦，路线纵坡及曲线半径等几何要素比较容易达到较高的技术标准，但当地自然条件和地物的障碍及支农需要往往会影响路线的布局，选线时应综合考虑多方面的因素。

平原区地形对路线的限制不大，一般应采用便捷的直线、较大半径的曲线、中间加入回旋线的线形。需要转向处，应在较远处开始偏离，使偏角小而线形平顺。平原区高速公路往往因修建通道造成路堤高、土方量大、纵坡起伏，因此，在保证排水条件下，宜降低路堤高度，并取得与周围景观的协调。布线时注意少占农田，并与农田水利建设相结合。如使路线尽可能少与灌溉渠相交，布置在灌溉上方非灌溉的一侧或在渠道的尾部，有时可沿渠堤布线，使堤路结合。

（4）山岭区选线

山岭地区山高谷深、坡陡流急、地形复杂，同时地质、气候条件变化多端，但山脉水系清晰，路线方向明确，不是顺山沿水，就是穿越山岭或沟谷，依行经地区的地貌和地形特征，可选择沿河线、山腰（坡）线、越岭线和山脊线。由于高速公路技术指标高，一般沿河布设，必要时可采用隧道或高架桥穿越山岭或沟谷。

①沿河线

山区河谷一般不宽，谷坡上陡下缓，多有间断阶地；河谷地质情况复杂，常有滑坡、

岩堆、泥石流等病害发生；河流平时流量不大，但一遇暴雨，山洪暴发，则冲刷河岸，甚至破坏田园。沿河线要处理好河岸的选择、线位高低和跨河地点三个关键问题。

第一，河岸选择。路线应选在地形宽坦，有阶地可利用，支沟较少、较小，水文及地质条件良好的一岸；积雪冰冻地区，宜选在阳坡和迎风的一岸；距离村镇一定距离，以减少干扰的一岸为宜。

第二，跨河换岸桥位。跨河桥位原则上应服从路线走向，结合桥位条件、路桥综合考虑，可采用弯、坡、斜、高架等桥型，以适应线形设计的需要。

第三，线位高低。路线应在规定频率设计水位高度之上，一般以低线为主，但应有防洪措施，以保证路基稳定与安全。

②越岭线

越岭线的特点是路线需要克服很大的高差，路线的长度和平面位置主要取决于路线纵坡的安排。因此，在越岭线的选线中，须以路线纵断面为主导，以纵坡度为主要控制。越岭线布局应解决的主要问题有：垭口选择、过岭标高选择和垭口两侧路线展线的拟定。

第一，垭口选择。垭口是越岭线方案中的重要控制点，必须全面考虑它的标高、位置、地形条件、地质情况。一般都是选择较低的垭口，而且能够与山下的控制点很好地衔接。对垭口虽高，但山体薄窄的分水岭，采用过岭隧道方案有可能成为合适的越岭方案。

第二，过岭标高。过岭标高是越岭线纵向布局的重要控制因素。一般来讲，过岭标高越低，路线越短。为使路线短捷、纵坡平缓，高速公路除山脊宽厚者外，一般采用隧道穿越，其标高主要取决于合适的隧道位置。

第三，垭口两侧展线方案。越岭线的高差主要通过垭口侧坡展线来克服，高速公路因技术指标高，一般以自然展线为主，在横坡陡峻的山坡宜选用分离式断面布线。

(5) 重丘陵区选线

重丘陵区山丘连绵，岗坳交错，地面起伏较大，一般自然坡度较陡，具有低山区的特征，路线平、纵面大部分受地形限制，路线走向不如山岭区明显，平面多曲折，纵面多起伏，采用技术指标的活动范围较大。一般应注意如下几点。

①设线不应迁就微小地形，在注重平、纵线位的选择时，应注重横向填挖的平衡。横坡较缓的地段，可采用半填半挖或填多于挖的路基；横坡较陡的地段，宜采用全挖或挖多填少的路基；必要时可设挡土墙，同时还应注意纵向土石方的平衡，以减少弃方和借方。

②平面、纵断面、横断面应综合考虑，不应只顾纵坡平缓，而使路线弯曲，平面标准过低；或只顾平面标准，造成高填深挖，工程量过大；或只顾工程经济，过分迁就地形，而使平面、纵断面过多地采用极限或接近极限的指标。在横坡陡或沟谷狭窄地段，为减少工程量及保证边坡稳定，可采用往复车道分离的设线方式。

③冲沟比较发育地段，高速公路应考虑采用高路堤或高架桥的直穿方案，当必须绕避时，要注意线形的舒顺。

④丘陵区农林业较发达，低地多为稻田，坡地多为旱作物和经济林，小型水利设施

多，布线要注意支援农业，和当地的整田造林及水利规划相结合。

四、高速公路设施

为了保证高速公路行车安全，沿线应设置必要的交通安全设施。交通安全设施包括交通标志、标线、护栏（路侧护栏、中央分隔带护栏和桥梁护栏等）、隔离设施、防眩设施、视线诱导设施、防噪声设施和照明设施等。交通安全设施直接影响高速公路的功能和经济效益，对减少交通事故、减轻事故严重程度、排除各种纵向行车干扰、提供视线诱导、增强公路景观起着重要的作用。

（一）交通标志

1. 交通标志的分类

交通标志是用图形、符号、颜色和文字向交通参与者传递特定信息，设置在路侧或公路上的安全设施是交通法规具体化、形象化的表现形式，能为公路使用者提供确切的交通情报，保证车辆安全、通畅、有序地运行，同时还是公路的装饰工程、形象工程和美化工程。

交通标志的尺寸分为小型、大型、巨型三类，以适应不同行驶速度对标志认读距离的要求。高速公路上车速较高，车道数较多，标志牌尺寸比一般道路上的大得多。交通标志按其作用分为主标志和辅助标志两大类。

（1）主标志

主标志包括以下 7 类。

第一，警告标志。警告车辆、行人注意危险地点的标志。

第二，禁令标志。禁止或限制车辆、行人交通行为的标志。

第三，指示标志。指示车辆、行人行进的标志。

第四，指路标志。传递道路方向、地点、距离信息的标志。

第五，旅游区标志。提供旅游景点方向、距离的标志。

第六，作业区标志。告知道路作业区通行的标志。

第七，告示标志。告知路外设施、安全行驶信息及其他信息的标志。

（2）辅助标志

辅助标志是附设于主标志下起辅助说明作用的标志，为长方形、白色底黑字黑边框，可分为表示车辆种类、表示时间、表示区域或距离、表示禁令或警告理由等四种，不能单独设立。

2. 交通标志的三要素

要充分发挥交通标志的作用，必须使驾驶人在一定的距离内迅速而准确地认出标志形状和文字、符号，从而掌握交通信息和管制要求，因此要求交通标志有最好的视认性。决定视认性好坏的主要因素是标志的颜色、形状和图形符号，被称为交通标志的三要素。

（1）交通标志

交通标志的视角清晰度与它的颜色和背景的对比度有很大关系。颜色可分为彩色和非彩色两类。黑、白色系列称为非彩色，黑、白色系列以外的各种颜色为彩色。不同颜色有不同的光学特性，如对比性、远近性、视认性等。

第一，对比性。相邻区域的不同颜色相互的影响称为颜色的对比性。有的色彩对比效果强烈，有的则对比效果较差。如把绿色纸片放在红色纸片上，绿色显得更绿，红色显得更红；若把绿色纸片放到灰色纸片上，对比效果就差，而且会妨碍视认。

第二，远近性。远近性的表现是等距离放置的几种颜色，使人有不等距离的感觉。如红色与青色放在等距离处，红比青感到近。红、黄色为显近色，绿、青色为显远色。

第三，视认性。颜色的视认性是指在同样距离内，可见光的颜色能看清楚的易见性好。如红色的易见性最高，橙、黄、绿次之，即以光的波长为序，光波长的视认性高于光波短的颜色。根据心理学的研究，不同颜色会使人有不同的联想，产生不同的心理感觉。因此可利用颜色的不同特性，制成不同的功能标志。

（2）交通标志的形状

驾驶人在道路上应易于识别标志的形状、颜色，从而快速辨别标志属于哪一类，可以提前做准备，充分发挥交通标志的作用。根据对交通标志形状可认性的研究，具有同等面积的不同形状的标志，其可解性是不同的。通常在同等面积条件下，三角形的辨认效果最好，其次是菱形、正方形、圆形、六角形、八角形、叉形等。在决定道路交通标志的形状时，除考虑其形状对可辨性的影响外，还要考虑标志牌的可应用面积的大小（即可容纳的信息量多少）及过去使用的习惯等因素。

（3）交通标志的图形符号

交通标志的具体含义，即规定的具体内容，最终要由图案符号或文字来表达。图形符号信息无论在辨认速度还是在辨认距离上均比文字信息要优越。同时用图形符号来表征信息直观、生动、形象、易懂，从而可使识别交通标志的人不受文化程度的限制，不同国家、不同民族、不同语言文字的驾驶人均可理解、认读。但是图案和符号毕竟是抽象的东西，有些内容也不可能用图案和符号来表示，所以，文字和数字在某些交通标志上也是一种必要的表达方式。

3. 标志的设置原则

①公路交通标志的设置，应以不熟悉周围路网体系的公路使用者为设计对象，综合考虑周边路网与公路条件、交通条件、气象和环境条件等因素，制定合理的设置标准，根据各种交通标志的功能和驾驶人的行为特征进行合理设置。

②对二级及以上等级的公路和其他等级的国、省道公路应优先设置指路标志，其他公路或未设置相关指路标志的公路，经论证可设置必要的警告标志。禁令标志应设置在交通

法律、法规发生作用的地点附近醒目的位置，并应避免与其他交通标志的互相影响。限速标志应根据不同路段的通行能力、车型构成比例、车辆的运行速度等分段进行设置。

③在选择路网中指路标志的目的地信息时，应根据路网密度、公路等级、公路功能、目的地知名度等进行统一考虑。不同种类的交通标志信息应互相呼应，不得出现信息中断。

④交通标志沿公路纵、横向设置的位置应符合规定。位于高速、一级公路路侧安全净区内的交通标志应根据标志结构规格采用解体消能结构或设置护栏加以防护，位于其他公路路侧安全净区内的交通标志宜进行必要的诱导。

⑤公路交通标志的任何部分不得侵入公路建筑限界以内。路侧柱式交通标志的安装高度应考虑其板面规格、所在位置的线形特点和地形特征、是否有行人通行等因素，悬臂、门架式等悬空标志净空高度应预留 20 ～ 50cm 的余量。

4. 标志的设计要点

标志设计的内容主要包括标志的布设、板面内容与尺寸、结构计算、支撑方式和基础等。

①警告标志。警告标志的作用就是及时提醒驾驶人前方道路线形和道路状况的变化及存在的潜在危险，在到达危险地点以前有充分时间采取必要措施，确保行驶安全，警告标志的形状为顶角朝上的等边三角形，颜色为黄底、黑边、黑图形。警告标志到危险地点的距离，可根据公路的设计速度确定。

②禁令标志。它是遵行、禁止或限制车辆的标志，其设置因目的不同而异。禁令标志的形状通常为圆形、八角形、顶角向下的等边三角形，颜色一般为白底、红圈、红杠、黑图形。个别标志如禁止驶入标志是红底，中间一道白杠；解除禁止超车和解除限速标志是白底、黑圈、黑图形并有五道黑斜杠；禁止车辆停放标志为蓝底红圈、红杠；停车让行标志为红底、白字、白边。禁令标志有对行驶路线的限制，如禁止驶入、禁止通行等；有对行驶方向的限制，如禁止左转等；有对某种车辆行驶的限制，如禁止非机动车通行等；有对某种驾驶行为的限制，如禁止超车、禁止掉头、禁止停车等；有对交叉口控制方式的规定，如停车让行标志、减速标志等；有对车辆特征的限制，如限制宽度标志、限制高度标志、限速和解除限速标志等。

③指示标志。它是表示遵行的行驶方向、通行权的分配和应遵行的特殊规定。指示标志的颜色为蓝底、白图形，形状分为圆形、长方形或正方形。

④指路标志。它是指示公路通往目的地的方向、地名、距离及各种设施的名称和距离的标志。它采用绿底、白图形、白边框、绿色衬边，主要包括公路编号及方位标志、交叉口方向及地点标志、出口预告及出口标志、地点和方向及距离标志、收费站标志、服务区标志、情报标志及交通指示标志等。除地点识别标志、里程碑和分合流标志，其余形状为长方形和正方形。

⑤旅游区标志。它是用于指示高速公路就近前往的旅游区、从旅游区方便顺势驶入高速公路的标志。其颜色为棕底、白字（图形）、白边框、棕色衬边。旅游区标志分为指引

标志和旅游符号两大类。指引标志为提供旅游区的名称、有代表性的图形及前往旅游区的方向和距离，设在各高速公路出口附近及通往旅游区各连接道路的交叉口附近。

⑥作业区标志。维修、养护等施工路段必须设置作业区标志，以临时分隔车流、引导交通、确保安全，在夜间施工路段还应设置施工警告灯。用于作业区安全标志为警告标志、禁令标志、指示标志及指路标志，其中警告标志为橙底黑图形，指路标志为在已有的指路标志上增加橙色绕行箭头或为橙底黑图形。

⑦辅助标志。辅助标志是为了进一步维护行车安全与交通畅通而设置的，设置在主标志下起辅助说明作用，表示车辆种类、时间、区域或距离、禁令或警告理由等。有时主标志下可安装两块以上辅助标志牌，但组合方式要求按规定进行，并且结合的图案不宜多于三种，也不能单独设置。辅助标志颜色为白底、黑字（图形）、黑边框、白色衬边，其形状为长方形。

（二）标线

交通标线是由施划或安装于道路上的各种线条、箭头、文字、图案及立面标记、突起路标和轮廓标等所构成的交通设施，它的作用是向道路使用者传递有关道路交通的规则、警告、指引等信息，可以与标志配合使用，也可单独使用。各等级公路和城市快速路、主干路应设置反光交通标线。

1. 标线的分类

（1）按设置方式分类

第一，纵向标线。沿道路行车方向设置的标线。

第二，横向标线。与道路行车方向交叉设置的标线。

第三，其他标线。字符标记或其他形式标线。

（2）按功能分类

第一，指示标线。指示车行道、行车方向、路面边缘等设施的标线。

第二，禁止标线。告示道路交通的遵行、禁止、限制等规定的标线。

第三，警告标线。促使道路使用者了解道路上的特殊情况，提高警觉，准备防范应变措施的标线。

（3）按形态分类

第一，线条。标画于路面、缘石或立面上的实线或虚线。

第二，字符标记。标画于路面上的文字、数字及各种图形符号。

2. 标线设置原则

①高速公路的一般路段应设置行车道边缘线、车行道分界线，车行道边缘线应设置于公路两侧紧靠车行道的硬路肩内，不得侵入车行道内。车行道分界线应设置于同向行驶的车行道分界处。车行道边缘线的宽度应为 15 ~ 20cm，车行道分界线的宽度应为

10～15cm，交通标线的宽度应根据公路的设计速度和路面宽度确定。

②经常出现强侧向风的特大桥梁路段、宽度窄于路基的隧道路段、急弯陡坡路段、车行道宽度渐变路段，应设置禁止变换车道线，线宽与车行道分界线一致。

③路面文字标记应按由近到远的顺序排列，字数不宜超过三个，设置规格应符合规定。最高限速值应按一个文字处理。

④位于中央分隔带或路侧安全净区内未加护栏防护的桥墩、隧道洞口、交通标志立柱等构造物应设置立面标记，颜色为黄黑相间，线宽及间距均为 15cm。立面标记应向车行道方向以 45°倾斜。立面标记宜设置为 120cm 高。

⑤需要车辆减速或提醒驾驶人注意安全行车处，可根据需要设置减速标线。

⑥互通式立体交叉、服务区、停车区出入口交通标线应根据互通式立体交叉、服务区、停车区的位置，准确反映交通流的行驶方向。互通式立体交叉出入口处宜设置导向箭头。出口导向箭头应以减速车道渐变点为基准点，间距 50m。入口导向箭头应以加速车道起点为基准点，视加速车道长度而定，可设三组或两组。

⑦进入收费广场应设置减速标线、收费道路面标线等，各条减速标线的设置间距应根据驶入速度、广场长度经计算确定。收费广场出口端可设置部分车行道分界线。

⑧突起路标的设置。高速公路的车行道边缘线上和互通式立体交叉匝道出入口路段应在路面标线的一侧设置突起路标，并不得侵入车行道。隧道的车行道分界线上宜设置突起路标。突起路标可单独设置成车行道边缘线和车行道分界线。突起路标的壳体颜色、设置位置、间距应符合规定。

（三）护栏

I. 护栏的分类

（1）护栏的刚度分类

第一，刚性护栏。刚性护栏是基本不变形的护栏结构。水泥混凝土墙式护栏是刚性护栏的主要形式。我国高速公路使用较多的是 NJ 型（新泽西型）和 F 型（改进新泽西型）两种混凝土护栏。混凝土护栏防止车辆越过路（桥）外的效果好，但当车辆与护栏角度较大时，对车辆和驾乘人员的伤害较大，且对驾驶人有较强的行驶压迫感，乘客的瞭望舒适性也较差，因此不推荐在高速公路上全线设置这种护栏，仅适用于窄中央分隔带、桥梁及设置较高路肩式挡墙等的特殊路段。

第二，半刚性护栏。半刚性护栏是指连续的梁柱式护栏结构，具有一定的刚度和柔性。梁柱式护栏按不同的结构可分为 W 形波形梁护栏、管梁护栏、箱梁护栏等。波形梁护栏是半刚性护栏的代表形式，它是一种以波纹状钢护栏板相互拼接并由立柱支撑面组成的连续结构，利用土基、立柱、波形梁的变形来吸收碰撞能量，并迫使失控车辆改变方向。

第三，柔性护栏。柔性护栏指缆索护栏，是一种具有较大缓冲能力的韧性护栏结构。缆索护栏是以数根施加初张力的缆索固定于立柱上而组成的结构，主要依靠缆索的拉应力来抵抗车辆的碰撞，吸收碰撞能量。这种护栏形式美观，可重复使用，容易修复，车辆行驶时没有压迫感，但视线诱导效果差。适用于交通量低、大型车占有率小、对景观要求高的路段。

（2）设置位置分类

第一，路侧护栏。它是指设置于公路路肩上的护栏，其目的是防止失控车辆越出路外，避免碰撞路边其他设施。

第二，中央分隔带护栏。它是指设置于中央分隔带内的护栏，其目的是防止失控车辆穿越中央分隔带闯入对向车道，并保护中央分隔带内的构造物。

第三，桥梁护栏。它是指设置于桥梁上的护栏，其目的是防止失控车辆越出桥外。

2.护栏的设置原则

（1）路侧护栏的设置原则

第一，车辆驶出路外有可能造成二次特大事故的路段必须设置路侧护栏。

第二，凡符合下列情况之一、车辆驶出路外有可能造成单车特大事故或二次重大事故的路段必须设置路侧护栏。

①二级及以上等级公路边坡坡度和路堤高度规定范围之内的路段；

②路侧有江、河、湖、海、沼泽、航道等水域的路段。

第三，凡符合下列情况之一、车辆驶出路外有可能造成重大事故的路段，应设置路侧护栏。

①二级及以上等级公路边坡坡度和路堤高度规定范围以内的路段；

②高速公路、一级公路路侧安全净区内设有车辆不能安全穿越的照明灯、摄像机、可变信

息标志、交通标志、路堑支撑壁、声屏障、上跨桥梁的桥墩或桥台等设施的路段；

③二级及以上等级公路路侧边沟无盖板、车辆无法安全穿越的挖方路段；

④三、四级公路路侧有悬崖、深谷、深沟等的路段。

（2）中央分隔带护栏的设置原则

当整体式断面中间带宽度小于或等于12m时，必须设置中央分隔带护栏；大于12m时，应分路段确定是否设置中央分隔带护栏。

（四）隔离设施

隔离设施使高速公路全封闭得以实现，以阻止人畜进入高速公路或其他禁入区以及防止非法侵占公路用地，为此隔离栅高度一般在1.5～2.1m。

I. 隔离栅

隔离栅形式可分为金属网、刺铁网和常青绿篱。常青绿篱在南方地区与刺钢丝配合使用，具有降噪、美化路容和节约投资的功效。金属网按网片形式可分为钢板网、编织网、电焊网等形式。隔离栅的设置原则如下。

①高速公路沿线两侧路段原则上均应设置隔离栅。

②在地形起伏较大、隔离栅不易施工的路段，可根据需要把隔离栅设计成阶梯的形式。

③隔离栅一般沿公路用地界限内 20～50cm 处设置。

④隔离栅在遇桥梁、通道时，应朝桥头锥坡或端墙方向围死，不应留有让人、畜可以钻入的空隙。

⑤隔离栅与涵洞相交时，如河渠较窄，隔离栅可直接跨过；如河渠较宽，隔离栅难以跨越时，应朝端墙方向围死。

⑥由于地形的原因，隔离栅的前后不能连续设置时，就以该处作为隔离栅的端部，并处理好端头的围封。

2. 防护实施

防护设施是为预防人或自然因素对公路交通造成危害而设置的安全设施，有如下几类。

①桥梁防护网。为防止公路上跨桥和人行天桥的行人向下抛扔物品，或大风将桥上杂物吹落到高速公路上及桥上行车装载的物品散落在高速路上，造成交通事故，因而在上述结构物两侧设防护网。

②防落石网。为防止山崖公路路侧山坡掉落石块危及公路交通安全，须设安全网。工程上采取的三大措施是：在落石山侧设落石台；定期清除危石；用水泥喷浆加固石坡并修防护墙。目前在此基础上采取了一种新的措施，即修防落石网。防落石网是用金属或尼龙编织成网状，将路侧整个落石坡包裹起来。这种结构的好处就是可以进行绿化加固处理，美化环境。

③防雪栅。坡面积雪常常引发交通事故，为此须设防雪栅。其高度一般为 1.0～1.8m，多采用钢木结构。

④防风栅。为防止风口狂风对高速公路行车造成危害，须设防风栅，并设风标提示司机注意。

（五）防眩设施

防眩设施的目的在于降低对向行车眩光对驾驶人的影响。防眩设施分为三类：防眩板、防眩网、植树。通常规定对下列情况，宜设置防眩设施。

①夜间交通量较大，大型车混入率较高的路段。

②平曲线半径小于一般最小半径路段。

③竖曲线对驾驶人有严重眩目影响的路段。

④从互通式立交、服务区停车场的匝道或连接道进入主干道时，给对向驾驶人带来严重眩目影响的路段。

⑤无照明的大桥、高架桥上。

⑥长直线路段。

⑦地形起伏变化较大的路段。

当中央分隔带宽度大于 7m 时，设有连续照明时可不设置防眩设施。防眩设施一般安装在中央分隔带，设置方式：与波形梁护栏相连接，埋置在土中；埋置在混凝土中；设置在混凝土护栏上。防眩板材料可采用钢材、塑料或其他不易变形、不易老化、不易褪色的材料。防眩设施的高度一般为 1.7m，遮光角度一般为 80°。

良好的防眩设计可以给驾驶人提供多样的"车行景异"的动态景观，克服行驶的单调感，给驾驶人以安全、舒适的享受，提高行车质量。防眩设施的布置分述如下。

1. 植树

中央分隔带的宽度满足植树需要时，可采用植树作为防眩设施。一般用整形式栽植，间距 6m（种三棵，树冠宽 1.2m）或 2m（种一株，树冠宽 0.6m），树高 1.5m。灌木丛也具有遮光防眩作用。通过试验，树距 1.7m 时遮光效果良好，无眩光感；树距 2.5m 时树档间有瞬间眩光。故完全植树时，间距以小于 2m，树干直径大于 20cm 为宜。分隔带绿化为整形式侧柏、刺柏、黄杨等绿篱时，防眩效果良好。植树间距大时，也可在树间植常青绿篱，或设防眩栅、网等防眩设施。

2. 防眩板

防眩板的设置主要有三种：一是防眩板单独设置；二是设置在波形护栏的横梁上；三是设置在混凝土护栏上。

①防眩板通过混凝土护栏部的预埋件架设在混凝土护栏上，预埋的网距一般为 2m，一般采用焊接。

②防眩板与波形梁护栏配合设置，可通过连接件将其架设在护栏上，也可单独竖立支柱将其埋设在中央分隔带上。

（六）视线诱导设施

视线诱导设施布置在车行道两侧，用以告知道路线路方向车行道边及危险路段位置，诱导驾驶人的视线。因为仅靠车前灯了解道路前方线形和行车方向有一定困难，因此要依赖于视线诱导设施。

视线诱导设施可分为轮廓标、分流诱导标、合流诱导标、指示性线形诱导标、警告性线形诱导标。高速公路的主线及互通立交、服务区、停车场等进出匝道或连接道，均全线连续设置轮廓标。

分流诱导标设在互通式立交分流端部前方适当地点，合流诱导标设在合流端部前方适当地点。高速公路诱导标的底为绿色，诱导标的符号为白色。

指示标线形诱导标应设置在最小半径或通视较差、对行车安全不利的曲线外侧，为白底蓝图案。警告线形诱导标应设在公路局部施工或维修作业等须临时改变行车方向的路段，为白底红图案。线形诱导设施应具有优良的识别性能，特别是夜间的反射性能。

第二节　城市道路

一、城市道路的基本组成

在城市，沿街两侧建筑红线之间的空间范围为城市道路用地，该用地由以下各个不同功能部分组成。

1. 供各种车辆行驶的车行道。其中，供汽车、无轨电车、摩托车行驶的为机动车道，供有轨电车行驶的为有轨电车道，供自行车、三轮车、平板车行驶的为非机动车道。

2. 专供行人使用的人行道。

3. 起防护与美化作用的绿化带。

4. 用于排除地面水的排水系统，如街沟或边沟、雨水口、雨水管、窨井等。

5. 为组织交通、保证交通安全的辅助性交通设施，如交通信号灯、交通标志、交通标线、交通岛、护栏等。

6. 交叉口和交通广场。

7. 停车场和公共汽车停靠站台。

8. 沿街的地上设备，如照明灯柱、架空电线杆、给水栓、接线柜等。

9. 地下的各种管线，如电缆、煤气管、给水管、污水管等。

10. 在交通高度发达的现代城市，还建有高架道路、地道桥、人行过街天桥、地下人行道、轻轨交通和地下铁道等。

二、城市道路的功能

城市道路具有交通、形成国土结构、公共空间、防灾和繁荣经济等方面功能，见表1-1。

表 1-1　道路功能

交通功能	工作、学习、生活、旅游客运
	货物运输
形成国土结构功能	用地结构的骨架，组成街坊
公共空间功能	保证日照、通风
	提供综合交通体系的空间（高架桥、地面轨道、地下铁道）
	提供公用设施管线走廊（电力、电话、煤气、上下水管）
防灾功能	保证消防活动、救援活动
	紧急疏散、避难通路
	防火带
繁荣经济功能	流通商品、活跃市场

道路是交通的基础，是社会、经济活动产生的人流、物流的运输载体，担负着城市内部、城际之间、城乡之间交通中转、集散的功能。人们的生产、生活要求有一个安全、畅通方便和舒适的道路交通运输体系。

道路是国土结构的骨架，城市道路则是城市建设的基础，城市各类建筑依据道路的走向布置能反映城市的风貌，所以城市道路是划分街坊、形成城市结构的骨架。道路作为公共空间，不仅提供交通体系的空间，且保证日照、通风，提供绿化、管线布置的场地，为地面排水提供条件。各种构筑物的使用效益有赖于道路先行来实现。在发生火灾、水灾、地震和空袭等自然灾害或紧急情况时，能提供疏散和避险的通道与空间。道路在全社会交通网络中起着重要的作用。

在道路建设过程中，各项基础设施应同步进行。道路的建成可使土地使用与开发得以迅速发展，经济市场得以繁荣，所以健全的道路系统能有力地促进经济发展，方便生活。

三、城市道路的分类

城市道路分类是一项很复杂而且迄今尚未完善解决的问题。一般从下面五个方面区分。

1. 根据道路在城市规划道路系统中所处的地位区分、视城市规模大小可分为四级或三级。大城市一般分为四级，即主干路、次干路、支路及区间路。小城市分为主干路、次干路及支路（或区间路）。中等城市可视规模按四级或三级考虑。街坊内部道路作为街坊建筑的公共设施组成部分，不列入等级道路之内。

2. 根据道路对交通运输所起的作用区分，可分为全市性道路、区域性道路、环路、放射路、过境道路等。

3. 根据承担的主要运输性质区分，可分为客运道路、货运道路及客货运道路等。

4. 根据道路所处环境区分，从道路在规划布局所处区域环境划分，可分为中心区道路、仓库区道路、文教区道路、行政区道路、住宅区道路、风景游览区道路等。

5. 从道路本身服务特征及街面建筑布置情况划分，可分为商业性道路、文化娱乐性道路、科教卫生性道路、生活性道路、火车站道路、游览性道路、林荫路等。

四、城市道路分级

城市道路按其在城市道路系统中的地位、交通功能分为下述四类。

（一）快速路

城市道路中设有分隔带、具有四条以上的车道、全部或部分采用立体交叉与控制出入、供车辆以较高的速度行驶的道路叫快速路。快速路完全为交通功能服务，是解决城市长距离快速交通运输的动脉。在快速路两侧不宜设置吸引大量人流的公共建筑物的进出口。两侧一般建筑物的进出口应加以控制。

（二）主干路

在城市道路网中起骨架作用的道路叫主干路，以交通功能为主（小城市的主干路可兼沿线服务功能）。自行车交通量大时，宜采用机动车与非机动车分隔的形式。主干路上平面交叉口间距以 800～1 200m 为宜，以减小交叉口交通对主干路交通的干扰。交通性的主干路解决大城市各区之间的交通联系，以及与城市对外交通枢纽之间的联系。

（三）次干路

次干路是联系主干路之间的辅助性干道，与主干路连接组成道路网，起到广泛连接城市各部分和集散交通的作用。次干路沿街多数为公共建筑和住宅建筑，兼有服务功能。

（四）支路

支路是次干路与街坊路的连接线，解决地区交通，以服务功能为主。沿街以居住建筑为主。

大城市人口多，出行次数多，再加上流动人口数量大，因而客、货运输量比中、小城市大，机动车交通量也较大，所以采用的标准应高些。由于我国各城市所处的位置不同，地形、气候等条件存在着较大差异，同等级的城市也不一定采取同一等级的设计标准，应根据实际情况选用，可经过技术经济比较适当提高或降低标准。

第二章 路面基层施工技术

第一节 半刚性基层材料

半刚性材料作为中国传统的基层材料，应用于各级公路路面结构中。由于经济基础和技术基础所致，在未来相当长的一段时间内，半刚性基层仍将作为一种主导性基层应用于中国高速公路和一般公路路面。同时应该看到，中国如此广阔的地域条件和复杂的气候特征，也不应该只用一种基层结构来应对所有的使用场合。另外，如同其他类型的材料一样，半刚性基层材料也有其缺点。

一、强度特性

（一）强度值域

半刚性基层材料可设计的强度值域很宽。半刚性基层材料强度随所稳定对象和结合料的不同可以在很宽的值域内变化，水泥稳定类材料的强度规律是：在相同的水泥剂量条件下，颗粒组成较好的细粒土和级配组成较好的粗粒土能获得较高的强度；对于同一种被稳定的材料，一般是随着水泥剂量的增加，稳定类材料的强度增大；对于组成较好的材料，可以用较少的水泥剂量获得较高的强度；对于组成较差的材料，即使用很高的水泥剂量得到的强度也很低。

（二）强度组成

半刚性基层材料的强度获得不仅依靠结合料的剂量，更应依靠良好的集料级配。半刚性基层材料受压破坏实际上是一种剪切破坏。由材料的剪切强度组成可以看出，剪切强度 τ 的大小取决于材料的内摩阻角 φ 和黏聚力 C。剪切强度的计算式为

$$\tau = \delta \tan \varphi + C \qquad \text{（式 2-1）}$$

由于结合料剂量增加在增大黏聚力的同时，会增加新生矿物（水泥石等）的含量从而增加材料的收缩性，因而容易产生收缩开裂，而集料多为花岗岩、玄武岩、石灰石等岩

石，其收缩系数比水泥石要小得多，因而在增加强度的同时，不会带来基层材料收缩性的增大。

（三）强度设计

半刚性基层在一定条件下可以做到高强度又不开裂。鉴于上述对材料强度组成的分析，可以通过一定的组成设计得到强度高而收缩性低或抵抗收缩开裂性好的材料，这就需要在半刚性基层材料组成中增大粗集料的比例并形成较好的级配，加入适宜的水泥剂量。骨架密实结构的材料便是符合这种半刚性基层材料设计理念的代表。半刚性基层材料中，从均匀密实结构到悬浮密实结构，再到骨架密实结构，材料的粗集料用量逐渐增加，强度增大，收缩系数却减小。

（四）强度界限

高强度半刚性材料应该是结构设计要求的结果，而且应该是有界限的。半刚性基层材料的强度要求应该视所应用的公路等级和结构设计要求来定。对应所要求的强度高低和相关性能要求，同时考虑原材料的供给条件，再进行具体的材料类型选择和组成设计。

这样设计出的半刚性基层材料在性能和成本上都能合理。半刚性基层材料的强度值应该在结构设计要求值相应的变化幅度范围内。过大的强度值不仅不经济，而且会带来其他性能的副效应。

二、收缩特性

（一）材料属性的认识

热胀冷缩和湿涨干缩是材料的属性。无论是半刚性基层材料还是沥青面层材料的性质都不可避免地要受到环境因素的影响。一定环境条件下的面层或基层产生收缩裂缝是不可避免的。这种收缩裂缝的危害表现在两个方面。

1. 外界水分通过裂缝渗入会引起面层的冲刷剥落或基层的冲刷唧泥。

2. 过小的裂缝间距破坏了路面结构的整体性，改变了受力状态。也就是说，在裂缝间距较大，又能保证不让水分进入的条件下，收缩裂缝是不可怕的。

（二）干燥收缩的控制

及时的保湿养生可以避免基层的干燥收缩裂缝。虽然半刚性基层材料的收缩和膨胀是不可避免的。但是由于半刚性基层材料的热胀冷缩和湿涨干缩是有条件和过程规律的，因而是可以控制和改善的。试验得出基层材料的干燥收缩规律是材料的收缩系数随含水量的变化呈上凸形抛物线，即从成型含水量开始，随着含水量的丧失，材料的收缩应变开始变化不大，进入一定的含水量范围内时急剧增加，随后又减小。这一规律可以说明为什么施工现场基层成型初期，尤其在夏季高温时段的干燥收缩裂缝往往是在很短的时间内出现。

由这一规律同时可以看到，由于从成型含水量到产生最大收缩应变的最不利含水量之间还有一段含水量的变化范围，如果现场能够做好及时保湿养生，完全可以避免基层材料的含水量低到最不利含水量而出现最大收缩应变。也就是说，从施工工艺控制角度可以做到避免基层成型早期的干燥收缩开裂。

（三）温度收缩的减小

控制细料含量可以显著减小基层的温度收缩裂缝。水泥稳定碎石材料的收缩系数与组成材料的粒径大小有关。较大粒径部分多为由岩石破碎而来的碎石集料，其温度收缩系数小；随着集料粒径的减小，尤其是填料部分的细粒土成分，含有较多的次生矿物，温度收缩系数大。细料越多，所需结合料越多，结合料水泥无论是自身硬化还是与细集料的反应生成物都是次生矿物，收缩系数也大。

三、冲刷特性

（一）基层冲刷机理

动水压力泵吸作用产生基层冲刷。半刚性基层表面非紧密联结的细料在动水压力泵吸作用下的脱离是形成冲刷的主要原因。半刚性基层内部由于结合料剂量所限，无法保证细集料之间全部是由结合料联结。由于沥青路面开裂或水泥混凝土路面接缝的填缝料丧失，路表水进入基层顶面。基层顶面遇水后湿软，原本非结合料联结的颗粒间联结力减弱或丧失，在高速、重载车辆的作用下产生很大的动水压力，将细料冲刷带到路表，造成路面面层脱空。脱空的路面面层更容易产生开裂，进而形成恶性循环。

（二）减小冲刷的途径

雨水的侵入和高速、重载车辆的作用是导致半刚性基层冲刷的外部原因。合适的材料组成可以显著地提高抗冲刷性能，具体的途径是通过减少细料含量、增加结合强度以及增大空隙率来消散动水压力。试验结果表明：水泥稳定砂砾与水泥稳定土相比，具有较小的冲刷量。随着水泥剂量的增大，水泥稳定砂砾的冲刷量则逐渐减小；与密实的水泥稳定砂砾相比，具有一定孔隙的水泥稳定碎石几乎不受冲刷。

四、疲劳特性

（一）应力敏感性

半刚性基层材料是一种应力敏感性材料。与沥青混合料相比，半刚性基层材料的疲劳曲线较为平缓，这说明半刚性基层材料的应力敏感性要比沥青混合料高。在应力变化幅度相同的条件下，半刚性基层材料产生的寿命变化范围要大于沥青混合料。换句话说，超载对半刚性基层的寿命影响要大于沥青面层，可以说，这是半刚性基层材料不利的一面。

（二）疲劳寿命

半刚性基层能够具有更长的疲劳寿命。尽管半刚性基层材料对应力的敏感性要高于沥青混合料，但是应当看到，在相同的应力比作用下，半刚性基层的绝对疲劳寿命值要高于沥青混合料，只要将半刚性基层放在路面结构层中合适的位置，使其不承受过大的荷载，半刚性基层就具有更长的疲劳寿命。

第二节　半刚性基层施工

随着我国城市建设发展的不断加快，公路工程项目建设也得到相关部门的高度关注。半刚性基层路基作为目前应用最广泛的一种路基形式，如何确保其施工质量也成了相关部门所面临的一项重要课题。由于公路工程半刚性路面基层对强度和平整度均有较高要求，因此，在对其进行施工的时候，应该首先从以上两个方面出发，采取科学合理的施工方法，以此来确保整个工程的施工质量。

一、半刚性基层原理

（一）材料强度的形成原理

在任何工程的施工过程中，是否能够对材料进行科学合理的加工直接影响到工程的整体质量，半刚性路面基层施工也不例外。通常情况下，材料强度的形成与材料的掺配、拌和以及压实具有十分密切的联系，在以上几项操作中，材料自身会发生一系列的物理和化学反应，而材料的强度则是在反应之后形成的。半刚性基层施工过程中所涉及的材料主要是石灰稳定类材料，包括石灰土、石灰砂砾土和石灰碎石等，其强度的形成主要是石灰与细粒土的相互作用，从而使土的工程性质发生变化。这种变化可以分为两个阶段：第一个阶段表现为土的结团、本身的塑性降低，最佳含水量增大，最大密实度变小等；第二阶段就是结晶结构的形成，在这种情况下，土的整体强度和稳定性都会有所提高。

（二）材料缩裂特性

虽然半刚性基层施工所选用材料的强度能够在一定程度上满足工程的建设需求，但是，也同样存在着一些不足之处，比如说材料的缩裂特性。通常情况下，这种缩裂特性都是由于材料本身抗变形能力低导致的，材料本身如果没有较强的抗变形能力，那么当材料所处环境的温度或湿度发生变化的时候，就容易产生开裂。此外，当沥青面层较薄的时候，也容易形成反向裂缝，从而严重影响工程的整体质量，因此，工程人员在进行半刚性基层施工之前，一定要对材料的缩裂规律进行全面系统分析，从而科学合理地对材料进行选择，以此来尽可能避免裂缝的出现。

二、半刚性基层施工技术

（一）铺筑试验路

通常情况下，为了确保公路施工的整体质量，在进行大规模施工之前，都要先铺筑一条试验路，在试验路的施工过程中，施工人员可以按照原计划的公路施工方法进行施工，并在施工的过程中对出现的问题进行处理。施工单位可以根据试验路铺筑的实际情况，对施工组织设计进行科学合理的制定，与此同时，还要根据试验路的实际操作情况对混合料的配合比进行确定，在检验铺筑的半刚性基层质量是否符合设计和规范要求的基础上，提出相应的质量控制措施。在确保试验路的施工效果达到相关要求之后，再进行大面积施工作业，这样不仅能避免由于施工误操作而引起的质量问题，而且还能对拌和、运输、碾压、养生等施工设备的可靠性进行检验，从而大大降低反复施工给施工单位带来的经济损失。

（二）厂拌法施工

厂拌法施工是目前进行公路半刚性路面基层施工过程中采用的最广泛的一种方法。为了确保施工的连续性和最终质量的稳定性，在进行具体施工操作之前，相关工作人员首先要对施工中所涉及的设备进行调试，确保其处于最良好的状态。此外，拌和之前还要进行必要的试拌工作，以此来确保大批量的拌和符合工程的根本需求。通常情况下，采用厂拌法进行施工，要充分注意混合料的拌和、摊铺和碾压。

1. 下承层准备与施工放样

由于半刚性基层施工的特殊性，其对下承层的要求也较高，不仅需要下承层平整、密实，而且还要确保其没有松散和"弹簧"的不良现象，因此，在进行施工之前，相关工作人员应该按照相关的施工标准对下承层进行检查验收，验收合格后才能够进行具体施工。施工放样主要是对路中线进行恢复，每隔一段距离设置一个中桩，并在每个桩上明显标记出基层的边缘设计标高和松铺厚度的位置。

2. 备料

原材料的质量如何直接关系到工程的整体质量？因此，对于施工中的原材料的质量，一定要确保其符合工程的施工需求。同时还要做好必要的防护工作，比如说对于水泥应该做好防雨防潮工作，对于石灰应该做好必要的洒水工作，在潮湿多雨的季节里，还要采取有效的措施确保细粒土和结合料不会受到雨淋。

3. 拌和与摊铺

在对混合料进行拌和的时候，首先应该严格按照相关规范对其配合比进行准确测定，使其无论是从级配还是剂量上，都能够符合工程的要求；其次，要将混合料的含水量控制在最佳的程度，一般来说，水泥稳定类混合料的含水量可比最佳含水量大 1 ~ 2 个百分点，而石灰稳定类的混合料则刚好相反。对于混合料的摊铺应该掌握好摊铺时间，最好是在运送到施工场地之后，第一时间进行摊铺，并碾压成型。

4. 碾压

碾压是半刚性基层施工中最重要的一个环节，碾压过程中，施工人员要控制好每个层的厚度，最小分层一般不能小于 10cm。此外，碾压的时候还应该严格按照先轻后重的次序对各个类型的压路机进行安排，以此来对公路路面进行逐步压实。

三、半刚性基层施工的建议

在进行大面积施工以前（正式开工前至少一个月），修筑一定长度的试验路段很有必要。目前在我国高等级公路基层实践中，许多施工单位通过修筑试验路段来进行施工优化组合，把主要问题找出来并加以解决，由此提出标准施工法用以指导大面积施工，从而使整个工程的施工质量提高，施工进度加快，取得显著的经济效益。在修筑试验路段中，承包人应向监理工程师担供用于试验路段的原材料、混合料、组成设计以及备料、拌和、摊铺、碾压、养生设备一览表和施工程序。施工工艺及操作计划等详细说明，并由监理工程师审核批准。

修筑试验路段的目的是：检验拌和、运输、摊铺、碾压、养生等计划投入使用设备的可靠性。检验混合料的组成设计是否符合质量要求及各道工序的质量控制措施，但运用于大面积施工的材料配合比及松铺系数确定每一作业段的合适长度和一次铺筑的合理厚度，并提出标准施工方法。例如，在每次开工前施工队都会先修筑一段长 100m 的试验段，并从中发现不少问题，及时地调整混合料的含水量，使之趋于最佳值。试验摊铺拌和遍数、深度等，试验路段通过新的验收，并作为整个路段的一部分铺筑了进去。标准施工方法内容包括：集料与结合料数量的控制；摊铺方法；合适的拌和方法、拌和速度、拌和深度与遍数；混合料最佳含水量的控制方法；整平和整形的合适机具与方法；压实检查方法及每一作业段的最小检查数量等。

试验路段经监理工程师验收后，便可以进行半刚性基层的大面积施工了。例如，某路面所采用路拌法施工，半刚性基层场拌法施工主要工序如下

备料——安装拌和楼——拌和——运料——摊铺——测量——整平与碾压成型——初

期养护。下承层的准备与施工测量早已完成，施工前对下承层按质量验收，之后再恢复中线，在直线段每30m设一桩，平曲线段每20m设一桩，并在两侧路面边缘外0.4m处设指示桩，在指示桩上用红油漆标出基层边缘设计标高及松铺厚度的位置。对于施工备料，所用材料均须符合质量要求，并根据各路段基层厚度、宽度及预定的干密度计算各路段需要的干燥集料数量；根据混合料的配合比、材料的含水量及所用车辆的吨位，计算各种材料每车料的堆放距离；根据各种集料所占的比及其松干密度，计算每种集料的松铺厚度，以控制施工配合比，而结合料仍以每袋的摊铺面积来控制剂量。

用平地机、推土机，按实验路段所求得的松铺系数进行摊铺，使混合料按要求的松铺厚度均匀地摊铺在要求的宽度上。摊铺时混合料的含水量宜略高于最佳含水量0.5%～1%，以补偿摊铺时碾压过程中的水分损失。当压实层厚度超过20cm时应当分层摊铺，最小压实厚度为10cm，先摊铺的一层应整形和压实，待监理工程师批准以后，将先摊铺的一层表面翻松后再继续摊铺上层。摊铺工作就绪后，就可使用稳定土路拌机进行拌和作业，路拌机工作速度为1.2～1.5km/h为宜，拌和路线应以基层的最外沿向中心线靠拢，拌和过程中适时测量含水量，然后紧接进行压实作业。碾压作业应在全宽范围内进行在直线段上，压路机应由两侧路肩向中心碾压；在平曲线超高段上，应由内侧向外侧路肩碾压，每道碾压应与上道碾压轨迹相重叠（监理要求至少应为三分之一），使每层整个厚度和宽度完全均匀地压实到规定的密实度为止，在现场监理的控制下每层的压实厚度保证在20cm以下，在碾压的过程中，有时会出现所谓"弹簧"起皮现象，现场监理应要求施工人员采取各种措施，使之达到质量要求。

碾压完成后即进行养生，养生时间应不小于7天，水泥稳定类混合料碾压完成后，立即开始养生；二灰稳定类混合料是在碾压成型后的第二或第三天开始养生，简单的方法采用洒水。养生期间应当封闭交通，养生期结束立即铺筑沥青面层或做封层，基层上未铺封面或油面层时不应开放交通。关于养生期，资料显示，在近年高等级公路半刚性基层路面修筑实践中为缩短养生期以加快工程进度，一些施工单位基层混合料中加入早强剂，使养生期不到7天就做上面层；还有的施工单位在基层施工后2～3天内就铺筑面层，理由是基层的板体性形成前，铺上沥青面并压实是对半刚性基层的二次压实。总之，在既加快工程的施工进度的同时又确保了工程的高质量、严要求，但有些实践中的探索短时间内无法给予直接评价。

半刚性基层由于其特殊的承上启下的连接作用，使得它在施工中的要求较为严格，以下问题在施工中应特别注意。首先，半刚性基层的施工季节应当掌握好，宜在春末或夏季施工，施工的最低温应在5℃以上，并保证在冻前有一定的成型期。曲路半刚性基层的施工季节可选在春末夏初5月份，无论对施工还是养护都有利。在雨季施工时应特别注意天气变化，防止无机混合料受雨淋并采取措施排除表面水，降雨时应停止施工，已摊铺的混合料应尽快碾压密实。混合料堆积时间不应过长，尤其是雨季施工，一定要做到当天堆置，当天摊铺、整形、碾压。其次，路拌法施工中对于土与粉煤灰的用量控制，在施工中，石灰剂量可以在实验室检测，土与粉煤灰的比例只能在施工中加以控制，若控制不好，不仅影响强度还会使压实度检测失去意义。实际上，粉煤灰不同于砂砾和碎石，后者在装卸后和摊铺过程中体积变化不大，而粉煤灰经装卸、运输和摊铺等，都能使密度发生变化，室内测出的松干密度总是偏小，可用稳定压厚度控制配比的方法，固定稳压的压路机型及遍数，通过抽检稳压厚度来控制土与粉煤灰的比例。再次，对于两工作段之间的接茬应当仔细处理好，在石灰二灰稳定类基层施工中，两工段衔接处应当搭接拌和，方法是：前一段拌和后，预备至少 5m 后进行碾压，后一段施工时，将前段备下未压的部分一起再进行拌和，拌和机、压路机等机械严禁在已经完成的或正在碾压的路段上掉头或急刹车，以保证结构层表面不受破坏。若必须在上面掉头时，应采取保护措施，如加铺覆盖层等。

第三节　粒料类基层施工

一、粒料分类及适用范围

（一）粒料分类

1. 嵌锁型：包括泥结碎石、泥灰碎石、填隙碎石等。
2. 级配型：包括级配碎石、级配砾石、符合级配的天然砂砾、部分砾石经轧制掺配而成的级配砾石、碎石等。

（二）粒料类适用范围

1. 级配碎石可用于各级公路的基层和底基层。级配碎石可用做较薄沥青面层与半刚性基层之间的中间层。
2. 级配砾石、级配碎砾石以及符合级配、塑性指数等技术要求的天然砂砾，可适用于轻交通的二级和二级以下公路的基层。
3. 填隙碎石可用于各等级公路的底基层和二级以下公路的基层。

二、施工一般要求

（一）级配碎石层施工规定

1. 颗粒组成应是一根滑的曲线，配料必须准确，塑性指数应符合规定。
2. 混合料必须拌和均匀，没有粗细颗粒离析现象。
3. 级配碎石应在最佳含水量时进行碾压，用作中间层时，其重型击实标准的压实度不应小于 100%；用作基层时，其重型击实标准的压实度不应小于 98%；用作底基层时，其重型击实标准的压实度不应小于 96%。

4. 应适用 12t 以上三轮压路机碾压，每层的压实厚度不应超 15 ～ 18cm。用重型振动压路机和轮胎压路机碾压时，每层的压实厚度可达 20cm。

5. 级配碎石基层未洒透层沥青或未铺封层时，禁止开放交通，以保护表层不受破坏。

（二）级配砾石层施工规定

1. 颗粒级配应符合规定，配料应准确。塑性指数应符合规定。

2. 混合料应拌和均匀，没有粗细颗粒离析现象。

3. 级配砾石或天然砂砾用作基层时，其重型击实标准的压实度不应小于 98%；用作底基层时，其重型击实标准的压实度不应小于 96%。

4. 级配砾石应用 12t 以上三轮压路机碾压，每层的压实厚度不应超过 15 ～ 18cm。用重型振动压路机和轮胎压路机碾压时，每层的压实厚度不应超过 20cm。

（三）填隙碎石施工时，应遵守下列规定

1. 细集料应干燥。

2. 应采用振动轮每米宽质量不小于 1.8t 的振动压路机进行碾压。填隙料应填满碎石层内部的全部孔隙。碾压后，表面粗碎石间的孔隙应填满，但不得使填隙料覆盖粗集料而自成一层，表面应看得见粗碎石。

3. 填隙碎石基层未洒透层沥青或未铺封层时，应禁止开放交通。

三、路面检料基层施工方法

（一）级配碎石路拌法施工

l. 准备下承层

下承层表面应平整、坚实，且具有规定的路拱，下承层的平整度和压实度应符合规范规定。下承层不宜做成槽式断面。

2. 测量放样

应按规范的规定逐个断面检查下承层标高。

3. 备料（计算材料用量）

根据各路段基层或底基层的宽度、厚度及规定的压实干密度，并按确定的配合比分别

计算各段需要的未筛分碎石和石屑的数量或不同粒级碎石和石屑的数量，并计算每车料的堆放距离。未筛分碎石和混合料的含水量宜大于最佳含水量的1%。

4. 运输集料

集料装车时，应控制每车料的数量基本相等。宜由远到近卸置集料。卸料距离应严格掌握，避免不够或过多。

5. 摊铺集料

应事先通过试验确定集料的松铺系数并确定松铺厚度。人工铺筑混合料时，其松铺系数约为 1.40 ~ 1.50，平地机摊铺混合料时，其松铺系数约为 1.25 ~ 1.35。

6. 拌和及整形

对于二级及二级以上公路，应采用专用稳定土拌和机拌和级配碎石。对于二级以下的公路，在无稳定土拌和机的情况下，可采用平地机或多铧犁与缺口圆盘耙相配合进行拌和。用平地机进行拌和，宜翻拌 5 ~ 6 遍，使石屑均匀分布于碎石中。平地机拌和的作业长度，每段宜 300 ~ 500m，平地机刀片的安装角度应符合要求。拌和结束混合料的含水量应均匀，并较最佳含水量大 1% 左右，同时应没有粗细颗粒离析现象。平地机整形过程注意消除粗细集料离析现象。

7. 碾压

整形后，当混合料的含水量等于或略大于最佳含水量时，立即用 12t 以上三轮压路机、振动压路机或轮胎压路机进行碾压。直线和不设超高的平曲线段，由两侧路肩开始向路中心碾压；在设超高的平曲线段，由内侧路肩向外侧路肩进行碾压，每轮应重叠 1/2 轮宽；后轮必须超过两段的接缝处。后轮压完路面全宽时，即为一遍。碾压一直进行到要求的压实度为止。一般需要碾压 6 ~ 8 遍，应使表面无明显轨迹。压路机的碾压速度，头两遍以采用 1.5 ~ 1.7km/h 为宜，以后用 2.0 ~ 2.5km/h。

8. 横缝的处理

两个作业段的衔接处，应搭接拌和。第一段拌和后，留 5 ~ 8m 不进行碾压；第二段施工时，前段留下未压部分与第二段一起拌和整平后进行碾压。

9. 纵缝的处理

应避免纵向接缝。在必须分两幅铺筑时，纵缝应搭接拌和。前一幅全宽碾压密实，在后一幅拌和时，应将相邻的前幅边部约 30cm 搭接拌和，整平后一起碾压密实。

（二）级配碎石集中厂拌法施工

级配碎石用作半刚性路面的中间层以及用作二级以上公路的基层时，应采用集中厂拌法拌制混合料，并用摊铺机摊铺混合料。

1. 级配碎石混合料可以在中心站用多种机械进行集中拌和，如强制式拌和机、卧式双转轴桨叶式拌和机、普通水泥混凝土拌和机等。

2. 对用于高速公路和一级公路的级配碎石基层和中间层，宜采用不同粒级的单一尺寸碎石和石屑，按预定配合比在拌和机内拌制级配碎石混合料。

3. 在正式拌制级配碎石混合料之前，必须先调试所用的厂拌设备，使混合料的颗粒组成和含水量都达到规定的要求，在采用未筛分碎石和石屑时，如未筛分碎石或石屑的颗粒组成发生明显变化，应重新调试设备。

4. 将级配碎石用于高速公路和一级公路时，应用沥青混凝土摊铺机或其他碎石摊铺机摊铺碎石混合料。摊铺机后面应设专人消除粗细集料离析现象。

5. 振动压路机、三轮压路机进行碾压，碾压方法同路拌法。

6. 级配碎石用于二级和二级以下公路时，如没有摊铺机，也可以用自动平地机（或摊铺箱）摊铺混合料。

7. 集中厂拌法施工时的横向接缝按下述方法处理：用摊铺机摊铺混合料时，靠近摊铺机当天未压实的混合料，可与第二天摊铺的混合料一起碾压，但应注意此部分混合料的含水量，必要时，应人工补充洒水，使其含水量达到规定的要求。

8. 应避免纵向接缝。在不能避免纵向接缝的情况下，纵缝必须垂直相接，不应斜接。

第四节　基层质量控制与检查验收

一、路面基层质量控制

（一）施工环节质量控制

1. 拌和站

（1）日常目测检查以下内容，发现问题及时采取措施，包括停机处理。

①料斗筛是否设置或损坏、变形，是否振动或堵塞，下料应保证畅通，疏通人员是否盯岗、负责。

②出料口是否设置过滤筛，位置是否得当，孔隙是否满足要求（一般用钢筋焊接制

成，间距一般 4cm），并设专人负责。

③检查水泥出口是否流通，根据出料数量计算水泥用量，并与水泥统计进料单进行复核比较，保证用量准确。

④检查拌和材料堆放界限是否清楚、立有标牌，堆放是否均匀，石质、粒径、颜色是否符合技术要求，包括含杂质情况等。

⑤如果所用材料规格多而料仓不足时，需要掺配的材料应事先在场地内按比例掺拌均匀，然后再装入料仓内。

⑥观察作业机械是否熟练，配合是否良好，如装载机装料是否及时、到位、外溢现象，否则应调整装载机型号和数量。

⑦检查供水系统，特别是水的流量控制要准确，并采取试验室实测数据与目测、手攥相结合的方法进行有效的控制。

⑧检查铲装材料不可收底使用。

⑨检查进出道口是否畅通。

⑩检查雨后排水系统。

⑪检查试验仪器、设备是否齐全、完好，满足技术要求。

⑫检查确定的岗位负责人是否到场，特别是试验人员业务水平应满足需要。

⑬注意各岗位操作人员的工作水平、业务能力和质量意识、工作态度，责任心是否强，并及时进行信息反馈并报告上级。

（2）做好试验检测工作，要求准确、及时。

①原材料进料前要及早选样、送样检测，水泥选择初终凝时间较长一点的，集料规格应先通过试配、满足技术规范要求的混合料级配后，再按该规格进行进料控制。

②拌和料开机前要进行混合料级配和最佳含水量检测（一般控制高出 1%～2%），正常开机后按频率要进行试件制作、按规范要求进行养护（标养）和抗压强度试验；所有试验要做好原始记录；同时，还应结合工地现场摊铺、压实情况及其他反馈信息，进行含水量和级配的适当调整。

（3）其他。

①检查拌和料运输是否及时(主要指水泥初凝时间到来前)有无压车或运输能力不足，要求进行拌和料运输覆盖，防尘保湿。

②注意拌和料运输过程的车辆损坏，一旦滞留时间超过初凝，不得发往现场，要与现场建立及时的通信信息，注意车辆编号，进行往来登记。

③严格控制开机、停机时间，特别要求日落前摊铺压实完毕，合理安排停机时间。

④注意天气变化，禁止雨天施工。

2. 施工现场

日常目测检查以下内容，发现问题及时采取措施，包括停工处理。

停工处理的几种情况如下。

一是拌和站故障停机；二是发生返工现象且工作量较大时；三是施工主要作业机械故障又短时间内不能修复时。

①对达到龄期底基层钻孔取芯，实测其强度、厚度，检测均匀度、完整性，确认质量合格后方可进行基层施工。

②合理组织人员进行清扫，特别注意病害（表层缺水失养成型强度低等）及作业段接茬的处理，铲除病害后一般随水泥稳定碎石摊铺施工时处理，若厚度10厘米以上应单独填料压实。

③清扫完毕或摊铺前要保持洒水湿润应采用压力式洒水车，洒水均匀、到位，不留死角，要求配备洒水壶对薄弱部位进行人工补洒、喷洒；严禁洒水不及时造成曝晒，影响工程质量。

④人工培肩夯实，采用方形枕木并用钢纤固定顺直，内裹塑料薄膜（防止水分损失影响强度）保证路面宽度，必须保证路肩的宽度和夯实度。

⑤采用两台摊铺机同向施工，前后间隔一般保持10米左右，保证厚度、平整度，每台摊铺机两侧安排两名工人，铲除绞笼前集中骨料和履带前混合料，要求均速、连续施工。铺筑按试验段确认的松铺系数，严格厚度要求，按松铺厚度要求制作检测工具，不断进行检测控制，发现问题立即纠正。

⑥碾压时除了坚持"紧跟、高频、低振"的原则外，要尽量拉长碾压的距离，以便清除由于压路机自身带来轮子前进产生的横向涌包。

⑦专人负责质量检测，机械摊铺在拌和料供不应求时因停顿而产生波浪，因此压实后宜用6m铝合金杆加密量测平整度，发现波浪拉松表层、铲平，重新压实并抛光；压实成型后及时进行压实度、平整度、高程等指标检测，且各项质量指标必须达到规范要求。

⑧每日施工段接头处理时，横竖向要刨直平茬接缝要求刷水泥浆，摊铺后要横向先搭半轮压实，然后纵向压实，注意接茬平整度，注意上一作业段重复压实时不能振动，以免造成破坏。

（二）离析控制措施

离析通常为骨料离析。骨料离析是指基层混合料中大粒径骨料分别聚集，处于较为明显的不均匀混合状态，离析的危害性很大，可对基层质量造成多方面的影响。近几年，基层特别是嵌挤结构的水泥稳定碎石在摊铺过程中，经常出现离析现象，离析现象的成因是复杂的，通常由原材料、摊铺机结构、供料方式、摊铺技术和基层混合料质量等多方面原因形成。大量事实证明，如果对施工过程进行科学合理的控制，则可以有效减少离析现象的发生，从而大大提高基层的质量。基层混合料产生离析的主要原因及防止措施具体如下。

1. 原材料的原因

骨架密实型级配中集料占80%以上，且1.0～3.0cm碎石占集料的30%以上，所以要严格控制大料径碎石，把好材料进场关，另外也可掺加一定比例的1.0～2.0cm碎石，满足连续级配的要求（掺加比例根据试验室筛分确定）。

2. 拌和的原因

①若混合料拌和机拌和过程中振动筛局部发生破裂，会使混合料有部分超过规格大粒

径骨料，因此应对其经常检查，必要时更换振动筛。

②拌和时间短或搅拌机拌叶脱落也可能导致混合料拌和不均匀，因此，应经常检查拌和机中的相关部件，并严格控制拌和时间，注意观察混合料中是否有明显的大骨料与小骨料聚集的现象。如果发现，应及时查明原因，及时处理。

3.装料的原因

①储料筒向运输车装料时，由于重力及高度的原因，大骨料滚落在两边及前后，形成骨料的第一次集中。为改变这种状况，应分别向运输车的前、中、后三处堆装，这样在向自卸车卸料时大骨料和小骨料可以再次混合，同时要控制储料筒与运输车之间的高度，尽量减小放料时的高差。

②储料筒要一次一放，严禁经常开着的"细水长流"现象。

4.运输的原因

运输过程中的颠簸，也可造成大粒径骨料的集中；同时，由于运输过程中料堆表面与空气接触，致使混合料表面大量水分散失，减少了表层混合料之间的黏阻力，导致大粒径碎石集中下滑，所以，在为拌和场地选址时，要尽量使拌和场地与摊铺现场距离不要太远。同时，应适当平整运输通道、降低行驶速度，使运输过程中，尽量减少颠簸，对料堆要采取保湿措施（尤其是较长距离的运输），比如要覆盖篷布等。

5.倾倒的原因

混合料卸向摊铺机时，大骨料滚落在料斗两侧，因此应将车厢大角度、快速升起，使混合料整体下滑，以避免大骨料向外侧滚动和堆积。同时摊铺机在摊铺完成一辆运输车时不宜将料斗收起，应始终保持料斗内存在 1/3 的拌和料，使新卸料和料车料斗内 1/3 的拌和料重新混合，可在一定程度上减少拌和料的离析。

6.摊铺机的自身原因

①应正确操作料斗收放，绝对避免料斗内固定积料过多和翻动过快。
②摊铺机摊铺速度均匀、平稳，搅拌速度要均匀，严禁忽快忽慢。
③挡板尽量低，下面用胶皮接地，防止大粒径骨料经搅笼搅拌滚落。
④螺旋布料器的分析。

摊铺机产生离析的主要环节在螺旋分料过程中，作业中功率消耗最大的环节也在螺旋分料过程中（约为整机的 50% ～ 60%）。摊铺机在设计过程中，主要考虑功率因素，使螺旋分料器中的物料表面位于螺旋直径的 1/2 ～ 2/3 处。按照这种情况，当用于大宽度、大厚度摊铺时，由于输料量加大，而螺旋只有位于物料内部的部分才有输料能力，因此为满足作业要求，只能将转速提高。

　　基于以上分析，为避免基层混合料产生离析，在摊铺中应采取如下措施：尽量采用具有大直径、低转速螺旋布料器的摊铺机；降低螺旋布料器的高度，并使混合料的高度超过螺旋布料器。这样就可以提高螺旋布料器的输送率，降低转速，减少不同物料颗粒之间的惯性差异，同时因为布料器埋于混合料内，可以对物料实现二次搅拌，降低前期离析程度，位于混合料中的布料器向两侧沿整个断面挤出物料，而不是向上或向下倾推物料，这样可以减少不同宽度位置上的横向离析和物料上下滚动产生的纵向离析，螺旋布料器上部不暴露在空间，也不会由于上抛而产生基层离析。

　　⑤摊铺完成后出现粗集料窝采用人工处理，换填新料。另外，在摊铺中对表面出现的离析现象应及时补救。如采用人工细筛的方法，筛出适量细料撒在出现离析的表面层上，或铲除集料窝换填新拌和料，并及时碾压，这样就可以缓解离析的影响。

二、路面验收标准

（一）路基工程

I.原地面处理

处理前应将施工范围内的有机土、种植土、草皮等清理干净，厚度为 50cm。

2.路基填筑

①施工工艺及方法符合施工方案。
②外观要求路基表面平整，边线直顺，曲线圆滑。路基边坡坡面平顺，稳定，不得亏坡，曲线圆滑。取土坑、弃土堆、护坡道、碎落台的位置适当，外形整齐、美观，防止水土流失。

（二）排水工程

I.预制管节基床要求

①混凝土应符合耐久性（抗冻、抗渗、抗侵蚀）等强度设计要求。
②不得出现露筋、空洞、缺角和大面积蜂窝麻面现象。

2.管道基础及管节安装基床要求

①管材必须逐节检查，不得有裂缝、破损。

②基础混凝土强度达到 5MPa 以上时，方可进行管节铺设。

③管节铺设应平顺、稳固，管底坡度不得出现反坡，管节接头处流水面高差不得大于 5mm。管内不得有泥土、砖石、砂浆等杂物。

3. 浆砌排水沟基本要求

①砌体砂浆配合比准确，砌缝内砂浆均匀饱满，勾缝密实。

②浆砌片（块）石、混凝土预制块的质量和规格应符合设计要求。

③砌体抹面应平整、压光、直顺，不得有裂缝、空鼓现象。

4. 碎石盲沟基本要求

①盲沟的设置及材料规格、质量等应符合设计要求和施工规范规定。

②反滤层应用筛选过的中砂、粗砂、砾石等渗水性材料分层填筑。

③排水层应采用石质坚硬的较大粒料填筑，以保证排水孔隙度。

（三）挡土墙及防护工程

1. 重力式、悬臂式和扶臂式挡土墙基本要求

①混凝土所用的水泥、石、砂、水和外掺剂的规格和质量应符合有关规范的要求，并按规定的配合比施工。

②地基强度必须满足设计要求。

③不得有露筋和空洞现象。

④沉降缝、泄水孔的设置位置、质量和数量应符合设计要求，泄水孔坡度向外，无堵塞现象。

⑤混凝土施工缝平顺，蜂窝、麻面面积不得超过该面面积的 0.5%。混凝土表面出现非受力裂缝，裂缝宽度超过设计规定或设计未规定时超过 0.15mm 必须处理，沉降缝整齐垂直，且上下贯通。

2. 挡土墙墙背回填基本要求

①墙背填土应采用透水性材料或设计规定的填料，严禁采用膨胀土、高液限黏土、腐殖土、盐渍土、淤泥、白垩土、硅藻土和冻土块，且填料中不应含有机物、冰块、草皮、树根等杂物或生活垃圾。

②墙背填土必须和挖方路基、填方路基有效搭接，纵向接缝必须设台阶。

③必须分层填筑压实，每层表面平整，路拱合适，坡面稳固，不得亏坡。

④墙身强度达到设计强度 75% 以上时方可开始填土。

3. 护坡工程基本要求

①石料质量、规格应符合有关规定。砂浆所用的水泥、砂、水的质量应符合有关规范的要求，按规定的配合比施工。

②护坡基础埋置深度及地基承载力应符合设计要求。

③砌体应咬扣紧密，嵌缝饱满密实。

④护坡填土密实度应达到设计要求，对坡面刷坡整平后方可铺砌。

⑤表面平整，无垂直通缝，勾缝平顺，无脱落现象。

（四）路面工程

1. 水泥混凝土面层基本要求

①施工配合比应根据现场测定水泥的实际强度进行计算，选择采用最佳配合比。

②接缝的位置、规格、尺寸及传力杆、拉力杆的设置应符合设计要求。

③路面拉毛或机具压槽等抗滑措施，其构造深度应符合施工规范要求。

④混凝土路面铺筑后按施工规范要求养护。

⑤路面侧石直顺、曲线圆滑。

2. 沥青混凝土面层基本要求

①沥青混合料的矿料质量及矿料级配应符合设计要求和施工规范的规定。

②严格控制各种矿料和沥青用量及各种材料和沥青混合料的加热温度，沥青材料及混合料的各项指标应符合设计和施工规范要求。沥青混合料的生产，每日应做抽提试验、马歇尔稳定度试验。矿料级配、沥青含量、马歇尔稳定度等结果的合格率应不小于 90%。

③拌和后的沥青混合料应均匀一致，无粗细料分离和结团成块现象。

④基层必须碾压密实，表面干燥、清洁、无浮土，其平整度和路拱度应符合要求。

⑤摊铺时应严格控制摊铺厚度和平整度，避免离析，注意控制摊铺和碾压温度，碾压至要求的密实度。

⑥搭接处应紧密、平顺，烫缝不应枯焦。

⑦面层与路缘石及其他构筑物应密贴接顺，不得有积水或漏水现象。

3. 水泥稳定粒料（碎石、砂砾或矿渣等）基层和底基层基本要求

①粒料应符合设计和施工规范要求，并应根据当地料源选择质坚干净的粒料，矿渣应

分解稳定，未分解渣块应予剔除。

②水泥用量和矿料级配按设计控制准确。

③摊铺时要注意消除离析现象。

④混合料处于最佳含水量状况下，用重型压路机碾压至要求的压实度，从加水拌和到碾压终了的时间不应超过 3 ~ 4h，并应短于水泥的终凝时间。

⑤碾压检查合格后立即覆盖或洒水养生，养护期要符合规范要求。

⑥表面平整密实、无坑洼、无明显离析；施工接茬平整、稳定。

4. 石灰土基层和底基层基本要求

①土质应符合设计要求，土块要经粉碎。

②石灰质量应符合设计要求，块灰须经充分消解才能使用，未消解生石灰块必须剔除。

③石灰和土的用量按设计要求控制准确。

④路拌深度要达到层底。

⑤保湿养生，养生期要符合规范要求。

⑥表面平整密实、无坑洼，施工接茬平整、稳定。

5. 石灰、粉煤灰稳定粒料（碎石、砂砾或矿渣等）基层和底基层基本要求

①粒料应符合设计和施工规范要求，并应根据当地料源选择质坚干净的粒料。矿渣应分解稳定，未分解渣块应予剔除。

②石灰和粉煤灰质量应符合设计要求，石灰须经充分消解才能使用。

③混合料配合比应准确，不得含有灰团和生石灰块。

④摊铺时要注意消除离析现象。

⑤碾压时应先用轻型压路机稳压，后用重型压路机碾压至要求的压实度。

⑥保湿养生，养生期要符合规范要求。

⑦表面平整密实、无坑洼、无明显离析。施工接茬平整、稳定。

6. 级配碎（砾）石基层和底基层基本要求

①选用质地坚韧、无杂质碎石、砂砾、石屑或砂，级配应符合要求。

②配料必须准确，塑性指数必须符合规定。

③混合料拌和均匀，无明显离析现象。

④碾压应遵循先轻后重的原则，洒水碾压至要求的密实度。

⑤表面平整密实，边线整齐，无松散。

7. 路缘石铺设基本要求

①预制缘石的质量应符合设计要求。

②安砌稳固，顶面平整，缝宽均匀，勾缝密实，线条直顺，曲线圆滑美观。

③槽底基础和后背填料必须夯打密实。

④现浇路缘石材料应符合设计要求。

⑤勾缝密实均匀，无杂物污染，缘石与路面齐平，排水口整齐、通畅，无阻水现象。

第三章 沥青类、水泥混凝土路面施工技术

第一节 沥青类路面施工技术

一、概述

沥青路面施工必须有详细的施工组织设计，并保证合理工期。由于在寒冷的气候条件下施工，会严重影响沥青路面的压实质量，从而造成路面早期损坏。一般来说，沥青路面不得在气温低于10℃（高速公路、一级公路和城市快速路、主干路）或5℃（其他等级公路和城市道路），以及雨天、路面潮湿的情况下施工。

沥青面层一般应连续施工，避免与可能污染沥青层的其他工序交叉干扰，以杜绝施工和运输污染。沥青路面的层间污染，导致沥青层形不成整体，是沥青路面早期损坏的更要原因。在没有特殊情况下，沥青面层和基层最好在一年内施工完毕。对不能保证连续施工、跨年度施工或层间的铺筑间隔较长时，确保沥青层能成为一个整体，改善路面内部的受力状态，从而延长路面疲劳寿命。

沥青路面施工应有良好的劳动保护，确保安全。沥青拌和厂应具备防火设施，配制和使用液体石油沥青的全过程严禁烟火。使用煤沥青时，应采取措施防止工作人员吸入煤沥青或避免皮肤直接接触煤沥青造成身体伤害。

沥青路面试验检测试验室应通过认证，取得相应的资质，试验人员持证上岗，仪器设备必须检定合格。在有条件的情况，沥青面工程应积极采用经试验和实践证明有效的新技术、新材料、新工艺。

二、施工准备与施工温度控制

铺筑沥青层前，应检查基层或下卧沥青层质量，不符要求的不得铺筑沥青面层。旧沥青路面或下卧层已被污染时，必须清洗或经铣刨处理后方可铺筑沥青混合料。

（一）铺筑试验路段

对高速公路、一级公路和城市快速路、主干路等工程来说，铺筑试验段是不可缺少的步骤。但是铺筑试验段绝不是一种形式，必须达到要求的目标。

（二）施工温度控制

石油沥青加热及沥青混合料施工温度应根据沥青标号及黏度、气候条件、铺装层厚度确定。

沥青结合料或改性沥青的加热温度不得超过 175℃。沥青混合料的温度应采用具有金属探测针的插入式数显温度计测量，不得采用玻璃温度计测量。在运料车上测量时，应在车厢侧板下方打一个小孔插入不少于 15cm 量取。碾压温度可借助于金属螺丝刀在路面上打洞后迅速插入温度计测量得到（必要时应移动位置）。

三、沥青混合料拌和

沥青混合料必须在沥青拌和厂（场、站）采用拌和机械拌制。拌和厂的设置必须符合国家有关环境保护、消防、安全等规定。拌和厂与工地现场距离应充分考虑交通堵塞的可能，确保混合料的温度下降不超过要求，且不致因颠簸造成混合料离析。拌和厂应具有完备的排水设施。各种集料必须分隔储存，细集料场应设防雨顶棚，料场及场内道路应做硬化处理，严禁泥土污染集料。

沥青混合料可采用间歇式拌和机或连续式拌和机拌制。由于我国目前使用的材料品种较杂，变异性大，再加上拌和厂大都是露天料场，材料含水量受天气影响较大，所以高速公路和一级公路应采用间歇式拌和机拌和。连续式拌和机使用的集料必须稳定不变，一个工程从多处进料、料源或质量不稳定时不得采用连续式拌和机。沥青混合料拌和设备的各种传感器必须定期检定，周期不少于每年一次。冷料供料装置须经标定得出集料供料曲线。拌和机的总拌和能力满足施工进度要求。拌和机除尘设备完好，能达到环保要求。冷料仓的数量满足配合比需要，通常不宜少于 5 ~ 6 个。具有添加纤维、消石灰等外掺剂的设备。

集料与沥青混合料取样应符合现行试验规程的要求。从沥青混合料运料车上取样时必须设置取样台分几处采集一定深度下的样品。集料进场应在料堆顶部平台卸料，经推土机推平后，铲运机从底部按顺序竖直装料，减小集料离析。

高速公路、一级公路和城市快速路、主干路施工及生产 SMA 沥青混合料用间歇式拌和机必须配备计算机设备，拌和过程中逐盘采集并打印各个传感器测定的材料用量和沥青混合料拌和量、拌和温度等各种参数。每个台班结束时打印出一个台班的统计量，按动态控制与管理的方法进行沥青混合料生产质量及铺筑厚度的总量检验。总量检验的数据有异常波动时，应立即停止生产，分析原因。

烘干集料的残余含水率不得大于 1%。每天开始的几盘集料应提高加热温度，并干拌几锅集料废弃后，再正式加沥青拌和混合料。拌和机的矿粉仓应配备振动装置，以防止矿粉起拱。添加消石灰、水泥等外掺剂时，应增加粉料仓，也可由专用管线和螺旋升送器直接加入拌和锅，若与矿粉混合使用时应注意二者因密度不同发生离析。拌和机必须有二级除尘装置，经一级除尘部分可直接收使用，二级除尘部分可进入回收粉仓使用(或废弃)。

对因除尘造成的粉料损失，应补充等量的新矿粉。

沥青混合料拌和时间根据具体情况经试拌确定，以沥青均匀裹覆集料为度。间歇式拌和机每盘的生产周期不宜小于 45s。改性沥青和 SMA 混合料的拌和时间应适当延长。

间歇式拌和机的振动筛规格应与矿料规格相匹配，最大筛孔应略大于混合料的最大粒径，其余筛的设置应考虑混合料的级配稳定，并尽量使热料仓大体均衡，不同级配混合料必须配置不同的筛孔组合。间歇式拌和机应备有保温性能的成品储料仓，储存过程中混合料温降不得大于 10℃，且不能有沥青滴漏。

四、沥青混合料运输

热拌沥青混合料应采用较大吨位的运料车运输，但不得超载运输或急刹车、急弯掉头，使透层、封层造成损伤。运料车的运力应稍有富余，施工过程中摊铺机前方应有运料车等候。高速公路、一级公路和城市快速路、主干路，应待等候的运料车多于 5 辆后开始摊铺。

运料车每次使用前后必须清扫干净，在车厢板上涂一薄层防止沥青黏结的隔离剂或防黏剂，但不得有余液积聚在车厢底部。从拌和机向运料车上装料时，应多次挪动汽车位置，平衡装料，以减少混合料离析。运料车运输混合料应用苫布覆盖保温、防雨、防污染。

运料车进入摊铺现场时，轮胎上不得沾有泥土等可能污染路面的脏物，否则应设水池洗净轮胎后进入工程现场。沥青混合料在摊铺地点凭运料单接收，若混合料不符合施工温度要求或已经结成团块，已遭雨淋，不得铺筑。

摊铺过程中运料车应在摊铺机前 100～300mm 处停住，空挡等候，由摊铺机推动前进开始缓缓卸料，避免撞击摊铺机。有条件时，运料车可将混合料卸入转运车经二次拌和后向摊铺机连续均匀地供料。运料车每次卸料必须倒净，尤其是对改性沥青或 SMA 混合料。如有剩余，应及时清除，防止硬结。

一种称为转运机的装置已经越来越多地出现在沥青路面施工中，我国有的地方已经开始使用。它介于运料车与摊铺机之间，运料车将混合料卸在转运车上，转运车一边对混合料进行二次拌和，一边与摊铺机完全同步前进，向摊铺机供料。运料车的混合料不直接卸在摊铺机上，可有效地改善混合料的离析和温度不均的问题。在国外，随着运转车的出现，对摊铺机也在改进，一些摊铺机加设了再次拌和的功能，这些都是为减少离析、提高沥青路面综合质量的重要措施。

SMA 应采用大吨位运料车运输。运料车在开始运输前，应在车厢及底板上涂刷一层油水混合物，使混合料不致与车厢黏结。无论任何情况下，运料车在运输过程中都应加盖苫布，以防止混合料表面降温结成硬壳。运料车在运输途中，不得随意停歇。运料车卸料必须倒净，如发现有剩余的残留物，应及时清除。运料车到达现场后，应严格检查 SMA 混合料的温度，不得低于摊铺温度的要求。

五、沥青混合料摊铺

热拌沥青混合料应采用沥青摊铺机摊铺，在喷洒有黏油层的路面上铺筑改性沥青混合料或 SMA 时，宜使用履带式摊铺机。摊铺机的受料斗应涂刷薄层隔离剂或防黏结剂。

铺筑高速公路、一级公路和城市快速路、主干路沥青混合料时，一台摊铺机的铺筑宽度一般不宜超过 6（双车道）～ 7.5m（3 车道以上），可采用两台或更多台数的摊铺机前后错开 10 ～ 20m，呈梯队方式同步摊铺，两幅之间应有 30 ～ 60mm 宽的搭接，并避开车道轮迹带，上、下层的搭接位段宜错开 200mm 以上。

摊铺机开工前应提前 0.5 ～ 1h 预热熨平板且不低于 100℃。铺筑过程中，应选择熨平板的振捣或夯锤压实装置具有适宜的振动频率和振幅，以提高路面的初始压实度。熨平板加宽连接应仔细调节至摊铺的混合料没有明显的离析痕迹。为提高重载路面的压实度，首要的因素是利用摊铺机进行初始压实。这就要求摊铺机的速度要慢，摊铺宽度要窄，这是铺筑重载路面的重要措施。

摊铺机必须缓慢、均匀、连续不间断地摊铺，不得随意变换速度或中途停顿，以提高平整度，减少混合料的离析。摊铺速度应控制在 2 ～ 6m/min，对改性沥青混合料及 SMA 混合料宜放慢至 1 ～ 3m/min。当发现混合料出现明显的离析、波浪、裂缝、拖痕时，应分析原因，予以消除。提高铺筑时的平整度，首先要做到摊铺时的两个不要：不要停下摊铺机、不要碰撞摊铺机。

平整度是沥青路面的重要指标之一。每铺筑一层能使平整度减小标准差 0.2 ～ 0.3mm，但分层多了会影响沥青层的整体性，得不偿失。因此，为提高平整度而增加分层是不可取的。

摊铺机应采用自动找平方式，下面层或基层可采用钢丝绳引导的高程控制方式，上面层应采用平衡梁或雪撬式摊铺厚度控制方式，中面层可根据情况选用找平方式。直接接触式平衡梁的轮子不得黏附沥青，特别是当采用很长的平衡梁且太重时会黏结沥青，形成压痕和凹陷。在高等级道路上越来越多地使用非接触式的平衡梁，这种非接触式的平衡梁是利用声纳系统检测路面高程，调整摊铺层厚度，实践证明有很好的使用效果。铺筑改性沥青或 SMA 路面时宜采用非接触式平衡梁。

沥青路面施工的最低气温不得低于 10℃（高速公路和一级公路）或 5℃（其他等级公路），寒冷季节遇大风降温，不能保证迅速压实时，不得铺筑沥青混合料。

沥青混合料的松铺系数应根据混合料类型由试验段的试铺试压确定。摊铺过程中，应随时检查摊铺层厚度及路拱、横坡，并按总量控制及动态质量管理的方法控制使用的混合料总量与面积校验平均厚度。

摊铺机的螺旋布料器应相应于摊铺速度调整到保持一个稳定的速度均衡地转动，两侧应保持有不少于送料器 2/3 高度的混合料，以减少在摊铺过程中混合料的离析。用机械摊铺的混合料，不宜用人工反复修整。当不得不由人工做局部找补或更换混合料时，须仔细进行，特别严重的缺陷应整层铲除。在路面狭窄部分、平曲线半径过小的匝道或加宽部分，以及小规模工程不能采用摊铺机铺筑时可用人工摊铺混合料。人工摊铺沥青混合料应符合下列要求。

1. 半幅施工时，路中一侧宜事先设置挡板。

2. 沥青混合料应卸在铁板上，摊铺时应扣锹布料，不得扬锹远甩。铁锹等工具可涂防黏结剂或加热使用。

3. 边摊铺边用刮板整平，刮平时应轻重一致，控制次数，严防集料离析。

4. 摊铺不得中途停顿，并加快碾压。如因故不能及时碾压时，应立即停止摊铺，并对已卸下的沥青混合料覆盖苫布保温。

5. 低温施工时，每次卸下的混合料应覆盖苫布保温。

六、沥青路面的压实及成型

沥青路面发生早期损坏，经常是压实度不足造成的。改善压实工艺、保证混合料充分压实是提高沥青路面建设质量的关键。尤其是当沥青层层厚较薄，采用的混合料中的粗集料含量较多时，混合料温度下降更快，可供碾压的时间更短，对压实度的要求更高。

在沥青路面施工工序中，压实度、厚度和平整度是3个最重要的指标。需要特别摆正平整度和压实度的关系，一定要在确保压实度的前提下努力提高平整度。如果只是片面追求平整度，造成压实不足，会导致路面早期损坏。对高等级公路来说，平整度是十分重要的，提高路面平整度的关键及正确措施如下。

1. 从基层做起，逐层提高平整度。

2. 保证充分供料，摊铺机均匀、连续地摊铺，避免间隙和停顿。

3. 采用比较长的平衡梁控制方式的自动找平装置，有条件时尽量采用非接触式平衡梁。

4. 控制摊铺宽度，避免全幅摊铺，做好摊铺机接缝。

5. 科学地安排压路机，均衡地跟在摊铺机后面及时碾压。碾压时保持直线方向、均衡慢速，折返时关闭振动，渐渐地改变方向，折返点错开，不得在同一个断面上。对轮胎压路机和振动压路机要采取合理的组合排序，通常是轮胎压路机在前，压实效果好，平整度通过振动压路机弥补。

6. 压路机对桥涵、通道等构造物的接头以及各种特殊部位，特别要注意接缝的平整度，要仔细操作以避免造成跳车。

7. 除迫不得已的情况外，要避免摊铺后人工修整。

8. 所有机械不能在未冷却结硬的路面上停留。

沥青路面压实成型的关键在于，保证满足压实度及平整度的技术要求。热拌沥青混合料压实层的最大厚度，与压路机的类型及吨位有密切的关系，最大厚度一般不应大于100mm。沥青稳定碎石混合料的压实层厚度不宜大于120mm，但当采用大功率压路机且经试验段证明能达到压实度时，允许增大到150mm。

沥青路面施工应配备足够数量的压路机，选择合理的压路机组合方式及初压、复压、终压（包括成型）的碾压步骤，以达到最佳碾压效果。高速公路铺筑双车道沥青路面的压路机数量不宜少于5台。施工气温低、风大、碾压层薄时，压路机数量应适当增加。压路机应以慢而均匀的速度碾压。

（一）初压

沥青混合料的初压应符合下列要求。

①初压应在紧跟摊铺机后碾压，并保持较短的初压区长度，以尽快使表面压实，减少热量散失。摊铺后初始压实度较大，实践证明采用振动压路机或轮胎压路机直接碾压无严重推移而有很好效果时，可免去初压，直接进入复压工序。

②通常可采用钢轮压路机静压 1～2 遍。碾压时应将压路机的驱动轮面向摊铺机，由外侧向中心碾压，在超高路段则由低向高碾压，在坡道上应将驱动轮从低处向高处碾压。

③初压后应检查平整度、路拱，有严重缺陷时进行修整乃至返工。SMA 路面的初压宜采用刚性碾压。每次碾压应直至摊铺机跟前，初压区长度通过计算确定，以便与摊铺机的速度匹配，一般不宜大于 20m。高等级道路可采用两台压路机同时进行，初压遍数一般为 1 遍，以保证尽快进入复压。摊铺机的铺筑宽度越宽，摊铺机自身的碾压效果越差，初压的要求也越高。

（二）复压

沥青混合料的复压应紧跟在初压后进行，并应符合下列要求。

①复压应紧跟在初压后开始，且不得随意停顿。压路机碾压段的总长度应尽量缩短，一般不超过 60～80m。采用不同型号的压路机组合碾压时，应安排每一台压路机做全幅碾压，防止不同部位的压实度不均匀。

②密级配沥青混凝土的复压应优先采用重型轮胎压路机进行搓揉碾压，以增加密水性，其总质量不宜小于 25t，吨位不足时可附加重物，使每一个轮胎的压力不小于 15kN。冷态时的轮胎充气压力不小于 0.55MPa，轮胎发热后不小于 0.6MPa，且各个轮胎的气压大体相同，相邻碾压带应重叠 1/3～1/2 的碾压轮宽度，碾压至要求的压实度为止。

③以粗集料为主的较大粒径的混合料，尤其是大粒径沥青稳定碎石基层，应优先采用振动压路机复压。厚度小于 30mm 的薄沥青层不宜采用振动压路机碾压。振动压路机振动频率一般为 35～50Hz，振幅宜为 0.3～0.8mm，层厚较大时可选用高频率大振幅，以产生较大的激振力，厚度较薄时应采用高频率低振幅，以防止集料破碎。相邻碾压带重叠宽度为 100～200mm。振动压路机折返时应先停止振动。

④采用三轮钢筒式压路机时，总质量一般不小于 12t，相邻碾压带应重叠后轮 1/2 宽度，且不应少于 200mm。

⑤对路面边缘、加宽及港湾式停车带等大型压路机难于碾压的部位，宜采用小型振动压路机或振动夯板进行补充碾压。

SMA 路面的复压应紧跟在初压后进行。大量的工程实践表明，直接使用振动压路机初碾不造成"推拥"，也可直接用振动压路机初压。如发现初压有明显"推拥"，应检查混合料的集料级配及油石比是否合适。压路机的吨位以不压碎集料，又能达到压实度为准。复压应采用重型振动压路机进行，碾压遍数不少于 3～4 遍，也可用刚性碾静压，复压遍数不少于 6 遍。

（三）终压

终压应紧接在复压后进行。如经复压后已无明显轮迹时可免去终压。终压可选用双轮钢筒式压路机或关闭振动的振动压路机碾压，终压一般不少于 2 遍，并至无明显轮迹为止。

通常情况 RSMA 不宜采用轮胎压路机碾压，以防搓揉过度造成沥青玛瑞脂挤到表面而达不到压实效果。在极易造成车辙变形的路段等特殊情况下，由于减少沥青用量必须使用轮胎压路机碾压时，必须通过试验论证，确定压实工艺，但不得发生沥青上浮或挤出等现象。振动压路机碾压 SMA 路面应遵循"紧跟、慢压、高频（率）、低（振）幅"的原则。即压路机必须紧跟在摊铺机后面碾压，碾压速度要慢，要均匀，并采取高频率、低振幅的方式碾压。如发现 SMA 混合料高温碾压有"推拥"现象，应复查其级配是否合适。

压路机不得在未碾压成型路段上转向、掉头、加水或停留。在当天成型的路面上，不得停放各种机械设备或车辆，不得散落矿料、油料等杂物。

七、接缝处理及其他注意事项

（一）接缝处理

沥青路面施工必须接缝紧密、连接平顺，不得产生明显的接缝离析。上、下层的纵缝应错开 150mm（热接缝）或 300～400mm（冷接缝）以上。相邻两幅及上、下层的横向接缝均应错位 1m 以上。接缝施工应用 3m 直尺检查，确保平整度符合要求。

I. 纵向接缝

纵向接缝部位施工应符合下列要求。

①摊铺时，采用梯队作业的纵缝应采用热接缝，将已铺部分留下 100～200mm 宽暂不碾压，作为后续部分的基准面，然后进行跨缝碾压以消除缝迹。

②当半幅施工或因特殊原因而产生纵向冷接缝时，宜加设挡板或加设切刀切齐，也可在混合料尚未完全冷却前用镐刨除边缘留下毛茬的方式，但不宜在冷却后采用切割机进行纵向切缝。加铺另半幅前，应在接缝处涂洒少量沥青，重叠在已铺层上 50～100mm，再铲走铺在前半幅上面的混合料，碾压时由边向中碾压，留下 100～150mm，再跨缝挤紧压实。或者先在已压实路面上行走碾压新铺层 150mm 左右，然后压实新铺部分。

2. 横向接缝

沥青路面的横向接缝是一个薄弱环节，接缝跳车或开裂是常见病害。横向接缝常用平接缝与斜接缝两种形式。平接缝容易保证平整度，但连续性较差，易在此开裂；斜接缝不易搭接得好，容易形成接头跳车。高速公路、一级公路和城市快速路、主干路的表面层横向接缝可采用垂直的平接缝，以下各层应采用自然碾压的斜接缝，沥青层较厚时也可做阶梯形接缝。其他等级公路和城市道路的各层均可采用斜接缝。斜接缝的搭接长度与层厚有关，宜为 0.4 ～ 0.8m。

平接缝应趁尚未冷透时用凿岩机或人工垂直刨除端部层厚不足的部分，使工作缝成宜角连接。采用切割机制作平接缝时，应在铺设当天混合料冷却但尚未结硬时进行。刨除或切割不得损伤下层路面。切割时留下的泥水必须冲洗干净，待干燥后涂刷黏层油。铺筑新混合料接头应使接茬软化，压路机先进行横向碾压，再纵向碾压成为一体，充分压实，连接平顺。

（二）开放交通

热拌沥青混合料路面应待摊铺层完全自然冷却，混合料表面温度低于 50℃后，方可开放交通。需要提前开放交通时，可洒水冷却降低混合料温度。铺筑好的沥青层应严格控制交通，做好保护，保持整洁，不得造成污染。严禁在沥青层上堆放施工产生的土或杂物，严禁在已铺沥青层上制作水泥砂浆。

八、其他沥青面层施工

（一）冷拌沥青混合料路面

冷拌沥青混合料是用乳化沥青或液体沥青与一定级配的矿料拌和而成的沥青混合料，适用于三级及三级以下公路的沥青面层、二级公路的罩面层施工，以及各级公路沥青路面的基层、联结层或整平层。冷拌改性沥青混合料可用于沥青路面的坑槽冷补。冷拌沥青混合料宜采用密级配沥青混合料，当采用半开级配的冷拌沥青碎石混合料路面时应铺筑上封层。

冷拌沥青混合料因乳化沥青所用乳化剂的不同而分为阳离子乳化沥青、阴离子乳化沥青和两性离子乳化沥青。由于阳离子乳化沥青在使用时能够与潮湿石料黏附结合，因而即使在阴湿天气或低温季节仍然可以照常施工。在性能上，阳离子乳化沥青比阴离子乳化沥青更有优越性。

然而，乳化沥青混合料的应用也受到一定的限制，这主要是由于乳化沥青碎石混合料在路上铺筑后，需要经过一段时间的行车压实，才能逐渐成型，因此初期强度较低，故不适用于交通量较大的道路，通常在中、低交通量道路上应用较多。

1.拌和

冷拌沥青混合料应采用拌和厂机械拌和及沥青摊铺机摊铺的方式。缺乏厂拌条件时，也可采用现场路拌及人工摊铺方式。冷拌沥青混合料施工应注意防止混合料离析。采用阳离子乳化沥青时，矿料在拌和前须先用水湿润，使其含水率达 4%～5%。气温较高时可多加水，低温潮湿时少加水。若湿润后仍难于与乳液拌和均匀时，应改用破乳速度更慢的乳液，或用 1%～3% 浓度的氯化钙水溶液代替水润湿集料表面。矿料与乳液应充分拌和均匀，适宜的拌和时间应根据集料级配情况、乳液裂解速度、拌和机性能、气候条件等通过试拌确定。机械拌和时间不宜超过 30s，人工拌和时间不宜超过 60s。若在上述时间内不能拌和均匀，则应考虑使用性能更好的拌和机。拌和的混合料应具有良好的施工和易性，以免在摊铺时出现离析。已拌好的混合料应立即运至现场进行摊铺，并在乳液破乳前结束。在拌和与摊铺过程中已破乳的混合料，应予废弃。

2.摊铺

冷拌沥青混合料拌和完毕，宜采用沥青混合料摊铺机摊铺。若采用人工摊铺，则应防止混合料离析。机械摊铺的松铺系数为 1.15～1.20，人工摊铺的松铺系数为 1.20～1.45。拌和、运输和摊铺应在乳液破乳前结束，摊铺前已破乳的混合料不得使用。

3.碾压

混合料摊铺完毕，厚度、平整度、路拱横坡等符合设计和规范要求，即可进行碾压。通常先采用 6t 左右的轻型压路机匀速初压 1～2 遍，使混合料初步稳定，然后用轮胎压路机或轻型钢筒式压路机碾压 1～2 遍。当乳化沥青开始破乳，混合料由褐色转变为黑色时，改用 12～15t 轮胎压路机碾压，将水分挤出，复压 2～3 遍后停止，待晾晒一段时间水分基本蒸发后，再补充复压至密实。压实过程中出现推移现象时，应立即停止碾压，待稳定后再碾压。碾压时，若出现松散或开裂、应立即挖除并换新料，整平后继续碾压。当天不能完全压实时，可在较高气温状态补充碾压。当缺乏轮胎压路机时，也可采用钢筒式压路机或较轻的振动压路机碾压。

乳化沥青混合料路面的上封层应在压实成型、路面水分完全蒸发后加铺。乳化沥青混合料路面施工结束后宜封闭交通 2～6h，并注意做好早期养护。开放交通初期，应设专人指挥，车速不得超过 20km/h，不得制动或掉头。冷拌沥青混合料施工遇雨应立即停止铺筑，以防雨水将乳液冲走。

4.冷补沥青混合料

用于修补沥青路面坑槽的冷补沥青混合料，应采用适宜的改性沥青结合料，并具有良好的耐水性。沥青用量通过试验并根据实际使用效果确定，通常宜为 4%～6%。其级配应符合补坑的需要，粗集料级配必须具有充分的嵌挤能力，以便在未经充分碾压的条件下可开放通车碾压而不松散。

（二）沥青表面处治路面

1. 沥青表面处治路面的适用条件

沥青表面处治是我国早期沥青路面的主要类型，广泛应用于砂石路面提高等级，解决晴雨通车问题。作为简易式沥青路面，现在除了三级公路以下的地方性公路上仍然继续使用外，已逐渐为更高等级的沥青路面类型所代替。

沥青表面处治路面是用拌和法或层铺法施工的路面薄层，厚度不大于 3cm，主要用于改善行车条件，适用于较低等级沥青路面的面层，也可作为旧沥青路面的罩面和防滑磨耗层。采用拌和法施工时，可热拌热铺，也可冷拌冷铺。热拌热铺施工时，可按热拌沥青混合料路面的施工方法进行，冷拌冷铺时可按乳化沥青碎石混合料路面的施工方法进行。采用层铺法施工时，分为单层式、双层式及三层式 3 种。沥青表面处治应选择在干燥和较热的季节施工，并在最高温度低于 15℃ 时期到来之前半个月及雨期前结束。

2. 材料规格和用量

沥青表面处治面层可采用道路石油沥青、煤沥青或乳化沥青做结合料。在寒冷地区、施工气温较低、沥青针入度较小、基层空隙较大时，沥青用量宜采用高限。

3. 施工方法及要点

在清扫干净的碎（砾）石路面上铺筑沥青表面处治路面时，应喷洒透层油。在旧沥青路面、水泥混凝土路面、块石路面上铺筑沥青表面处治路面时，可在第一层沥青用量中增加 10% ～ 20%，不再另洒透层油或黏层油。

层铺法沥青表面处治路面应采用沥青洒布车及集料撒布机联合作业。沥青洒布车喷洒沥青时应保持稳定速度和喷洒量，并保持整个洒布宽度喷洒均匀。小规模工程可采用机动或手摇的手工沥青洒布机洒布沥青。洒布设备的喷嘴应适用于沥青的稠度，确保能成雾状，与洒油管成 15° ～ 25° 的夹角。洒油管的高度应使同一地点接受 2 ～ 3 个喷油嘴喷洒的沥青，不得出现花白条。

沥青表面处治喷洒沥青材料时应对道路人工构造物、路缘石等外露部分进行防污染遮盖。沥青表面处治施工应确保各工序紧密衔接，每个作业段长度应根据施工能力确定，并在当天完成。人工撒布集料时应等距离划分段落备料。三层式沥青表面处治施工工艺应按下列步骤进行。

①清扫基层，洒布第一层沥青。沥青的洒布温度根据气温及沥青标号选择，石油沥青宜为 130 ～ 170℃，煤沥青宜为 80 ～ 120℃，乳化沥青在常温下洒布，加温洒布的乳液温度不得超过 60℃。前后两车喷洒的接茬处用铁板或建筑纸铺 1 ～ 1.5m，使搭接良好。分

几幅浇洒时，纵向搭接宽度宜为 100 ～ 150mm。洒布第二、三层沥青的搭接缝应错开。

②洒布主层沥青后应立即用集料撒布机或人工撒布一层主集料。撒布集料后应及时扫匀，达到全面覆盖、厚度一致，集料不重叠，也不露出沥青的要求。局部有缺料时适当找补，积料过多的将多余集料扫出。两幅搭接处，第一幅洒布沥青应暂留 100 ～ 150mm 宽度不撒布石料，待第二幅一起撒布。

③撒布主料后，不必等全段撒布完，立即用 6 ～ 8t 钢筒双轮压路机从路边向中心碾压 3 ～ 4 遍，每次轮迹重叠约 300mm。碾压速度开始不宜超过 2km/h，以后可适当增加。

④第二、三层的施工方法和要求应与第一层相同，但可以采用 8t 以上的压路机碾压。双层式或单层式沥青表面处治浇洒沥青及撒布集料的次数相应减少，其施工程序和要求可参照三层式方法进行。

除乳化沥青表面处治应待破乳、水分蒸发并基本成型后方可通车外，沥青表面处治在碾压结束后即可开放交通，并通过开放交通补充压实，成型稳定。在通车初期应设专人指挥交通或设置障碍物控制行车，限制行车速度不超过 20km/h，严禁畜力车及铁轮车行驶，使路面全部宽度均匀压实。

沥青表面处治应注意初期养护。当发现有泛油时，应在泛油处补撒与最后一层石料规格相同的嵌缝料并扫匀，过多的浮料应扫出路外。

（三）沥青贯入式路面

1. 沥青贯入式路面的适用条件

沥青贯入式路面在我国的使用已经越来越少。它的优点是当缺乏沥青拌和机及摊铺机等设备时，可以施工沥青路面。而且，沥青贯入式路面充分利用粗集料之间的嵌挤，所以它的抗车辙能力较强。但是，相比起热拌沥青混合料来说，它的渗水性较大，且沥青用量也大，尤其是施工质量管理较困难，一般作为简易路面看待。由于各地的经济条件相差比较大，尤其是在经济相对不够发达的地区，简易公路、乡村道路使用沥青贯入式或乳化沥青贯入式路面仍然是可行的。

沥青贯入式路面是在初步压实的碎石（砾石）层上，分层浇洒沥青、撒布嵌缝料后经压实而成的路面。沥青贯入式路面适用于较低等级沥青路面的面层，还可用作热拌沥青混凝土路面的基层，厚度一般为 4 ～ 8cm，但用乳化沥青时，厚度不宜超过 5cm。沥青贯入式路面上部加铺热拌沥青混合料面层时，总厚度宜为 6 ～ 10cm，其中拌和层厚度为 2 ～ 4cm。沥青贯入式路面宜在较干燥或气温较高时施工，在雨季前或日照气温低于 15℃ 到来前半个月结束，通过开放交通靠行车碾压来进一步成型。

2. 材料规格和用量

使用破碎砾石时，其破碎面应符合相关要求。沥青贯入层主层集料中大于粒径范围中值的数量不宜少于 50%。沥青贯入层的主层集料最大粒径应与贯入层厚度相当。采用乳化沥青时，主层集料最大粒径可采用厚度的 0.8 ～ 0.85 倍，数量宜按压实系数 1.25 ～ 1.30 计算。

贯入式路面各层分次沥青用量，应根据施工气温及沥青标号等在规定范围内选用。在寒冷地带或当施工季节气温较低时，沥青用量宜用高限；在低温潮湿气候下用乳化沥青贯入时，应按乳液总用量不变的原则进行调整，上层较正常情况适当增加，下层较正常情况适当减少。

3. 沥青贯入式路面施工

（1）施工准备

沥青贯入式路面施工前，基层必须清扫干净。需要安装路缘石时，应在路缘石安装完成后施工。路缘石应予遮盖。乳化沥青贯入式路面必须浇洒透层或黏层沥青。沥青贯入式路面厚度小于或等于 5cm 时，也应浇洒透层或黏层沥青。

（2）施工方法

沥青贯入式路面的施工应按下列步骤进行。

①采用碎石摊铺机、平地机或人工摊铺主层集料。铺筑后严禁车辆通行。

②碾压主层集料。集料撒布后应采用 6 ～ 8t 轻型钢筒式压路机自路两侧向路中心碾压，碾压速度一般为 2km/h，每次轮迹重叠约 30cm，碾压一遍后检查路拱和纵向坡度。不符合要求时，应调整找平后再压。然后用重型钢轮压路机碾压，每次轮迹重叠 1/2 左右，碾压 4 ～ 6 遍，直至主层集料嵌挤稳定，无明显轮迹为止。

③浇洒第一层沥青。浇洒方法可参照沥青表面处治进行。采用乳化沥青贯入时，为防止乳液下漏过多，可在主层集料碾压稳定后，先撒布一部分上一层嵌缝料，再浇洒主层沥青。

④采用集料撒布机或人工撒布第一层嵌缝料。撒布后尽量扫匀，不足处应找补。使用乳化沥青时，石料撒布必须在乳液破乳前完成。

⑤立即用 8 ～ 12t 钢筒式压路机碾压嵌缝料，轮迹重叠轮宽的 1/2 左右，碾压 4 ～ 6 遍，直至稳定为止。碾压时随压随扫，使嵌缝料均匀嵌入。因气温较高使碾压过程中发生较大推移现象时，应立即停止碾压，待气温稍低时再继续碾压。

⑥按上述方法浇洒第二层沥青、撒布第二层嵌缝料，然后碾压，再浇洒第三层沥青。

⑦按撒布嵌缝料方法撒布封层料。

⑧采用 6 ～ 8t 压路机做最后碾压，宜碾压 2 ～ 4 遍，然后开放交通。沥青贯入式路面开放交通后，应按沥青表面处治的要求控制交通，做初期养护。

铺筑上拌下贯式路面时，贯入层不撒布封层料，拌和层应紧跟贯入层施工，使上下成为一整体。贯入部分采用乳化沥青时应待其破乳、水分蒸发且成型稳定后方可铺筑拌和层。当拌和层与贯入部分不能连续施工，且要在短期内通行施工车辆时，贯入层部分的第二遍嵌缝料应增加用量 2 ～ 3m³/1 000m²。在摊铺拌和层沥青混合料前，应做补充碾压，并浇洒黏层沥青。

（四）其他沥青铺装工程

1. 行人及非机动车道路

人行道、非机动车道、园林公路、行人广场等主要供行人、非机动车使用的沥青层应平顺、舒适、排水良好。

行人道路宜选择针入度较大的石油沥青或乳化沥青，沥青混合料的沥青用量应比车行道用量增加 0.3% 左右。行人道路的表面层应采用细型的细粒式或砂粒式密级配沥青混凝土混合料。在无机动车通行的道路上也可铺筑透水路面。行人道路设置路缘石、井孔盖座、消防栓、电杆等公路附属设施时应预先安装，喷洒沥青或铺筑混合料前应采取措施防止污染，并避免因压路机碾压受到损坏。对使用大型压路机有困难的部位，可采用小型振动压路机、振动夯板、夯锤压实。

2. 重型车停车场、公共汽车站

高速公路服务区、停车场、公共汽车站等的沥青层应满足较长时间停驻重型车辆及承受反复启动制动水平力的功能要求。沥青混合料应有较高的抗永久性流动变形的能力。

沥青混合料应选择集料最大粒径较粗、嵌挤性能好的矿料级配，适当增加 4.75mm 以上的粗集料部分，减少天然砂用量。沥青结合料宜采用低针入度沥青或改性沥青，沥青用量比标准配合比设计用量应减少 0.3% ～ 0.5%。在大面积行人广场上铺筑沥青层时，应充分注意平整度、坡度及排水符合设计要求。施工时宜设置间距不大于 5m 的方格形样桩，随时用 3m 直尺检查，不符合要求的及时趁热整修。

3. 水泥混凝土桥面沥青铺装层

我国建设了大量的大跨径桥梁，非常雄伟、美观，许多桥梁是当地的标志性建筑。但是，无论水泥混凝土桥梁还是钢桥，其桥面铺装往往都不能令人满意，成为早期损坏的通病。而且，至今仍然缺乏有效的措施来确保桥面铺装的使用年限。水泥混凝土桥面的沥青铺装层基本上都是水危害造成的。

（1）水损坏的主要原因。

①桥面水泥混凝土层（防水层、三角层、整平层等）的施工质量不高。桥面水泥混凝土与桥面铺装分别由两个承包商施工，要求脱节，施工水泥混凝土层的单位盲目要求表面光滑平整，整平时挤出很多浮浆，表面甚至撒水泥，低洼处也用水泥浆填补，交工时只注重表面是否好看，不管与上部沥青铺装层的连接问题，由此造成的后患在桥面铺装时很难弥补。所以，现在有些工程已经改变承包方式，将水泥混凝土板的整平及铺筑防水层、三角层的任务交于沥青路面铺筑单位一起完成，这样就能综合考虑如何黏结成为一体的问题。

②桥面水泥混凝土板施工的平整度不好，高差有时能达数厘米，沥青层本来就不厚，

使得沥青层厚度很不一致，有的地方会很薄，混合料的离析比厚的层次更严重。桥面铺装施工时不敢按照正常方法碾压，压实度难以保证。混凝土表面的凹陷部分在使用过程中很容易成为积水的地方，渗入的水排不出来，在高温时化成水汽，使沥青层与混凝土板脱离。

③铺装层与桥面板的黏结不好是导致铺装层损坏的最根本的原因。防水层，其实设置该层的目的除防水外，更重要的是使沥青铺装层与水泥桥面板黏结成为一个总体。防水黏结层破损、漏空、脱离，水渗入防水黏结层与水泥混凝土板的界面上，影响与桥面板的黏结强度，甚至成为滑动的界面。桥面铺装成为一个单独受力的层次，就会出现很大的水平剪应力和底部的弯拉应力，就必然导致桥面铺装迅速破坏。从现在的情况看，防水黏结层的损坏主要是施工质量问题。无论哪一种防水黏结层，都能做好，但如果不认真施工，都有可能造成损坏。

④桥面铺装层内部的排水不畅，被侧面的栏杆路缘石阻挡。桥面的泄水孔不能排走沥青层内部的水。有相当一部分桥面在雨后有积水现象，导致沥青层长时间处于被水浸泡的状态下。

⑤铺筑前，桥面混凝土没有处于完全干燥的状态，在潮湿和有水汽的情况下铺设防水黏结层和沥青混合料，可能在施工或使用过程中遇热变成水汽使防水黏结层产生鼓包脱离。

⑥桥面沥青混合料的空隙率过大，残余空隙率超过 6% ～ 8%，在汽车荷载作用下产生很强的动水压力，加速了铺装层的水损害破坏。

⑦桥梁的受力结构是水泥混凝土构件和桥面板，其局部变形本来是非常小的，沥青层不可能有大的应变，但是当沥青层与桥面板脱开成为滑动的界面条件时，沥青层的层底拉应力和剪应力大幅度增加，尤其在重载车的作用下将造成迅速的破坏。

因此，桥面铺装要做好，首先要有一定的厚度，混凝土板的表面要平整但不要光滑，一定要除净浮浆，彻底干燥，千方百计地使沥青层与桥面板黏结得非常好，保证桥面铺装与混凝土桥面板协同变形，不成为独立的受力结构层。

（2）喷洒沥青或改性沥青类桥面防水黏结层的施工应符合下列要求。

大中型水泥混凝土桥桥面铺筑的沥青铺装层，应满足与混凝土桥面的黏结、防止渗水、抗滑及有较高抵抗振动变形的能力等功能性要求，并设置有效的桥面排水系统。铺装沥青层的下卧层必须符合平整、粗糙、整洁的要求，桥面纵横坡符合要求。水泥混凝土桥面板表面应做拉毛处理，清除浮浆，除去过高的凸出部位。

铺设桥面铺装必须确保混凝土完全干燥，严禁在潮湿条件下铺设防水黏结层及摊铺沥青混合料，防止混凝土中的水分在施工或使用过程中遇热变成水汽，使防水黏结层产生鼓包。

①整个铺筑过程直至铺设石屑保护层前，严禁包括行人在内的一切交通工具通行。

②不洒黏层油，直接分 2 ～ 3 层喷洒或人工涂刷热沥青、热融或溶剂稀释的改性沥青、改性乳化沥青的防水黏结层，必须均匀一致，且达到要求的厚度。

③喷洒防水层黏结后应立即撒布一层洁净、尺寸为 3 ～ 5mm 的石屑做保护层，并用

6 ～ 8t 轻型压路机以较慢的速度碾压。

（3）防水卷材防水层的铺筑应符合下列要求。

①防水卷材应符合相关质量要求，无破洞、不漏水，内部有金属或聚合物纤维，表面有均匀的石屑撒布层。铺筑的防水黏结层不得有漏铺、破漏、脱开、翘起、褶皱等现象。

②铺设前应喷洒涂刷黏结剂，铺筑时边加热边滚压。黏结后必须检查确认任何部位都不能被人工或铁锹撕开、揭开。

③铺设卷材后不得通行任何车辆或堆放杂物，防止卷材污染。

④防水卷材防水层不得在摊铺机或运料车作用下遭到损坏。

桥面铺装复压应采用轮胎压路机或钢筒式压路机进行，经试验或经验证明不致损坏桥梁结构时，也可采用振动压路机碾压。沥青面层所用的沥青应符合规范要求，必要时采用改性沥青。

桥面铺装和土石方路基、桥头搭板上的路面应连接平顺，采取措施预防桥头跳车。高速公路桥头跳车是路面使用质量不好的一个通病，主要原因是设计问题与路基、桥头搭板的问题等。从理论上讲，桥头填土的不均匀沉降是不可避免的，桥头应该有一个预留量，但沥青面层经常是连续施工，很难在沥青层施工时考虑。这些应主要在路基和桥头搭板施工过程中采取措施解决。

4. 钢桥面铺装

近年来，大跨径钢桥越来越多，钢桥面铺装的问题也受到了普遍关注。我国已经铺筑了世界上普遍使用过的浇注式沥青混凝土结构、环氧沥青混凝土结构，以及我国自行研制的双层 SMA 结构的钢桥面铺装，都取得了长足的进步，有了一定的经验。但也有许多失败的教训，一些钢桥面铺装在超载超限车辆作用下，影响了使用寿命，发生了早期损坏。现行的沥青路面施工技术规范仅提出对钢桥面沥青铺装的一般功能性要求，各个结构层的作用及共性的技术要求，更详细的内容还有待编制专门的钢桥面铺装技术指南。钢桥面铺装必须具有以下功能性要求。

①能与钢板紧密结合成为整体，变形协调一致。

②防水性能良好，防止钢桥面生锈。

③具有足够的耐久性和有较小的温度敏感性，满足使用条件下的高温抗流动变形能力、低温抗裂性能、水稳定性、抗疲劳性能、表面抗滑的要求。

④与钢板黏结良好，具有足够的抗水平剪切重复荷载及蠕变变形的能力。

钢桥面铺装结构通常由防锈层、防水黏结层、沥青面层等组成。涂刷防水层前应对钢板焊缝和吊钩残留物仔细平整，彻底除锈，清扫干燥。钢桥面铺装的防水黏结层必须紧跟防锈层后涂刷，宜采用高黏度的改性沥青、环氧沥青、防水卷材。当采用浇注式沥青混凝土铺筑桥面铺装时，可不设防水黏结层。

钢桥面铺装使用的改性沥青，宜单独提出相应的技术要求。沥青层的压实设备和压实工艺，应通过力学验算并经试验验证，防止钢桥面主体受损。铺设过程中必须保持桥面整洁，不得堆放与施工无关的材料、机械、杂物。钢桥面铺装应在无雨少雾季节、干燥状态下施工。

5.隧道沥青路面

我国目前已有相当数量的公路隧道，隧道长度较短时，采用沥青路面是适宜的。隧道沥青路面的特点是施工过程中空间狭窄，使用过程中维修困难，需要照明等，尤其是隧道开挖经常会使底部产生涌水而产生水损害破坏。但是隧道内的温度要比外部均匀，这是有利的一面。在隧道内铺筑沥青路面时，应充分考虑隧道沥青路面施工和维修养护工作的困难、隧道内外光线变化显著、隧道有可能漏水冒水，以及隧道防火安全等特点，选择适宜的材料与结构。

隧道沥青路面施工前应对隧道底部的地下水采取疏导方式，设置完善的排水系统。施工过程中须确保通风良好，采取防火措施，制订切实可行的消防和疏散预案。各种施工机械应符合隧道净空的要求，选用宽度较窄的摊铺机铺筑，运料车应能完全卸料，具有足够的行车通道。

6.路缘石与拦水带

沥青路面外侧边缘应设置深度深入基层的纵向渗水沟，且留置横向的排水孔。渗水沟可采用多孔水泥混凝土或单粒径碎石，表面层铺筑沥青混凝土。

路缘石应有足够的强度和耐久性、表面平整，与路线线形一致。行车道与中央分隔带之间设置埋置式路缘石时，应防止中央分隔带的雨水进入路面结构层。

第二节 水泥混凝土路面施工技术

一、水泥混凝土路面材料准备

水泥混凝土的基本组成材料有水泥、水、粗集料、细集料、外加剂和矿物掺合料等。水泥混凝土质量的好坏，与原材料的质量和技术指标有很大关系，因此施工前和施工中，严把原材料质量关，是铺筑优质水泥混凝土路面的前提。

（一）原材料技术要求

1.水泥

作为混凝土的胶结材料，水泥应具有强度高、干缩性小、抗磨性与耐久性好的特点。水泥品种及强度等级，必须根据不同的路面等级和交通要求进行选用。一般情况下，极重、特重、重交通荷载等级公路面层水泥混凝土应采用抗折强度高、收缩小、耐磨性强、抗冻性好的道路硅酸盐水泥，也可采用旋窑硅酸盐水泥或普通硅酸盐水泥；中、轻交通荷载等级公路面层水泥混凝土可采用矿渣硅酸盐水泥；低温期施工或有快通要求的路段宜采用早强型水泥，高温期施工宜采用普通型水泥。

水泥的矿物组成主要有硅酸三钙、硅酸二钙、铝酸三钙和铁铝酸四钙，不同的水泥所含这些化学成分的含量不同，其物理性能也不相同。选水泥时，还应对拟采用厂家水泥进行混凝土配合比对比试验，根据所配制的混凝土弯拉强度、耐久性和工作性，优选适宜的水泥品种和强度等级。水泥一旦选定，不得随意更改，不同品种、牌号、生产厂家、强度等级的水泥，严禁混装和掺和。

采用滑模摊铺机铺筑时，宜选用散装水泥。高温期施工时，散装水泥的入罐最高温度，不宜高于60℃；低温期施工时，水泥进入搅拌缸前的温度不宜低于10℃。

2. 掺合料

水泥混凝土中使用的掺合料主要有粉煤灰、硅灰和磨细矿渣。使用道路硅酸盐水泥或硅酸盐水泥时，可在混凝土中掺入适量粉煤灰；使用其他水泥时，不应掺入粉煤灰。面层水泥混凝土可单独或复配掺用符合规定的粉状低钙粉煤灰、矿渣粉或硅灰等掺合料，不得掺用结块或潮湿的粉煤灰、矿渣粉和硅灰。

3. 粗集料

粗集料应使用质地坚硬、耐久、干净的碎石、破碎卵石或卵石，且符合一定的级配。中、轻交通荷载等级公路面层水泥混凝土可使用再生粗集料（利用旧结构混凝土经机械破碎筛分制得的粗集料），再生粗集料可单独或掺配新集料后使用，但应通过配合比试验验证，确定混凝土性能满足设计要求，粗集料与再生粗集料应根据混凝土配合比的公称最大粒径分为 2 ～ 4 个单粒级的集料，并掺配使用。

4. 细集料

细集料应使用质地坚硬、耐久、洁净的天然砂或机制砂，不宜使用再生细集料；满足一定的级配及细度模数，且有害杂质含量少。细集料的使用上应符合下列规定。

①配筋混凝土路面及钢纤维混凝土路面中不得使用海砂。

②细度模数差值超过 0.3 的砂应分别堆放，分别进行配合比设计。

5. 外加剂

①混凝土外加剂是在拌和混凝土时掺入。在混凝土路面修筑过程中，常用的外加剂主要有：减水剂或塑化剂，缓凝剂、速凝剂或早强剂，引气剂 3 种。减水剂主要是在混凝土坍落度不变时，能减少拌和用水；缓凝剂、速凝剂是在不影响混凝土的物理力学性质条件

下，调节混凝土凝结时间的外加剂；引气剂是改善混凝土和易性，减少离析，提高混凝土抗冻、抗侵蚀等性能的外加剂。

②外加剂产品出厂报告中应标明其主要化学成分和使用注意事项。面层水泥混凝土的各种外加剂应经有相应资质的检测机构检验合格，并提供检验报告后方可使用。外加剂产品应使用工程实际采用的水泥、集料和拌和用水进行试配，检验其性能，确定合理掺量。

③外加剂复配使用时，不得有絮凝现象，应使用工程实际采用的水泥、集料和拌和用水进行试配，确定其性能满足要求后方可使用。各种可溶外加剂均应充分溶解为均匀水溶液，按配合比计算的剂量加入。采用非水溶的粉状外加剂时，应保证其分散均匀、搅拌充分，不得结块。

④滑模摊铺施工的水泥混凝土面层宜采用高效减水剂；高温施工混凝土拌合物的初凝时间短于 3h 时，宜采用缓凝引气高效减水剂；低温施工混凝土拌合物终凝时间长于 10h 时，宜采用高效减水剂。

⑤有抗冰冻、抗盐冻要求时，各级公路水泥混凝土面层及暴露结构物混凝土应掺入引气剂；有抗冻要求地区的二级及二级以上公路水泥混凝土面层宜掺入引气剂。

⑥处在海水、海风、氯离子环境或冬季撒除冰盐的路面或桥面钢筋混凝土、钢纤维混凝土中可掺用或复配阻锈剂。

6. 钢筋

①水泥混凝土、钢筋混凝土及连续配筋混凝土面层所用钢筋、钢筋网、传力杆、拉杆等应符合国家和行业现行相关标准的规定。

②钢筋不得有裂纹、断伤、刻痕、表面油污和锈蚀。配筋混凝土路面与桥面用钢筋宜采用环氧树脂涂层或防锈漆涂层等保护措施。

③传力杆应无毛刺，两端应加工成圆锥形或半径为 2 ～ 3mm 的圆倒角。

④胀缝传力杆应在一端设置镀钵钢管帽或塑料套帽，套帽厚度不应小于 2.0mm，且应密封不透水，套帽长度宜为 100mm，套帽内活动空隙长度宜为 30mm。

⑤传力杆钢筋应采取喷塑、电镀或涂防锈漆等防锈措施，防锈层不得局部缺失。拉杆钢筋应在中部不小于 100mm 范围内采取涂防锈漆等防锈措施。

7. 接缝材料

①接缝材料按其使用性能分为胀缝板和接缝填料两类。用于水泥混凝土面层的胀缝板的高度、长度和厚度应符合设计要求，并按设计间距预留传力杆孔。孔径宜大于传力杆直径 2mm，高度和厚度尺寸偏差均应小于 1.5mm。接缝板要求能适应混凝土面板的膨胀和收缩，且施工时不变形、弹性复原率高、耐久性良好。高速公路、一级公路胀缝板宜采用塑胶板、橡胶（泡沫）板或沥青纤维板；其他等级公路也可采用浸油木板。填缝料要求能与混凝土面板缝壁黏结力强，材料的弹性好、能适应混凝土面板的膨胀和收缩、不溶于水、不渗水、高温时不溢出、低温时不脆裂和耐久性好。填缝料有常温施工式和加热施工

式两种。常温施工式填缝料主要有聚（氨）酯类、硅酮类等。加热施工式填缝料主要有橡胶沥青类、道路石油沥青类、改性沥青类等。

②硅酮类、聚氨酯类常温施工式填缝料可用于各等级公路水泥混凝土面层；橡胶沥青、改性沥青类填缝料可用于二级及二级以下公路，不宜用于高速公路和一级公路；道路石油沥青类填缝料可用于三、四级公路，不宜用于二级公路，不得用于高速公路和一级公路。

③填缝背衬垫条应具有弹性良好、柔韧性好、不吸水、耐酸碱腐蚀及高温不软化等性能。背衬垫条可采用橡胶条、发泡聚氨酯、微孔泡沫塑料等制成，其形状宜为可压缩圆柱形，直径宜比接缝宽度大 2 ～ 5mm。

8.养生材料

①水泥混凝土面层用养护剂应采用由石蜡、适宜高分子聚合物与适量稳定剂、增白剂经胶体磨制成的水乳液，不得采用以水玻璃为主要成分的养护剂。养护剂宜为白色胶体乳液，不宜为无色透明的乳液。

②使用养护剂时，高速公路、一级公路水泥混凝土面层应使用满足一级品要求的养护剂，其他等级公路可使用满足合格品要求的养护剂。

③水泥混凝土面层用节水保湿养护膜应由高分子吸水保水树脂和不透水塑料膜制成。

④高温期施工时，宜选用白色反光面膜的打水保湿养护膜；低温期施工时，宜选用黑色或蓝色吸热面膜的产品。

（二）原材料检验与配合比设计

①在施工准备阶段，应依据混凝土路面设计要求，对所用原材料进行检验。对各种原材料，应将相同料源、规格、品种原材料作为一个批次，统一检测项目、检测频率和试验方法进行检测，检测合格并经配合比试验确认满足要求后，方可使用。不合格原材料不得进场。

②公路面层水泥混凝土的配合比设计应满足其弯拉强度、工作性、耐久性要求，兼顾经济性。

③各级公路面层水泥混凝土配合比设计宜采用正交试验法；二级及二级以下公路可采用经验公式法。

④混凝土配合比设计应包括目标配合比设计和施工配合比设计两个阶段。目标配合比设计应确定混凝土的水泥用量、集料用量、水灰（胶）比、外加剂掺量，纤维混凝土还应确定纤维掺量；施工配合比设计应通过拌和楼试拌以确定拌和参数。经批准的配合比在施工过程中不得擅自调整。

二、水泥混凝土路面施工技术

（一）施工工艺的选择

滑模摊铺工艺宜用于高速公路及一级、二级公路普通水泥混凝土面层、配筋混凝土面层、纤维混凝土面层、钢筋混凝土桥面、隧道混凝土面层、混凝土路缘石、路肩石及护栏等的滑模施工。三辊轴机组铺筑工艺可用于二级及二级以下公路的水泥混凝土路面面层、桥面和隧道混凝土面层的施工，也可用于高速公路、一级公路硬路肩、匝道、收费广场边板、封闭式中央分隔带、弯道超高加宽段硬路肩及局部异形面板等的施工。小型机具铺筑工艺可用于三、四级公路水泥混凝土面层的施工，不得用于隧道水泥混凝土面层与桥面铺装施工。

三辊轴机组与小型机具两种铺筑工艺的混凝土应采用集中搅拌。铺筑长度不足10m时，可使用小型搅拌机现场搅拌，严禁人工拌和。

碾压工艺可用于二、三、四级公路混凝土面层与高速公路、一级公路复合式路面碾压混凝土下面层施工。

（二）混凝土拌和与运输

l. 拌和

应根据工程规模、施工工艺和日进度要求合理配备拌和设备。搅拌站应合理布置拌和机和砂石、水泥等材料的堆放地点，力求提高拌和机生产率。搅拌机的容量应根据工程量的大小和施工进度配置，同时，施工工地宜有备用的搅拌机和发电机组。

在标定有效期满或拌和楼（机）搬迁安装后，应重新标定。施工中应每15d校验一次拌和楼（机）计量精度。采用计算机自动控制的拌和楼（机）时，应使用自动配料方式控制生产，并按要求打印对应路面摊铺桩号的混凝土配料统计数据及偏差。

拌和楼（机）拌和第一盘拌和物之前，应润湿搅拌锅，并排净积水。拌和楼（机）生产时，每台班结束后均应对搅拌锅进行清洗，剔除结硬的混凝土块，并更换严重磨损的搅拌叶片。搅拌时间应根据拌和物的黏聚性、匀质性及搅拌机类型，经试拌确定，且应符合下列规定。

①单立轴式搅拌机总搅拌时间宜为80～120s，纯搅拌时间不应短于40s。

②行星立轴和双卧轴式搅拌机总搅拌时间宜为60～90s，纯搅拌时间不应短于35s。

③连续双卧轴拌和楼（机）总搅拌时间宜为80～120s，纯搅拌时间不应短于40s。

粉煤灰或其他掺合料应采用与水泥相同的输送、计量方式加入。加入粉煤灰的水泥混凝土拌和物的纯搅拌时间应比不掺的延长15～25s。拌和物出料温度宜控制在10～35℃。拌和物应均匀一致。除拌和楼(机)应配备砂(石)含水率自动反馈控制系统外，每台班应至少监测3次粗细集料含水率，并根据集料含水率变化，快速反馈并严格控制加水量和粗、细集料用量。生料、干料、严重离析的拌合物，或有外加剂团块、粉煤灰团块的拌和物不得用于路面摊铺。

拌和楼（机）卸料时，自卸车每装载一盘拌和物应挪动一次车位，搅拌锅出口与车厢底板之间的卸料落差不应大于 2.0m。

2. 运输

为保证混凝土的工作性，在运输中应考虑蒸发失水和水化失水（指水泥在拌和之后，开始水化反应，其流动度下降），以及因运输的颠簸和振动使混凝土发生离析等。要减小这些因素的影响，其关键是缩短运输时间，并采取适当措施防止水分损失和离析。

混凝土拌和物可采用自卸车运输，使用自卸车运输混凝土最远运输半径不宜超过 20km。当运距较远时，宜采用搅拌运输车运输。混凝土拌和物从搅拌机出料后，送至铺筑地点进行摊铺、振捣、做面，直至浇筑完毕的允许最长时间，由试验室根据水泥初凝时间及施工气温确定，若时间超过限值，或者在夏天铺筑路面时，宜使用缓凝剂。应根据施工进度、运量、运距及路况，选配车型和车辆总数。总运力应比总拌和能力略有富余。确保新拌和混凝土在规定时间内运到摊铺现场。运输到现场的拌和物必须具有适宜摊铺的工作性。

运送混凝土的车辆装料前，应清洁车厢或车罐，洒水润壁，排干积水。混凝土运输过程中应防止漏浆、漏料和污染，防止拌和物离析。烈日、大风、雨天和低温天远距离运输时，自卸车应遮盖混凝土，罐车宜加保温隔热套。

（三）混凝土面层铺筑

1. 小型机具铺筑

小型机具铺筑是指采用固定模板，人工布料，手持振捣棒、振动板或振捣梁振实，棍杠、修整尺、抹刀整平的混凝土路面施工工艺。小型机具铺筑工艺可用于二、四级公路水泥混凝土面层施工，不得用于隧道水泥混凝土面层与桥面铺装施工。小型机具铺筑宽度不大于 4.5m 时，铺筑能力不宜小于 20m/h。

（1）施工机具

小型机具性能应稳定可靠，操作简易，维修方便，机具配套数量应与工程规模、施工进度相适应。

（2）摊铺

混凝土拌和物摊铺前，应对模板的架设位置、精度、支撑稳固情况，以及传力杆、拉杆的安设等进行全面检查，并洒水润湿板底。混凝土拌和物摊铺前，应对模板的位置和支撑稳固情况，以及传力杆、拉杆的安设等进行全面检查。修复破损基层，并洒水润湿。用厚度标尺板全面检测板厚。若与设计值相符，方可开始摊铺。

拌和物的坍落度宜控制在 5 ~ 20mm。松铺系数宜控制在 1.10 ~ 1.25，坍落度高时取低值，横坡高侧取高值。卸料应均匀，采用人工布料时，应用铁锹反扣，不得抛掷。已铺筑好的面层端头应设置施工缝，不能被振实的拌和物应废弃。

（3）振捣

拌和物摊铺均匀以后，应依次使用振捣棒、振动板、振动梁 3 遍振捣密实。插入式振捣棒振实应符合下列规定。

①在待振横断面上，每车道应配备不少于 3 根振捣棒，振捣棒的功率不应小于 1.1kW，沿横断面连续振捣密实，板底、内部和边角不得欠振和漏振。

②振捣时，振捣棒应轻插慢提，不得在拌和物中平推或拖拉振捣。

③振捣棒移动距离不应大于有效作用半径的 1.5 倍，且不大于 500mm，每处振动时间不宜短于 30s。边角插入振捣离模板的距离不应大于 150mm，且应避免碰撞模板。

④缩缝传力杆支架与胀缝钢筋笼应预先安装固定，再用振捣棒振捣密实。边缘拉杆振捣时，应由人工扶正拉杆。

⑤振捣时，应辅以人工补料，并随时检查振实效果，及时纠正模板、拉杆、传力杆和钢筋的移位、变形、松动、漏浆等情况。

（4）整平饰面

振动梁振实后，小型机具应采用滚杠、整平尺或抹面机整平 3 遍，直至面层无任何缺陷，平整度符合要求。

①滚杠整平应符合下列规定，应在每个作业面配备 2 根整平滚杠，一根用于施工，另一根浸泡清洗备用。滚杠应使用直径为 100mm 或 125mm 的无缝钢管制成，刚度及顺直度应满足施工质量要求，两端设有把手与轴承，能够往复拖滚。

滚杠应支承在模板顶面，用人工往返拖滚，拖滚遍数宜为 2～3 遍。第一遍应短距离缓慢拖滚或推滚，以后应较长距离匀速拖滚，并将水泥浆始终赶在滚杠前方。滚杠下有间隙的部位应及时找补，多余水泥浆应铲除。

②整平饰面应待混凝土表面泌水基本完成后进行，采用 3m 刮尺收浆饰面，纵横各 2～3 遍抄平饰面，宜到表面平整度符合要求，表面砂浆厚度均匀。整平饰面也可采用叶片式或圆盘式抹面机进行，抹面机应按每车道路面不少于 1 台配备。饰面遍数宜为往返 1～2 遍。

（5）精平饰面

精平饰面应符合下列规定。

①在抹面机完成作业后，应使用抹刀进行精平饰面。精平饰面包括清边整缝，清除黏浆，修补缺边、掉角等工作。

②烈日暴晒或风大时，应加快表面的修整速度，或在防雨棚下进行。

③精平饰面后的面层表面应致密均匀，无抹面印痕，无露骨，平整度应达到要求，并应立即进行保湿养生。

2. 三辊轴机组铺筑

三辊轴机组铺筑是指采用振捣机和三辊轴整平机配合铺筑水泥混凝土面层的施工工艺。其特征是需要在边缘假设固定模板，模板同时兼具三辊轴整平机轨道的功能。

①三辊轴机组铺筑水泥混凝土的工艺流程为：支模——安装钢筋——布料——振捣——三辊轴整平——精平——养生——刻槽（拉毛）——切缝——填缝。

②三辊轴机组是介于小型机具施工和摊铺机施工之间的一种中型施工设备，在我国得到广泛应用。应根据面层厚度、拌和物工作性和施工进度等合理选用。板厚 200mm 以上宜采用直径 168mm 的辊轴；桥面铺装或厚度较小的路面可采用直径为 219mm 的辊轴。轴长宜比路面宽度长出 600 ～ 1 200mm。振动轴的转速不宜大于 380r/min。

③三辊轴整平机使用功能应符合规定。三辊轴整平机辊轴度应比实际铺筑的面层宽度至少长出 0.6m，两端应搭在两侧模板顶面。三辊轴整平机振动碾应有偏心振捣装置，偏心距应由密实成型所需振幅决定，宜为 3mm。振动辐应安装在整平机前侧，由单独的动力驱动。甩浆碾的转动方向应与铺筑前进方向相反，不振动时可提离模板顶面。

④三辊轴机组铺筑水泥混凝土面层时，应配备振捣机。振捣机应符合下列规定。振捣机由机架、行走机构和一排振捣棒组成，并配备螺旋布料器和松方控制刮板，具备自行或推行功能。连续式振捣机的振捣棒组宜水平或小角度布置，直径宜为 80 ～ 100mm，振动频率宜为 100 ～ 200Hz，工作长度宜为 400 ～ 500mm，振捣棒的间距宜为 350 ～ 500mm。振捣机的移动速度应可调整，调整范围宜为 0.5 ～ 2m/min。

间歇式振捣机的振捣棒可垂直或大角度布置，振捣棒的直径、振动频率、工作长度和间距要求应与连续式振捣机相同。振捣棒每次插入振动最短时间不应短于 20s。振捣棒应缓慢抽出后，再移动振捣机，每次移动距离不应超过振捣棒有效作用半径的 1.5 倍，不宜大于 0.6m。

⑤振捣梁应设置在三辊轴整平机前方。铺筑厚度不大于 200mm 时，其振动频率宜为 50 ～ 60Hz，振动加速度宜为 4 ～ 5g（g 为重力加速度）。

⑥一次铺筑宽度大于 4.5m 时，纵缝拉杆宜使用预设钢筋支架固定。横向连接纵缝处的拉杆应在边模板预留孔中插入，并振实粘牢。松动的拉杆应在连接摊铺前重新粘牢固。

⑦横缝传力杆应采用预制钢筋支架法安装固定，不得手工设置传力杆。宜使用手持振捣棒专门振实传力杆支架范围内的混凝土。振捣机连续振捣时，振捣棒的深度应位于传力杆顶面以上。应根据铺筑时拌和物的实测坍落度，并根据铺筑效果最终确定。

⑧纵坡路段宜向上坡方向铺筑。应全断面布料，松铺高度符合要求后，再使用振捣机开始振捣。振捣机应匀速缓慢、连续的振捣行进作业。振捣后的混凝土面层应成为连续均匀的整体，并达到所要求的密实度。

3.碾压混凝土面层施工

①碾压混凝土路铺筑是采用压路机碾压成型的水泥混凝土路面施工工艺，其特征是采用特干硬性水泥混凝土，用沥青混凝土或基层摊铺机摊铺、压路机振动碾压密实。

②碾压铺筑应按卸料进摊铺机→摊铺机摊铺→拉杆设置→钢轮压路机初压→振动压路机复压→轮胎压路机终压→抗滑处理→养生→切缝等工艺流程进行。

③碾压混凝土面层摊铺，宜选用沥青混凝土摊铺机。摊铺机应具有振动压实功能，摊铺密实度不应小于85%。采用沥青混凝土摊铺机摊铺时，松铺系数宜控制在1.05～1.15。采用基层摊铺机摊铺时，松铺系数宜控制在1.15～1.25。应通过试铺确定松铺系数。

④碾压混凝土面层铺筑时，边缘宜设置槽钢或方木模板。模板固定应牢固，碾压时不得推移。

⑤摊铺前应洒水湿润基层。摊铺作业应均匀、连续，摊铺过程中不得随意变换速度或停顿。

⑥螺旋分料器转速应与摊铺速度相适应，摊铺过程中应保证两边缘供料充足。弯道及超高路段铺筑时，应及时调整左右两侧分料器的转速，保证两侧供料均衡、充足。

⑦两台摊铺机前后紧随摊铺时，两幅摊铺间隔时间应控制在1h之内。

⑧拉杆设置应与摊铺同步进行。采用打入法时，应根据设计间距设醒目的定位标记，准确打入拉杆。

⑨摊铺后，应立即对所摊铺混凝土表面进行检查，局部缺料部位，应及时补料。局部粗集料聚集部位，应在碾压前挖除并用新混凝土填补。

4.滑模摊铺机铺筑

滑模摊铺机铺筑是指采用滑模摊铺机铺筑水泥混凝上面层的施工工艺。其特征是不架设边缘固定模板，布料、摊铺、振捣密实、挤压成型、抹面修饰等施工流程在摊铺机行进过程中连续完成。

（1）设备选择

滑模摊铺机的选择应根据路面结构形式、路面板块划分等因素，并参考滑模摊铺机的性能确定。

高速公路、一级公路宜选配能一次摊铺不少于2个车道宽度的滑模摊铺机。二级公路路面的最小摊铺宽度不得小于单个车道设计宽度。硬路肩宜选配可连体摊铺路缘石的中、小型多功能滑模摊铺机。

滑模摊铺水泥混凝土路面时，摊铺机应配备自动抹平板装置。滑模摊铺机械系统应配套齐全，辅助设备的数量及生产能力应满足铺筑进度的要求。可按下列要求进行配备。

①滑模铺筑无传力杆水泥混凝土路面时，布料可使用轻型挖掘机或推土机。

②滑模铺筑连续配筋混凝土路面、钢筋混凝土路面、桥面和桥头搭板，路面中设传力

杆钢筋支架、胀缝钢筋支架时，布料应采用侧向上料的布料机或供料机。

③应采用刻槽机制作宏观抗滑构造。

④面层切缝可使用软锯缝机、支架式硬锯缝机或普通锯缝机。

（2）摊铺前准备

①摊铺段夹层或封层质量应检验合格，对于破损或缺失部位，应及时修复。表面应清扫干净并洒水润湿，并采取防止施工设备和车辆碾坏封层的措施。

②应检查并平整滑模摊铺机的履带行走区。行走区应坚实，不得存在湿陷等病害，并应清除砖、瓦、石块、废弃混凝土块等杂物。履带行走部位基层存在斜坡时，应提前整平。

③摊铺前应检查并调试施工设备。滑模摊铺机首次作业前，应挂线对其铺筑位置、几何参数和机架水平度进行设置、调整和校准，满足要求后方可用于摊铺作业。

④横向连接摊铺前，前次摊铺路面纵向施工缝处溜肩胀宽部位应切割顺直；拉杆应校正扳直，缺少的拉杆应钻孔锚固植入。

⑤横向连接摊铺时，纵向施工缝的上半部缝壁应按设计涂覆隔离防水材料。

⑥滑模摊铺面层前，应准确架设基准线。基准线设置后，应避免扰动、碰撞和振动。多风季节施工，宜缩小基准线桩间距。

⑦架设完成的基准线，不得存在眼睛可见的拐点及下垂，并应逐段校验其顺直度及张紧度。

⑧应按下列规定对板厚进行校验，采用垂直于两侧基准线横向拉线，用直尺或加垂头的方法，对预备摊铺路段的板厚进行复核测量。单车道铺筑时，一个横断面横向应测不少于3个点；双车道及全幅摊铺时，应测不少于5个点。纵向每200m应测不少于10个断面。横断面板厚测量值的算数平均值不应小于设计板厚，极小值不应小于质量控制极值。纵向以200m为单元，全部板厚总平均值不应小于设计板厚。

⑨顺直度、张紧度或板厚不满足要求时，应重新测量架设基准线。

⑩面层传力杆、胀缝钢筋采用前置支架法施工时，应在表面先准确安装和固定支架，保证传力杆中部对中缩缝切割位置，且不会因布料、摊铺而导致推移。支架可采用与锚固入基层的钢筋焊接等方法固定。

（3）滑模摊铺机铺筑

①滑模摊铺机的施工参数设定及校准应符合下列规定。振捣棒应均匀排列，间距宜为300～450mm；混凝土摊铺厚度较大时，应采用较小间距。两侧最边缘振捣棒与摊铺边缘距离不宜大于200mm。振捣棒下缘位置应位于挤压底板最低点以上。挤压底板前倾角宜设置为30°，提浆板位置宜在挤压底板前缘以下5～10mm。边缘超铺高度应根据拌和物稠度确定，宜为3～8mm；板厚较厚、坍落度较小时，边缘超铺高度宜采用较小值。搓平梁前沿宜调整到与挤压底板后沿高程相同的位置；搓平梁的后沿应比挤压底板后沿低1～2mm，且与路面高程相同。符合铺筑精度要求的摊铺机设置应加以固定和保护。基底高程等摊铺条件发生变化，铺筑精度超出范围时，可由操作手在行进中通过缓慢微调加以调整。

②在滑模摊铺混凝土机前布料，应采用机械完成，布料高度应均匀一致，不得采用翻斗车直接卸料的方式。布料上应符合下列规定：卸料、布料速度应与摊铺速度协调一致，不得局部或全断面缺料。发生缺料时应立即停止摊铺。采用布料机布料时，布料机与滑模摊铺机施工距离宜为 5～10m；现场蒸发率较大时，宜采用较小值。坍落度为 10～30mm 时，布料松铺系数宜为 1.08～1.15。应保证滑模摊铺机前的料位高度位于螺旋布料器叶片最高点以下，最高料位高度不得高于松方控制板上缘，使用布料犁布料时，应按松方高度严格控制料位高度。面层传力杆、胀缝与隔离缝钢筋采用前置支架法施工时，不得在支架顶面直接卸料。传力杆以下的混凝土宜在摊铺前采用手持振捣棒振实。

③滑模摊铺机起步时，应先开启振捣棒，在 2～3min 内调整振捣到适宜振捣频率，使进入挤压底板前缘拌和物振捣密实，无大气泡冒出破灭，方可开动滑模机平稳推进摊铺。当天摊铺施工结束，摊铺机脱离拌合物后，应立即关闭振捣棒组。

④摊铺过程中应随时调整松方高度板位置控制摊铺机进料，保证进料充足。起步时宜适当调高，正常摊铺时宜保持振捣仓内料位高于振捣棒顶面 100mm 左右，料位高低波动宜控制在 ±30mm 之内。

⑤滑模摊铺应缓慢、匀速、连续不间断地作业。滑模摊铺速度应根据板厚、混凝土工作性、布料能力、振捣排气效果等确定，可在 0.75～2.5m/min 之间选择，宜采用 1m/min。

⑥滑模摊铺水泥混凝土面层时，严禁快速推进、随意停机与间歇摊铺。

⑦滑模摊铺振捣频率应根据板厚、摊铺速度和混凝土工作性能确定，以保证拌和物不发生过振、欠振或漏振。振捣频率可在 100～183Hz 之间调整，宜为 150Hz。

⑧可根据拌和物的稠度大小，采取调整摊铺的振捣频率或速度等措施，保证摊铺质量稳定。拌和物稠度发生变化时，宜先采取调振捣频率的措施，后采取改变摊铺速度的措施。

⑨配备振动搓平梁时，摊铺过程中搓平梁前方砂浆卷直径宜控制在 70～130mm，应避免砂浆卷中断、散开或摊展。

⑩应通过控制抹平板压力的方法，使其底部不小于 85% 长度接触新铺混凝土表面。

⑪在开始摊铺的 5～10m 内，应在铺筑行进中对摊铺的路面高程、边缘厚度、中线、横坡度等参数进行复核测量，必要时可缓慢微调摊铺参数，保证路面摊铺质量。

⑫滑模摊铺推进应匀速、平稳，滑出挤压底板或搓平梁的拌和物表面应平整、无缺陷，两侧边角应为 90°，光滑规则，无塌边溜肩，表层砂浆厚度不宜大于 3mm。除露石混凝土路面外，滑模摊铺水泥混凝土面层表面不应裸露粗集料。

5.模板及其架设与拆除

（1）模板技术要求

公路混凝土路面板、桥面板和加铺层的施工模板应采用刚度足够的槽钢或钢制边侧模板。钢模板的高度应为面板设计厚度，模板长度宜为 3～5m。须设置拉杆时，模板应设拉杆插入孔。

（2）模板安装

①支模前在基层上应进行模板安装及摊铺位置的测量放样，每 20m 应设中心桩；每 100m 宜布设临时水准点；核对路面标高、面板分块、胀缝和构造物位置。测量放样的质量要求和允许偏差应符合相应规范的规定。

②纵横曲线路段应采用短模板，每块模板中点应安装在曲线切点上。

③轨道摊铺应采用长度为 3m 的专用钢制轨道，轨道底面宽度宜为高度的 80%。轨道用螺栓、垫片固定在模板支座上，模板应使用钢钎与基层固定。

④模板应安装稳固、顺直、平整，无扭曲，相邻模板连接应紧密平顺，不得有底部漏浆、前后错茬、高低错台等现象。模板应能承受摊铺、振实、整平设备的负载行进、冲击和振动时不发生位移。严禁在基层上挖槽，嵌入安装模板。

⑤模板安装检验合格后，与混凝土拌和物接触的表面应涂脱模剂或隔离剂；接头应粘贴胶带或塑料薄膜等密封。模板安装完毕，应经过测量人员使用与设计板厚相同的测板做全断面检验。

（3）拆模

当混凝土抗压强度不小于 8.0MPa 方可拆模。缺乏强度实测数据时，达不到要求，不能拆除端模时，可空出一块面板，重新起头摊铺，空出的面板待两端均可拆模后再补做。

（四）施工质量标准与控制

I. 一般规定

①混凝土路面施工应建立健全施工质量保证体系，对施工全过程进行全面的质量控制。

②应按铺筑工艺与进度要求，配备足量质检仪器设备和人员。对面层施工各工艺环节的各项质量标准应做到及时检测，根据检测结果对施工质量进行动态控制，保证施工各项质量指标合格、稳定。

③水泥混凝土面层施工过程中应采取有效措施，严防出现质量缺陷。铺筑过程中发现质量缺陷时，应加大检测频率，必要时应停工整顿，查找原因，提出处置对策，恢复到正常铺筑工况和良好质量状态再继续施工。

④施工关键工序宜拍摄照片或进行录像，作为现场记录保存。

⑤施工结束后，应清理现场，处理废弃物，恢复耕地或绿化，做到工完场清。

2. 水泥混凝土面层基本要求

水泥混凝土面层应符合下列基本要求。

①基层质量应符合规范规定并满足设计要求，表面清洁、无浮土。

②接缝填缝料应符合规范规定并满足设计要求。

③接缝的位置、规格、尺寸及传力杆、拉杆的设置应满足设计要求。

④混凝土路面铺筑后按施工规范要求养护。

⑤应对干缩、温缩产生的裂缝进行处理。

3. 水泥混凝土面层外观质量

水泥混凝土面层外观质量应符合下列规定。

①路面应无积水。

②面板不应有坑穴、鼓包和掉角。

③接缝填注不得漏填、松脱，不应污染路面。

三、水泥混凝土路面接缝施工技术

（一）接缝的构造

水泥混凝土路面的接缝可分为横向接缝和纵向接缝。

横向接缝是垂直于行车方向的接缝，共有 3 种：缩缝、胀缝和施工缝。缩缝是保证板因温度和湿度的降低而收缩时沿该薄弱断面缩裂，从而避免产生不规则裂缝。胀缝是保证板在温度升高时能部分伸张，从而避免产生路面板在热天的折断破坏，同时胀缝也能起到缩缝的作用。每日施工结束或因临时原因中断施工时，必须设置横向施工缝，其位置尽可能选在缩缝或胀缝处。纵向接缝是指平行于路面行车方向的接缝，包括施工缝和缩缝。

l. 横缝的构造与布置

（1）胀缝的构造

在邻近桥梁或其他固定构造物处，或者与其他道路相交处，应设置横向胀缝。胀缝条数应根据膨胀量大小设置。胀缝宽宜为 20 ～ 25mm，缝内应设置填缝板和可滑动的传力杆。

传力杆应采用光圆钢筋。横向缩缝传力杆的尺寸、间距和要求与胀缝相同，最外侧传力杆距纵向接缝或自由边的距离宜为 150 ～ 250mm。

（2）缩缝的构造

横向缩缝可等间距或变间距布置，应采用假缝形式。极重、特重和重交通荷载公路的横向缩缝、中等和轻交通荷载公路邻近胀缝或自由端部的 3 条横向缩缝、收费广场的横向缩缝，应采用设传力杆假缝形式，传力杆的设置不应妨碍相邻混凝土板的自由伸缩，钢筋表面应做防锈处理。

横向缩缝顶部应锯切槽口，设置传力杆时槽口深度宜为面层厚度的 1/4 ～ 1/3，不设置传力杆时槽口深度宜为面层厚度的 1/5 ～ 1/4。槽口宽度应根据施工条件、填缝料性能等因素而定，宽度宜为 3 ～ 8mm，槽内应填塞填缝料。二级及二级以下公路的槽口可一次锯切成型。高速公路和一级公路槽口宜二次锯切成型，在第一次锯切缝的上部宜增设宽 7 ～ 10mm 的浅槽口，槽口下部应设置背衬垫条，上部应用填缝料灌填。

（3）施工缝的构造

每日施工结束或因临时原因中断施工时，必须设置横向施工缝，其位置宜选在缩缝或胀缝处。设在缩缝处的施工缝，应采用加传力杆的平缝形式，设在胀缝处的施工缝，其构造应与胀缝相同。

（4）横缝的布置

横向接缝的间距应按面层类型和厚度选定。普通水泥混凝土面层宜为 4 ～ 6m，面层板的长宽比不宜超过 1.35，平面面积不宜大于 25m²。碾压混凝土或钢纤维混凝土面层宜为 6 ～ 10m。钢筋混凝土面层宜为 6 ～ 15m，面层板的长宽比不宜超过 2.5，平面面积不宜大于 45m²。

2. 纵缝的构造与布置

纵向接缝的布设应视路面总宽度、行车道及硬路肩宽度以及施工铺筑宽度而定。

（1）纵向施工缝

一次铺筑宽度小于面层加硬路肩总宽度时，应按设计设置纵向施工缝。纵向施工缝宜采用平缝加拉杆型，上部应锯切槽口，深度宜为 30 ～ 40mm，宽度宜为 3 ～ 8mm，槽内应灌塞填缝料。

（2）纵向缩缝

一次铺筑宽度大于 4.5m 时，应设置纵向缩缝。纵向缩缝应采用设拉杆假缝形式，锯切的槽口深度应大于施工缝的槽口深度。采用粒料基层时，槽口深度应为板厚的 1/3；采用半刚性基层时，槽口深度应为板厚的 2/5，碾压混凝土面层一次摊铺宽度大于 7.5m 时，应设置纵向缩缝，钢纤维混凝土面层在摊铺宽度小于 7.5m 时，可不设纵向缩缝。

行车道路面与混凝土硬路肩之间的纵向接缝必须设置拉杆。纵缝应与路线中线平行。在路面等宽的路段内或路面变宽路段的等宽部分，纵缝的间距和形式应保持一致。路面变宽段的加宽部分与等宽部分之间，应以纵向施工缝隔开。加宽板在变宽段起终点处的宽度不应小于 1m。

纵向接缝在板厚的中央设置拉杆，拉杆应采用螺纹钢筋，设在板厚中央，并应对拉杆中部 100mm 范围内进行防锈处理。施工布设时，拉杆间距应根据横向接缝的实际位置予以调整，最外侧的拉杆距横向接缝的距离不得小于 100mm。

3. 交叉口接缝布设

两条道路正交时，各条道路宜保持本身纵缝的连贯，而相交路段内各条道路的横缝位置应按相对道路的纵缝间距做相应变动，保证两条道路的纵横缝垂直相交，互不错位。

两条道路斜交时，主要道路宜保持纵缝的连贯，而相交路段内的横缝位置应按次要道路的纵缝间距做相应变动，保证与次要道路的纵缝相连接。相交道路弯道加宽部分的接缝布置，应不出现或少出现错缝和锐角板；出现错缝、锐角板时，宜加设防裂钢筋和角隅补强钢筋。

在次要道路弯道加宽段起终点断面处的横向接缝，应采用胀缝形式。膨胀量大时，应在直线段连续布置 2 ～ 3 条胀缝。

4. 端部处理

混凝土路面与桥涵、通道及隧道等固定构造物相衔接的胀缝无法设置传力杆时，可在毗邻构造物的板端部内配置双层钢筋网；或在长度为 6 ～ 10 倍板厚的范围内逐渐将板厚增加 20%。

（二）钢筋布置

1. 边缘钢筋

普通混凝土面层基础薄弱的自由边缘、接缝为未设传力杆的平缝、主线与匝道相接处或与其他类型路面相接处，可在面层边缘的下部配置钢筋。可选用 2 根直径为 12 ～ 16mm 的螺纹钢筋，置于面层底面之上 1/4 厚度处且不小于 50mm，间距为 100mm，钢筋两端向上弯起。

2. 角隅钢筋

承受极重、特重或重交通的水泥混凝土面层的胀缝、施工缝和自由边的角隅以及承受极重交通的水泥混凝土面层缩缝的角隅，宜配置角隅钢筋。可选用 2 根直径为 12 ～ 16mm 的螺纹钢筋，置于面层上部，距顶面不小于 50mm，距边缘为 100mm。

（三）接缝施工

接缝是混凝土路面的薄弱环节，接缝施工质量不高，会引起板的各种损坏，且影响行车的舒适性。因此，应特别认真地做好接缝施工。

1. 纵缝施工

采用滑模摊铺机施工时，纵向施工缝的拉杆宜采用支架法安设，也可采用侧向拉杆液压装置一次推入。

小型机具施工时，按一个车道的宽度（3.75 ～ 4.5m）一次施工，纵向施工缝一般采用平缝加拉杆或企口缝加拉杆的形式。采用固定模板施工时，应从侧模预留孔中插入拉杆并振实，插入的侧向拉杆应牢固，避免松动和漏插。

一次摊铺宽度大于 4.5m 时，应采用假缝拉杆型纵缝。纵向缩（假）缝施工应预先将拉杆采用门形式固定在基层上，或用拉杆置放机在施工时置入。假缝顶面缝槽用切缝机切缝，缝宽为 3 ~ 8mm，深为 1/5 ~ 1/4 板厚，使混凝土在收缩时能从此缝向下规则开裂，防止因切缝深度不足引起不规则裂缝。

2. 横缝施工

（1）缩缝

横向缩缝可采用混凝土凝结后切缝形成，其施工工艺如下。

①切缝前，应检查电源、水源及切缝机组试运转情况，切缝机刀片应与机身中心线成 90°角，并应与切缝线在同一直线上。

②开始切缝前，应调整刀片的进刀深度，切割时应随时调整刀片切割方向。停止切缝时，应先关闭旋扭开关，将刀片提升到混凝土板面上，停止运转。

③切缝时刀片冷却用水的压力不应低于 0.2MPa，同时应防止切缝水渗入基层和土基。

④混凝土强度达到设计强度的 25% ~ 30%，即可进行切割。当气温突变时，应适当提早切缝，或每隔 20 ~ 40m 先割一条缝，以防因温度应力产生不规则裂缝。应严禁一条缝分两次切割的操作方法。

⑤切缝后，应尽快灌注填缝料。

缩缝的切缝应根据当地昼夜温差，选用适宜的切缝方式、时间与深度。应以切缝时不啃边为开始切缝的最佳时机，并以铺筑第二天及施工初期无断板为控制原则。

（2）胀缝

胀缝板应与路中心线垂直，并连续贯通整个面板宽度，缝中完全不连浆。缝隙下部设胀缝板，上部灌胀缝填缝料。在传力杆的活动端，可设在缝的一边或交错布置，固定后的传力杆必须平行于板面及路面中心线，其误差不得大于 5mm。胀缝的施工应符合下列规定。

①采用前置钢筋支架法施工时，应预先准确安装和固定胀缝钢筋支架，并使用手持振捣棒振实胀缝板两侧的混凝土后，再摊铺。也可采用预留两块面板的方法，在气温接近年平均气温时再封铺。

②应在混凝土未硬化时，剔除胀缝板上部的混凝土，嵌入（20 ~ 25）mm×20mm 的木条，整平表面。填缝前，应剔除木条，再粘胀缝多孔橡胶条或填缝。

③胀缝板应连续完整，胀缝板两侧的混凝土不得相连。

施工中对该方法做了一些改进，其做法是：预先设置好胀缝板和传力杆支架，并预留好滑动空间，为保证胀缝施工的平整度以及施工的连续性，胀缝板以上的混凝土硬化后用切缝机按胀缝的宽度切两条线，待填料时，将胀缝板以上的混凝土凿去，这种方法对保证胀缝施工质量特别有效。

（3）施工缝

施工缝宜设于胀缝或缩缝处，多车道施工缝应避免设在同一横断面上。施工缝如设于缩缝处，板中应增设传力杆，其一半锚固于混凝土中，另一半应先涂沥青，允许滑动。传力杆必须与缝壁垂直。

3. 接缝填封

各种接缝均应填缝密封，填缝材料不得开裂、挤出或缺失。填缝材料开裂、挤出或缺失的接缝均应局部清除，重新填缝密封。

混凝土板养护期满后应及时填封接缝。灌缝前应清洁接缝，清洁接缝宜采用飞缝机清除接缝中夹杂的砂石、凝结的泥浆等杂物。灌缝前缝内及缝壁应清洁、干燥，以擦不出水、泥浆或灰尘为可灌缝标准。缩缝灌缝应符合下列规定。

①灌缝时，应先按设计嵌入直径为 9 ～ 12mm 的多孔泡沫塑料背衬条或橡胶条。

②用双组分或多组分常温填缝料时，应准确按比例将几种原材料混拌均匀后灌缝。每次准备量不宜超过 1h，且不应超过材料规定的操作时间。

③使用热石油沥青、改性沥青或橡胶沥青灌缝时，应加热熔化至易于灌缝温度，搅拌均匀，并保温灌缝。

④灌缝应饱满、均匀、厚度一致并连续贯通，填缝料不得缺失、开裂和渗水。

⑤高温期灌缝时，顶面应与板面刮齐平；一般气温情况下，应填刮为凹液面形，中心宜低于板面 3mm。

胀缝填缝前，应凿除胀缝板顶部临时嵌入的木条，并清理干净，涂黏结剂后，嵌入专用多孔橡胶条或灌注适宜填缝料。胀缝宽度与多孔橡胶条宽度不一致或有啃边、掉角等现象时，应采用灌料填缝，不得采用多孔橡胶条填缝。

（四）抗滑构造施工

各级公路行车道与超车道面层表面应制作细观抗滑纹理和宏观抗滑构造，不得遗留光滑的表面。纹理和构造深度应均匀一致。细观纹理的施工应符合下列规定。

①细观纹理宜在精平后的湿软表面，使用钢支架拖挂 1 ～ 3 层叠合麻布、帆布等布片拖出。布片接触路面的长度宜为 0.7 ～ 1.5m。

②对用抹面机修整过较干硬的光面，可采用较硬的竹扫帚扫出细观纹理。

③已经硬化后的光滑表面可采用钢刷刷毛、喷砂打毛、喷钢丸打毛、稀盐酸腐蚀、高压水射流等方式制作细观纹理。

极重、特重和重交通荷载等级公路水泥混凝土面层应采用刻槽法制作宏观抗滑构造。中、轻交通荷载等级公路水泥混凝土面层可使用拉槽法制作宏观抗滑构造。在水平弯道路段、桥面、隧道路面宜使用纵向槽。组合坡度小于 3% 时，要求减噪的路段可使用纵向槽。

组合坡度大于或等于3%的纵坡路段，应使用横向槽。

采用刻槽法制作宏观抗滑构造时，刻槽机最小刻槽宽度不应小于500mm。衔接距离与槽间距相同。刻槽过程中应避免槽口边角损坏，不得中途抬起刻槽机或改变刻槽方向。刻槽不得刻穿纵、横缩缝。刻槽后表面应随即冲洗干净，并恢复路面的养生。软拉宏观抗滑构造时，待面层混凝土泌水后，应及时采用齿耙拉槽。衔接距离应与槽间距相同，且始终保持一致，不得局部缺失。软拉后的表面砂浆应清扫干净。矩形槽，槽深宜为3～4mm，槽宽宜为3～5mm，槽间距宜为12～25mm。在路面结冰地区，可采用上宽6mm、下宽3mm的梯形槽或上宽6mm的半圆形槽。

（五）混凝土路面养生

①各种水泥混凝土面层铺筑完成后，均应立即开始保湿养生。面层养生应合理选择养生方式，保证混凝土强度增长的需要，防止养生过程中产生微裂纹与裂缝。

②面层养生应符合下列规定。高速公路、一级公路混凝土面层宜采用养护剂加覆膜养生。现场养生用水充足的情况下，可采用节水保湿养护膜、土工毡、土工布、麻袋、草袋、草帘等养生，并及时洒水保湿养生。缺水条件下，宜采用覆盖节水保湿养护膜养生，并应洒透第一遍养生水。

③养护剂的喷洒应符合下列规定。喷洒应均匀，喷洒后的表面不得有颜色差异。成膜厚度应满足产品要求，并足以形成完全密闭水分的薄膜。刚铺筑的湿软混凝土表面遭遇刮风或暴晒天气，摊铺现场水分蒸发率接近0.50kg/（h·m²），开裂风险较大时，可提前喷洒养护剂养生。

喷洒高度宜控制在0.10～0.30m。现场风大时，可采用全断面喷洒机贴近路面喷洒的方式喷洒。养护剂的现场平均喷洒剂量宜在实验室测试剂量基础上，一等品再增加不小于40%，合格品增加不小于60%。不得使用易被雨水冲刷掉、阳光暴晒可熔化或引起表面开裂、卷起薄壳的养护剂。

④覆盖保湿养护膜应符合下列规定。覆盖养生的初始时间，应为不压坏表面细观抗滑纹理的最短时间。养护膜材料的最窄幅宽不宜小于2m。两条膜层对接时，纵向搭接宽度不宜小于400mm，横向搭接长度不宜小于200mm。养生期间应始终保持薄膜完整盖满。

应有专人巡查养护膜覆盖完整情况。养生期间被掀起或撕破的养护膜、养生片材均应及时重新洒水，并完整覆盖。现场瞬间风力大于4级时，宜在养护膜表面罩绳网或土工格栅，并压牢固，防止养护膜被大风吹破。

低温期或夏季夜间气温有可能低于零度的高原、山区施工水泥混凝土路面和桥面时，应采取保温保湿双重养生措施。保温养生材料可选用干燥的泡沫塑料垫、棉絮片、苇片、草帘等。养生期间遭遇降雨时，应在保温片材上、下表面采取包覆隔水膜层等防水措施。

水泥混凝土施工前和施工中，严把原材料质量关，是铺筑优质水泥混凝土路面的前提；根据公路等级的不同，综合考虑选择合适的水泥混凝土路面施工机械。

第四章 桥梁工程的基本内容

第一节 桥梁工程概述

一、桥梁工程的地位和作用

桥梁工程指桥梁勘测、设计、施工、养护和检定等的工作过程，以及研究这一过程的科学和工程技术，它是土木工程的一个分支。桥梁工程不但在工程规模上占公路总造价的10%～20%，而且往往是交通运输的咽喉，是保证全线早日通车的关键。桥梁工程学的发展主要取决于交通运输对它的需要。

桥梁工程学主要研究桥梁设计，包括选择桥址，确定桥梁孔径，考虑通航和线路要求以确定桥面高度，考虑基底不受冲刷或冻胀以确定基础埋置深度，设计导流建筑物等；桥式方案设计；桥梁结构设计；桥梁施工；桥梁检定；桥梁试验；桥梁养护，等等方面。

古代桥梁以通行人、畜为主，载重不大，桥面纵坡可以较陡，甚至可以铺设台阶。自从有了铁路以后，桥梁所承受的载荷逐倍增加，线路的坡度和曲线标准要求又高，且需要建成铁路网以增大经济效益，因此，为要跨越更大更深的江河、峡谷，迫使桥梁向大跨度发展。在建桥材料方面，以高强、轻质、低成本为选择的主要依据，仍以发展传统的钢材和混凝土为主，提高其强度和耐久性。石材、木材、铸铁、锻铁等桥梁材料，显然不符合要求，而钢材的大量生产正好满足了这一要求。

二、古代桥梁简述

桥梁是人类在生活和生产活动中，为克服天然障碍而建造的建筑物，也是有史以来人类所建造的最古老、最壮观和最美丽的建筑工程，它体现了一个时代的文明与进步。

在人为建造桥梁之前，自然界由于地壳运动或其他自然现象的影响，形成了不少天然的桥梁形式。如浙江天台山横跨瀑布上的石梁桥，人类从天然桥中得到启示，便在生存过程中，不断仿效自然。开始时大概是利用一根木料横在小河上，或氏族聚居群周围的壕沟上搭起一些独木桥（桥之所以始称"梁"，也许便是因这种横梁的缘故），或在窄而浅的溪流中，用石块垫起一个接一个略出水面的石蹬，构成一种简陋的"跳墩子"石梁桥。这些"独木桥""跳墩子桥"便是人类建筑的最原始的桥梁。随着社会生产力的发展，桥梁不断由低级演进为高级，逐渐产生各种各样的跨空桥梁。

古代桥梁所用材料，多为木、石、藤、竹之类的天然材料。锻铁出现以后，开始建筑简单的铁链吊桥。由于当时的材料强度较低，人们力学知识不足，古代桥梁的跨度都很小。木、藤、竹类材料易腐烂，致使能保留至今的古代桥梁，多为石桥。

我国文化悠久，是世界上文明最早的国家之一。就桥梁建筑这一学科领域而言，我们的祖先也曾写下了不少光辉灿烂的篇章。我国幅员辽阔，山多河多，古代桥梁数量惊人，类型也丰富多彩，几乎包含了所有近代桥梁中的主要形式。从古至今的时间顺序来看，我国传统桥梁大致经历了四个发展阶段。

第一，以西周、春秋为主，包括此前的历史时代，这是古桥的创始时期。此时的桥梁除原始的独木桥和汀步桥外，主要有梁桥和浮桥两种形式。当时由于生产力水平落后，多数只能建在地势平坦、河身不宽、水流平缓的地段，桥梁也只能是一些木梁式小桥，技术问题较易解决。而在水面较宽、水流较急的河道上，则多采用浮桥。

第二，以秦、汉为主，包括战国和三国，是古代桥梁的创建发展时期。秦汉是我国建筑史上一个璀璨夺目的发展阶段，这时不仅发明了人造建筑材料——砖，而且创造了以砖石结构体系为主题的拱券结构，从而为后来拱桥的出现创造了先决条件。战国时铁器的出现，也促进了建筑方面对石料的多方面利用，从而使桥梁在原木构梁桥的基础上，增添了石柱、石梁、石桥面等新构件。不仅如此，它的重大意义还在于由此而使石拱桥应运而生。石拱桥的创建，在中国古代建桥史上无论是实用方面，还是经济、美观方面都起到了划时代的作用。石梁石拱桥的大发展，不仅减少了维修费用、延长了桥的使用时间，还提高了结构理论和施工技术的科学水平。因此，秦汉建筑石料的使用和拱券技术的出现，实际上是桥梁建筑史上的一次重大革命。从一些文献和考古资料来看，大约在东汉时，梁桥、浮桥、索桥和拱桥这四大基本桥型已全部形成。

第三，是以唐宋为主的，包括两晋、南北朝和隋、五代时期，这是古代桥梁发展的鼎盛时期。隋唐国力较之秦汉更为强盛，唐宋两代又取得了较长时间的安定统一，工商业、运输交通业及科学技术水平等十分发达，是当时世界上最先进的国家。东晋以后，由于大量汉人贵族官宦南迁，经济中心自黄河流域移往长江流域，使东南水网地区的经济得到大发展，经济和技术的大发展，又反过来刺激桥梁的大发展。

第四，为元、明、清三朝，这是桥梁发展的饱和期，几乎没有什么大的创造和技术突破。这时期的主要成就是对一些古桥进行了修缮和改造，并留下了许多修建桥梁的施工说明文献，为后人提供了大量文字资料。此外，也建造完成了一些像明代江西南城的万年桥、贵州的盘江桥等艰巨工程。

三、桥梁的基本组成部分

桥梁一般由上部结构、下部结构和附属设施组成。上部结构包括桥跨结构和支座系统两部分。桥跨结构是指直接承重并架空的结构部分；支座系统的作用是支撑桥跨结构并把荷载传递给墩台，并保证桥跨结构能够满足一定的变位要求。

下部结构包括桥墩、桥台和墩台的基础。其作用是支撑上部结构，并将结构的荷载向下传递给地基。桥台设在桥跨结构的两端，桥墩设在两桥台之间。桥台除了起支承桥跨结构的作用，还起到与路堤衔接、抵御路堤土压力、防止路堤滑坡的作用。因此，桥台两侧常设置锥体护坡。

墩台的基础是承受由上至下的全部作用（包括交通荷载和结构自重）并将其传至地基的结构部分。它通常埋于土层中或建筑在基岩上，常常需要在水下施工，因而也是桥梁建筑中情况比较复杂的部分。

附属设施包括桥面铺装、排水防水系统、伸缩缝、栏杆和灯光照明等。它与桥梁的服务功能密切相关，对桥梁行车的舒适性和结构物的外观质量有着重要影响，因而在桥梁设计中要对附属设施给予足够的重视。

四、桥梁的分类

（一）桥梁按结构体系分类

1.梁式桥

梁式桥是一种在竖向荷载作用下无水平反力的结构。由于外力（恒载和活载）的作用方向与承重结构的轴线接近垂直，故与同样跨径的其他结构体系相比，梁内产生的弯矩最大，通常需用抗弯能力强的材料（钢、木、钢筋混凝土等）来建造。为了节约钢材和木料（木桥使用寿命不长，除临时性桥梁或战备需要外，一般不宜采用），目前在公路上应用最广的是预制装配式的钢筋混凝土简支梁桥。这种梁桥的结构简单，施工方便，对地基承载能力的要求也不高，但其常用跨径在25m以下。当跨度较大时，需要采用预应力混凝土简支梁桥，但跨度一般也不超过50m。为了达到经济、省料的目的，可根据地质条件等修建悬臂式或连续式的梁桥。对于很大跨径，以及承受很大荷载的特大桥梁，可建造使用高强度材料的预应力混凝土梁桥，也可建造钢桥。

2.拱式桥

拱式桥的主要承重结构是拱圈或拱肋。在竖向荷载作用下，桥墩或桥台将承受水平推力。同时，这种水平推力将显著抵消荷载在拱圈（或拱肋）内引起的弯矩作用。因此，与同跨径的梁相比，拱的弯矩和变形要小得多。鉴于拱桥的承重结构以受压为主，通常就可用抗压能力强的圬工材料（如砖、石、混凝土）和钢筋混凝土等来建造。

拱桥的跨越能力很大，外形也较美观，在条件许可的情况下，修建拱桥往往是经济合理的。同时应当注意，为了确保拱桥能安全使用，下部结构和地基必须能经受住很大的水平推力的不利作用。此外，拱桥的施工一般要比梁桥困难些。对于很大跨度的桥梁，也可建造钢拱桥。

在地基条件不适于修建具有强大推力的拱桥的情况下，必要时也可建造水平推力由钢或预应力筋做成抗拉系杆来承受的系杆拱桥。"飞鸟式"三跨无推力拱桥，即在拱桥边跨的两端施加强大的预加力，传至拱脚，以抵消主跨拱脚巨大的荷载水平推力。

3. 刚架桥

刚架桥的主要承重结构是梁或板和立柱或竖墙整体结合在一起的刚架结构，连接处刚性很大。在竖向荷载作用下，梁部主要受弯，而在柱脚处也具有水平反力，其受力状态介于梁桥与拱桥之间。刚架桥跨中的建筑高度可以做得较小。当遇到线路立体交叉或需要跨越通航江河时，采用这种桥型能尽量降低线路高程，以改善纵坡并减少路堤土方量。但普通钢筋混凝土修建的刚架桥施工比较困难，梁柱刚接处较易开裂。

T形结构是修建较大跨径钢筋混凝土桥曾采用的桥型，它是结合了刚架桥和多孔静定悬臂梁桥的特点发展起来的一种多跨结构。对于普通钢筋混凝土 T 形刚构桥，由于悬臂根部的负弯矩很大，修建时不仅钢材用量大，而且控制混凝土裂缝的开展成了难题，因此跨径不能做得太大（通常 40～50m），目前已很少采用。

预应力混凝土工艺的发展，使得 T 形刚构桥和连续刚构桥得到了很大的推广。特别是采用了悬臂安装或悬臂浇筑的分段施工方法，不但加速了修建大跨度桥梁的施工速度，也克服了要在江河或深谷中搭设支架的困难。

多跨连续刚构桥属多次超静定结构，在设计中一般应减小墩柱的抗弯刚度，否则会在结构内引起较大的附加内力。对于很长的桥，为了降低这种附加内力，将主跨的墩柱做成双壁式结构。

当跨越陡峭河岸和深邃峡谷时，修建斜腿式的刚构桥往往既经济合理，又造型轻巧美观。由于斜腿墩柱置于岸坡上，有较大斜角，在主梁跨度相同的条件下，斜腿刚构桥的桥梁跨度比门式刚构桥要大得多。

T形刚构桥的悬臂主梁主要承受负弯矩，因此，横截面宜用箱形截面。连续刚构桥和斜腿刚构桥的主梁受力与连续梁相近，通常也采用各式箱形横截面。

4. 悬索桥

传统的悬索桥（也称吊桥）均用悬挂在两边塔架上的强大缆索作为主要承重结构。在竖向荷载作用下，通过吊杆使缆索承受很大的拉力，通常就需要在两岸桥台的后方修筑非常巨大的锚碇结构。悬索桥也是具有水平反力（拉力）的结构。现代悬索桥广泛采用高强度钢丝成股编制的钢缆，以充分发挥其优异的抗拉性能，因此结构自重较轻，就能以较小的建筑高度跨越其他任何桥型无与伦比的特大跨度。悬索桥的另一特点是：成卷的钢缆易于运输，结构的组成构件较轻，便于无支架悬吊拼装。我国在西南山岭地区和在遭受山洪泥石冲击等威胁的山区河流上，当修建其他桥梁有困难的情况时，往往采用悬索桥。

鉴于对桥梁美观的要求，在不宜修建锚碇的情况下，也可建造将主缆锚固在主梁两端的"自锚式"悬索桥。这种桥型虽然很有特色，但其结构设计和施工工艺比较复杂，经济性较差，跨径也不宜过大，目前最大跨径为 385m。

相对于前面所说的其他体系而言，悬索桥的自重轻，结构的刚度差，在车辆动荷载和风荷载作用下，桥有较大的变形和振动。可以说，整个悬索桥的发展历史，是不断研究和克服其有害的变形与振动的历史，也是争取其结构刚度的历史。

5. 斜拉桥

斜拉桥由斜索、塔柱和主梁组成。用高强钢材制成的斜拉索将主梁多点吊起，并将主梁的恒载和车辆荷载传至塔柱，再通过塔柱基础传至地基。这样，跨度较大的主梁就像一根多点弹性支承（吊起）的连续梁一样工作，从而可使主梁尺寸大大减小，结构自重显著减轻，既节省了结构材料，又能大幅度地增大桥梁的跨越能力。与悬索桥相比，斜拉桥的结构刚度大，即在荷载作用下的结构变形小得多，且其抵抗风振的能力也比悬索桥好，这也是在斜拉桥可能达到的大跨度情况下使悬索桥逊色的重要因素。

斜拉桥的斜索组成和布置、塔柱形式及主梁的截面形状是多种多样的，我国常用平行高强钢丝束、平行钢绞线束等制作斜索，并用热挤法在钢丝束上包一层高密度的黑色聚乙烯外套进行防护。

斜索在立面上也可布置成不同形式。各种索形在构造和力学上各有特点，在外形美观上也各具特色。常用的索形布置为竖琴形和扇形两种。另一种是斜索集中锚固在塔顶的辐射形布置，因其塔顶锚固结构复杂而较少采用。

常用的斜拉桥是三跨双塔式结构，但在实践中也往往根据河流、地形、通航要求等情况，采用对称与不对称的独塔双跨式斜拉桥。

斜拉桥是半个多世纪来最富想象力和构思、内涵最丰富且引人瞩目的桥型，它具有广泛的适应性。一般说来，对于跨度从 200 ~ 700m，甚至超过 1 000m 的桥梁，斜拉桥在技术和经济上都具有相当优越的竞争能力。诚然，随着斜拉桥跨度的增大，将会面临塔过高和斜索过长等一系列技术难点，这不仅涉及高耸塔柱抗震和抗风等动力稳定方面的问题，还有主梁受压力过大及长斜索因自重垂度增大而引起的种种技术问题。必须提到的是，斜拉桥的斜索可以说是这种桥梁的生命线，随着高性能新材料的开发、计算理论的进一步完善、施工方法的改进，特别是设计构思的不断创新，斜拉桥还会向更大跨度和更新的结构形式发展。

6. 组合体系桥

除了以上五种桥梁的基本体系，根据结构的受力特点，还有由几种不同体系的结构组合而成的桥梁，称为组合体系桥。如梁拱组合体系桥为一种梁和拱的组合体系，其中梁和拱都是主要承重结构，两者相互配合共同受力。由于吊杆将梁向上（与荷载作用的挠度方向相反）拉，显著减小了梁中的弯矩；同时由于拱与梁连接在一起，拱的水平推力就传给梁来承受，这样梁除了受弯还受拉。这种组合体系桥能跨越较一般简支梁桥更大的跨度，墩台没有推力作用，因此对地基的要求就与一般简支梁桥一样。

（二）桥梁的其他分类方法

除了上述按受力特点将桥梁分成不同结构体系，还可按桥梁用途、大小规模和建桥材料等进行分类。

①按桥梁用途来划分可分为公路桥、铁路桥、公铁两用桥、公轨两用桥、农桥、人行桥、水运桥（渡槽）及其他专用桥（如通过管道、电缆等）。

②按主要承重结构所用材料划分可分为圬工桥（包括砖、石、混凝土桥）、钢筋混凝土桥、预应力混凝土桥、钢桥、钢混凝土组合桥和木桥等。

③按桥梁全长和跨径不同划分可分为特大桥、大桥、中桥、小桥和涵洞。

④按跨越障碍的性质划分可分为跨河桥、跨线桥（立体交叉）、高架桥和栈桥。高架桥一般指跨越深沟峡谷以代替高路堤的桥梁。为将车道升高至周围地面以上并使下面的空间可以通行车辆或做其他用途而修建的桥梁，称为栈桥。

⑤按上部结构的行车位置划分可分为上承式桥、下承式桥和中承式桥。桥面布置在主要承重结构以上的称上承式桥；桥面布置在桥跨结构高度中间的称中承式桥；桥面布置在承重结构以下的称下承式桥。上承式桥结构简单，施工方便，且其主梁或拱肋的数量和间距可按需要调整，以求得经济合理的布置；同时，在上承式桥上行车时，视野开阔，视觉舒适，所以公路桥梁一般尽可能采用上承式桥。但上承式桥的不足之处是桥梁的建筑高度较大，因此，在建筑高度受严格限制的情况下，就应采用下承式桥或中承式桥。

⑥按桥跨结构的平面布置划分可分为正交桥、斜交桥和弯桥。

除上述的桥梁分类方法外，还有按桥梁使用时间长短划分的永久性桥梁和临时性桥梁。除了固定式的桥梁，还有开启桥、浮桥和漫水桥等。

第二节　桥梁的规划设计

一、桥梁设计的基本原则

桥梁设计的一般步骤：通过概念设计确定结构方案，确立计算模型，确定结构的详细尺寸和细节构造。选择构思好的桥梁结构方案，是设计工作的第一步也是最重要的一步，是评价桥梁设计成功与否的重要标准。

与设计其他工程结构物一样，在桥梁设计中必须考虑下述各项要求。

（一）使用要求

桥上的行车道和人行道宽度应保证车辆和行人的安全畅通，并适当考虑将来交通量增长的需要。桥型、跨度大小和桥下净空应满足泄洪、安全通航或通车等要求。建成的桥梁要保证使用年限，并便于检查和维修。

（二）经济要求

桥梁设计应体现经济上的合理性。在设计中必须进行详细周密的技术经济比较，使桥梁的总造价和材料等的消耗最少。应注意的是，要全面精确地计及所有的经济因素往往是困难的，在技术经济比较中，尚应充分考虑桥梁在使用期间的运营条件及养护和维修等方面的问题。

桥梁设计应根据因地制宜、就地取材、方便施工的原则，合理选用合适的桥型。此外，能满足快速施工要求缩短工期的桥梁设计，不仅能降低造价，而且提早通车在运输上将带来很大的经济效益。

（三）结构构造要求

整个桥梁结构及其各部分构件在制造、运输、安装和使用过程中应具有足够的强度、刚度、稳定性和耐久性。桥梁结构的强度应使全部构件及其连接构造的材料抗力或承载能力具有足够的安全储备。对于刚度的要求，应使桥梁在荷载等作用下的变形不超过规定的允许值，过度的变形会使结构的连接松弛，而且挠度过大会导致高速行车困难，引起桥梁剧烈振动，使人体感觉不适，严重者会危及桥梁结构的安全。结构的稳定性是要使桥梁结构在各种外力作用下，具有能保持原来形状和位置的能力，如桥梁结构和墩台的整体不致倾倒或滑移，受压构件不致引起纵向屈曲变形等。在地震区修建桥梁时，在计算和构造上还要满足抵御地震破坏力的要求。

（四）施工要求

梁结构应便于制造和架设。应尽量采用先进的工艺技术和施工机械，以利于加快施工进度，保证工程质量和施工安全。

（五）美观要求

桥梁应具有优美的外形，与周围的景观相协调。城市和游览地区的桥梁，可较多地考虑建筑艺术上的要求。公路上的特殊大桥宜进行景观设计；上跨高速公路、一级公路的桥梁应与自然环境和景观相协调。合理的结构布局和轮廓造型是桥梁美观的主要因素，决不应把美观片面地理解为豪华的细部装饰。

优秀的、结构上有特色又美观的桥型方案，应使结构的造型与力学行为相协调。在外形上标新立异，有特色但力学行为不合理的桥型方案，往往会显著提高造价和增加施工难度，严重者甚至会影响结构的耐久性和运行安全。

二、桥位勘测与设计资料调查

在着手设计之前，首先要选择合理的桥位，这常常是影响桥梁设计、施工和使用的全局问题，对于选定的桥位，必须进一步调查研究，详细分析建桥的具体情况，才能做出合理的设计方案。一般桥梁设计中需要进行的资料调查工作如下。

1. 调查桥梁的使用任务。根据桥梁所在的路线类别，调查桥上的交通种类和行车、行人的往来密度，确定桥梁的荷载等级和行车道、人行道宽度等。调查桥上是否需要通过各类管线（如电力、电话线和水管等），如有则须设置专门的构造装置。

2. 测量桥位附近的地形，绘制地形图供设计和施工使用。

3. 探测桥位的地质情况，包括岩土的分层高程、物理力学性能、地下水位等，并将钻探所得资料绘成地质剖面图。对于遇到的地质不良现象，如滑坡断层、溶洞、裂隙等，应详加注明。

4. 调查和测量河流的水文情况，包括调查河道性质（如河床及两岸的冲刷和淤积、河道的自然变迁等），收集和分析历年的洪水资料，测量河床断面图，调查河槽各部分的形态标志、糙率等，计算各种特征水位、流速、流量等。与水利和航道部门协商确定通航水位和通航净空标准。了解河流上相关水利设施对新建桥梁的影响。

5. 调查当地建筑材料（砂、石料等）的来源，水泥、钢材的供应情况及水陆交通的运输情况。

6. 调查了解施工单位的技术水平、施工机械等装备情况，以及施工现场的动力设备和电力供应情况。

7. 调查和收集有关气象资料，包括气温、雨量及风速（或台风影响）等情况。

8. 调查新建桥位上、下游有无老桥，如有，须调查老桥的桥型布置及使用情况等。

很明显，为选择桥位需要了解一定的地形、地质和水文等资料，而对于选定的桥位，又需要进一步为桥梁设计提供更为详尽的依据资料，因此以上各项工作往往是互相渗透、交错进行的。

三、设计程序

设计工作是一座桥梁建设的灵魂。对于工程复杂的大、中桥梁的设计，为了能从错综复杂的客观情况中得出既经济又合理的设计，就需要循序渐进、逐步深入、科学地进行工作。一般大型桥梁的设计工作分前期工作阶段和设计工作阶段。前者分为工程预可行性研究（简称"预可"）阶段和工程可行性研究（简称"工可"）阶段；后者则分成初步设计、技术设计和施工图设计三个阶段。各个阶段包含的内容和深度、目的、解决的问题是不相同的。设计招标一般应在初步设计阶段进行。

（一）"预可"和"工可"研究阶段

两者包含的内容基本一致，但研究的深度各有不同。"预可"阶段要在工程可行的基础上，着重研究建桥的必要性和宏观经济上的合理性。"工可"阶段则要在"预可"被审批确认后，进一步研究工程技术上的可行性和投资上的可行性。

一座大型桥梁的"预可"报告应从经济、政治、国防等方面，详细阐明建桥理由和工程建设的重要性和必要性；同时初步探讨技术上的可行性。对于区域性线路上的桥梁，应以建桥地点（渡口等）的车流量调查（以及国民经济逐年增长率）为立论依据。"预可"阶段的另一重点是：通过多个桥位的综合比较，选定桥位和确定建设规模。

"预可"阶段工作的主要目标是解决建设工程的上报立项问题。在"工可"阶段，则要在"预可"的基础上着重研究和制定桥梁设计的技术标准，包括设计荷载标准、桥面宽度、通航标准（通航净宽和净高）、设计车速、桥面纵向和横向坡度、竖曲线与平曲线半径等。在这一阶段，要与河道、航运、城市规划等部门共同研究，处理好所有"外部条件"的关系。

在可行性研究阶段，尚不可能对桥式方案做深入比选，故不需要明确提出推荐方案，对工程量的估算也不宜偏紧。

这两个阶段的经济分析方面主要涉及造价估算、投资回报、资金来源及偿还等问题。一般来说，"预可"中要有设想，"工可"中要基本落实。

（二）初步设计

根据批准的"工可"报告编制的"设计任务书"，是进行初步设计的依据。在进一步的水文、地质"初勘"后，如发现原可行性研究阶段建议的桥位有问题，尚可适当挪动桥位轴线，推荐新桥位。

初步设计阶段也是桥梁设计中通过酝酿，构思出最富创造性的概念设计的阶段，其工作重点是：通过多个各具创意的桥式方案的比选，推荐最优方案，报上级单位审批。在编制各个桥型方案时，要提供桥式布置图、主桥和引桥的横断面图，标明主要结构尺寸（包括重要的细节构造和尺寸），并估算工程数量，提供主要材料的用量，根据施工组织设计和概算定额编制出工程概算。初步设计的概算造价是控制建设项目投资和以后编制施工预算的依据。对所做的工程概算加以适当调整，可以作为招标的"标底"。

（三）技术设计

本阶段的工作是对初步设计的补充修改、深化和完善。技术设计中的补充勘探工作称为"技勘"，对水中基础每墩要有必要数量的地质钻孔。进一步研究解决所批准桥式方案的总体和细部的技术问题，并提交详细的结构设计图纸和工程数量，修正工程概算。如果初步设计中有批准下达的科研项目，也要在这阶段予以实施解决。

（四）施工图设计

本阶段的工作是根据前面批准核定的修建原则、技术方案、技术决定和总投资额等加以具体化。在施工图设计阶段，必要时须对重要的桥梁基础进行"施工钻探"，但此时一一般不钻深孔。在此阶段中，必须对桥梁各部分构件进行详细的结构计算，绘制出施工详图，提供给施工单位，或进行施工招标。再由施工单位编制详细的施工组织设计和工程预算。施工图设计可由原编制技术设计的单位继续编制，或由中标施工单位编制，但要对技术设计有所改变的部分负责。

一般的公路大桥常把技术设计和施工图设计合并为一个阶段进行。一般小桥和较简单的中桥也可以采用一阶段设计，即以扩大的初步设计来包含各阶段设计的主要内容。

四、桥梁上的设计作用

作用是指施加在结构上的一组集中力或分布力，或引起结构外加变形或约束变形的原因，前者称直接作用，后者称为间接作用。直接作用也称为荷载。

合理选择桥梁上的作用并按作用发生概率进行组合，是比结构分析更为重要的问题，因为它关系到桥梁结构在它的有限寿命期限内的安全和桥梁建设费用的合理投资。由于交通量的不断增加，大型超重车辆的不断出现，风载、地震荷载的重要性愈显突出等，导致实际与可能在桥梁结构上的作用越来越复杂，这就为桥梁荷载的选定和分析造成了困难，常因初始设计荷载选定的滞后，而造成桥梁早期破坏或加固。习惯上我们仍把"作用"称为"荷载"。

（一）公路桥梁的作用

I. 作用的分类

将作用在桥梁上的作用（荷载）分为永久作用、可变作用、偶然作用、地震作用四大类。

（1）永久作用（恒载）

是指在设计基准期内始终存在，其值不随时间变化或其变化值与平均值相比可以忽略不计的作用。它包括结构重力、预加力、土的重力及侧压力、混凝土收缩及徐变作用、基础变位作用和水的浮力。

（2）可变作用

是指在设计基准期内随时间变化，且其变化值与平均值相比不可忽略的作用。可变作用包括汽车荷载、汽车冲击力、汽车离心力、汽车引起的土侧压力、人群荷载、汽车制动力、疲劳荷载、风荷载、冰压力、流水压力、波浪力、温度作用及支座摩阻力。

（3）偶然作用

是指在设计基准期内不一定出现，而一旦出现其量值很大，且持续时间较短。它包括船舶或漂浮物的撞击作用、汽车撞击作用。

2. 作用的代表值

公路桥梁在设计时，对不同的作用采用不同的代表值。

（1）永久作用

应采用标准值作为代表值。结构物的重力（包括结构的附加重力），可按照结构的实际体积或设计时所假定的体积与材料密度计算确定，该值为永久作用的标准值。对于预应力混凝土结构，预加应力在结构使用阶段设计时，应作为永久作用计算其效应，计算时应考虑相应阶段的预应力损失；在结构承载能力极限状态设计时，预应力不作为荷载，而将预应力筋作为普通钢筋计入结构抗力。

（2）可变作用

应根据不同的极限状态分别采用标准值、组合值。频遇值或准永久值作为其代表值。承载能力极限状态设计及按弹性阶段计算结构强度时应采用标准值作为可变作用的代表值；正常使用极限状态按短期效应（频遇）组合设计时，应采用频遇值作为可变作用的代表值；按长期效应（准永久）组合设计时，应采用准永久值作为可变作用的代表值。

（3）偶然作用

取其设计值作为代表值，可根据历史记载、现场观测和试验，并结合工程经验综合分析确定，也可根据有关标准的专门规定确定。

3. 作用组合

桥梁结构按承载能力极限状态设计时，对持久设计状况和短暂设计状况应采用作用的基本组合，对偶然设计状况应采用作用的偶然组合，对地震设计状况应采用作用的地震组合。桥梁结构正常使用极限状态设计时，应根据不同的设计要求，采用作用的频遇组合或准永久组合。

4. 公路桥梁上的汽车荷载

桥梁上行驶的车辆荷载种类繁多，有各种汽车、平板挂车等，而同一类车辆又有许多不同型号和载重等级。随着交通运输事业和高速路的发展，车辆的载质量还将不断增大。因此，需要拟定一种既满足目前车辆情况和将来发展需要，又能便于在设计中应用简明统一的荷载标准。通过对实际车辆的轮轴数目前后轴间距、轴压力等情况分析、综合和概括，桥梁设计时，汽车荷载按车道荷载或车辆荷载计算。车道荷载由均布荷载和集中荷载组成。桥梁结构整体计算采用车道荷载；桥梁结构局部加载、涵洞、桥台和挡土墙土压力等的计算采用车辆荷载。车辆荷载与车道荷载不得叠加。

（二）城市桥梁汽车荷载

城市内新建、改建的永久性桥梁与涵洞，高架道路及承受机动车的结构物荷载设计。采用两级荷载标准，即城-A级和城-B级。城-A级总轴重700kN，适用于快速路及主干路。

城 -B 级荷载总轴重 300kN，适用于次干路及支路。在城市桥梁设计中，汽车荷载可分为车辆荷载和车道荷载。桥梁的横隔梁、行车道板、桥台或挡土墙后土压力的计算，应采用车辆荷载。桥梁的主梁、主拱圈和主桁架等的计算应采用车道荷载。当进行桥梁结构计算时，不得将车辆荷载与车道荷载的作用叠加。

第三节　桥梁布置与构造

一、桥梁纵断面设计

桥梁纵断面设计包括确定桥的总跨径、桥梁的分孔、桥道的高程、桥上和桥头引道的纵坡及基础的埋置深度等。

（一）桥梁总跨径的确定

对于一般跨河桥梁，总跨径可参照水文计算来确定。一方面，桥梁的总跨径必须保证桥下有足够的排洪面积，使河床不致遭受过大的冲刷。另一方面，根据河床土壤的性质和基础的埋置情况，设计者应根据河床的允许冲刷深度，适当缩短桥梁的总长度，以节约总投资。由此可见，桥梁的总跨径应根据具体情况经过全面分析后加以确定。例如，对于在非坚硬岩层上修筑的浅基础桥梁，总跨径应该大一些而不使路堤压缩河床；对于深埋基础，一般允许较大的冲刷，总跨径就可适当减小。山区河流一般河床流速已经很大，应尽可能少压缩或不压缩河床。

（二）桥梁的分孔

一座较长的桥梁应当分成几孔，各孔的跨径大小不仅影响使用效果、施工难易等，还在很大程度上关系到桥梁的总造价。跨径越大、孔数越少，上部结构的造价就越高，墩台的造价就减少；反之，上部结构的造价降低，墩台造价将提高。这与桥墩的高度及基础工程的难易程度有密切关系。最经济的分孔方式就是使上、下部结构的总造价趋于最低。

对于通航河流，在分孔时首先应考虑桥下通航的要求。桥梁的通航孔应布置在航行最方便的河域。对于变迁性河流，因为航道位置可能发生变化，需要多设几个通航孔。

在平原地区的宽阔河流上修建多孔桥时，通常在主槽部分按需要布置跨径较大的通航孔，而在两旁浅滩部分则按经济跨径进行分孔。如果经济跨径较通航要求还大，则通航孔也应取用较大跨径。

在山区的深谷上、在水深流急的江河上或在水库上修桥时，为了减少中间桥墩，应加大跨径。条件允许的话，甚至可采用特大跨径单孔跨越。

在布置桥孔时，有时为了避开不利的地质段（如岩石破碎带、裂隙、溶洞等），可将桥基位置移开，或适当加大跨径。对于某些体系的多孔桥梁，为了合理使用材料，各孔跨径应有适宜的比例关系。

从战备方面考虑，应尽量使全桥的跨径做得一样，并且跨径不宜太大，以便于战时抢通和修复。跨径的选择还与施工能力有关，有时选用较大跨径虽然在经济上是合理的，但限于当时的施工技术能力和设备条件，不得不将跨径减小。对于大桥施工，基础工程往往对工期起控制作用，在此情况下，从缩短工期出发，应减少基础数量而修建较大跨径的桥梁。桥梁既是交通工程结构物，又是自然环境的美化者，对于一些特别重要的桥梁，更应该显示出宏伟社会主义建设的时代特点，因此在整体规划桥梁分孔时必须重视美观上的要求。

总之，大、中桥梁的分孔是一个相当复杂的问题，必须根据使用任务，桥位处的地形和环境，河床地质、水文等具体情况，通过技术经济等方面的分析比较，才能做出比较完美的设计方案。桥梁的分孔布局要适应河床、地质等长期稳定的自然条件，人为地改变自然条件，如通过挖掘河床改变航道位置等的做法是不可取的。

（三）桥道高程的确定

对于跨河桥梁，桥道的高程应保证桥下排洪和通航的需要；对于跨线桥，则应确保桥下安全行车。在平原区建桥时，桥道高程抬高往往伴随着桥头引道路堤土方量的显著增加。在修建城市桥梁时，桥高了两端引道的延伸会影响市容，或者需要设置立体交叉或高架栈桥，将导致造价提高。因此，必须根据设计洪水位、桥下通航(或通车)净空等需要，结合桥型、跨径等一起考虑，以确定合理的桥道高程。有些情况下桥道高程在路线纵断面设计中已做规定。下面介绍确定桥道高程的有关问题。

①为了保证桥下流水净空，对于梁式桥，梁底一般应高出设计洪水位（包括壅水和浪高）不小于50cm，高出最高流冰水位75cm；支座底面应高出设计洪水位不小于25cm，高出最高流冰水位不小于50cm。并且在任何情况下，拱顶底面应高出设计洪水位1.0m。拱脚的起拱线应高出最高流水位不小于0.25m。在河流中有形成流水阻塞危险或有漂浮物通过时，桥下净空应当按当地具体情况确定。对于有淤积的河床，桥下应适当加高。

②在通航及通行木筏的河流上，必须设置保证桥下安全通航的通航孔。在此情况下，桥跨结构下缘的高程应高出自设计通航水位算起的通航净空高度。所谓通航净空，就是在桥孔中垂直于流水方向规定的空间界限，任何结构构件或航运设施均不得伸入其内。

③在设计跨越线路（铁路或公路）的立体交叉时，桥跨结构底缘的高程应高出规定的车辆净空高度。对于公路所需的净空尺寸，见桥梁横断面设计相关内容。桥道高程确定后，就可根据两端桥头的地形和线路要求来设计桥梁的纵断面线形。小桥通常做成平坡桥。大、中桥梁为了利于桥面排水和降低引道路堤高度，往往设置从中间向两端倾斜的双向纵坡。桥上纵坡不宜大于4%；桥头引道纵坡不宜大于5%。对位于市镇混合交通繁忙处的桥梁，桥上纵坡和桥头引道纵坡均不得大于3%。桥上或引道处纵坡发生变更的地方均应按规定

设置竖曲线。

二、桥梁横断面设计

桥梁横断面的设计，主要是确定桥面的宽度和桥跨结构横截面的布置。桥面宽度取决于行车和行人的交通需要。我国公路桥面每条行车道的净宽标准与设计行车速度有关，当设计行车速度在80km/h或以上时，车道净宽为3.75m，设计行车速度为60～20km/h时车道净宽为3.50～3.00m。桥上人行道和自行车道的设置应根据实际需要而定。人行道的宽度为0.75m或1m，大于1m时按0.5m的级差增加。一条自行车道的宽度为1m，当单独设置自行车道时，一般不应少于两条自行车道的宽度。高速公路上的桥梁应设检修道，不宜设人行道。与路基同宽的小桥和涵洞可仅设缘石或栏杆。漫水桥不设人行道，但可设置护栏。

城市桥梁及位于大、中城市近郊的公路桥梁的桥面净空尺寸，应结合城市实际交通量和今后发展的要求来确定。在弯道上的桥梁应按路线要求予以加宽。

与行车道平设的人行道，两者间应有安全隔离设施，不然人行道和路缘石最好应高出行车道面0.25～0.35m，以确保行人和行车的安全。对于相同桥面净宽的上承式桥和下承式桥的横截面布置，由于结构布置上的需要，下承式桥承重结构的宽度要比上承式桥的大，而其建筑高度却比上承式桥的小。公路和城市桥梁，为了利于桥面排水，应根据不同类型的桥面铺装，设置从桥面中央倾向两侧1.5%～3%的横向坡度。

三、平面布置

桥梁的线形及桥头引道要保持平顺，使车辆能平稳地通过。高速公路和一级公路上的大中桥，以及各级公路上的小桥的线形及其与公路的衔接，应符合路线布设的规定。二、三、四级公路上的大、中桥线形一般为直线，如必须设成曲线，其各项指标应符合路线布设规定。

从桥梁本身的经济性和施工方便来说，应尽可能避免桥梁与河流或桥下路线斜交，但对于一般小桥，为了改善路线线形，或城市桥梁受原有街道的制约时，也允许修建斜交桥，斜度通常不宜大于45°。在通航河流上斜交不能避免时，交角不宜大于5°；当交角大于5°时，宜增加通航孔净宽。

四、桥梁墩、台与基础

（一）概述

桥梁墩、台和基础是桥梁结构的主要组成部分。其中，桥墩和桥台是支撑桥梁上部结构并将桥上荷载依次传递给基础和地基的建筑物。通常把设置在桥梁两端的称为桥台，把设置在多跨桥梁中间的称为桥墩。

基础是介于墩身和地基之间的传力结构，是桥梁下部结构的核心。基础的质量影响着桥梁结构的质量。这里所谓的地基是指承受桥梁各种作用的地层，坚实的地基是桥梁安全性的保障。

桥梁墩、台和基础是确保桥梁安全使用的关键。桥梁发展初期，由于科学技术的限制，为了保证桥梁安全使用，桥梁墩、台、基础的设计均采用的是厚重、粗犷的结构。科学技术的发展、各种新型材料的研发及各种施工方法的涌现，使得桥梁下部结构的种类和样式日益增多，墩、台与基础的结构类型也变得轻便、精巧。以桥墩为例，早期的桥墩多以重力式桥墩为主，现今的桥墩则以轻型桥墩居多。

（二）桥墩的类型和构造

桥墩按其墩身结构形式可分为重力式桥墩和轻型桥墩两类。其中，现阶段桥梁以轻型桥墩居多。轻型桥墩外形轻巧美观且变化多样，现阶段较为常见的独柱式或排柱式、倾斜式、双叉形、四叉形、T 形、V 形和 X 形等均属于轻型桥墩。

I. 梁式桥墩的类型及构造

梁桥桥墩按其墩身结构形式可分为重力式桥墩、柱式墩、柔性墩、钢筋混凝土空心墩及薄壁墩等。

（1）重力式桥墩

重力式桥墩是实体的圬工墩，它主要靠自身的重量来平衡外力，从而保证桥墩的强度和稳定。它适用于地基良好的大、中型桥梁，或流冰、漂浮物较多的河流中的桥墩。在砂、石料方便采集的地区，也用于小桥。其主要缺点是圬工体积大，自重和阻水面积也大，对地基承载力要求较高。重力式桥墩由墩帽、墩身等部分组成。

（2）空心式桥墩

空心式桥墩是桥墩向轻型化、机械化方向发展的途径之一。空心式桥墩可以充分利用材料的强度，减轻桥墩自重，同样高度的空心墩比实体墩节省约 20% ～ 30%，钢筋混凝土空心墩可节省混凝土 50% 左右。空心式桥墩的截面形式有圆形、圆端形、长方形等，其中，圆形及圆端形的截面形式便于使用滑模施工。其构造特点如下。

①墩身最小壁厚，对于钢筋混凝土不小于 30cm，对于混凝土不小于 50cm。

②墩身可设横隔板，以加强墩壁的局部稳定。因为设置横隔板对滑模施工比较困难，当壁厚与半径比大于 1/10 时，可以不设置横隔板。设置横隔板时，其间距可取 6 ～ 10m。

③空心式桥墩的顶部可设置实体段，以便布置支座、均匀传力并减少对墩壁的撞击，高度可设为 1 ～ 2m。墩身与顶面或底部交界处，应采用墩壁局部加厚或设置实体段，改善应力集中现象。

④墩身周围应设置适当的通风孔或泄水孔，孔的直径不小于 20cm；在墩顶实体段以下应设置带门的进入洞或相应的检查设备。

厚壁空心式桥墩的刚度较大，常在预应力混凝土 T 形刚构桥中采用；薄壁空心式桥墩，在流速大并夹有大量泥砂石的河流，以及在可能有船只、冰和漂流无冲击的河流中不宜采用。空心式墩可以采用钢滑动模板施工，具有施工速度快、质量好、节省模板支架的优点，特别对于高桥墩，更显示出其优越性。

（3）柱式桥墩

柱式桥墩的结构特点是沿桥的横向由分离的两根或多根立柱（或桩柱）组成。它是目前公路桥梁广泛使用的桥墩形式，刚度较大，并可与桩基配合使用。特别是在桥宽较大的城市桥和立交桥中，采用这种桥墩既能减轻墩身重量，节约圬工材料，又较美观。

柱式桥墩一般由基础之上的承台、柱式墩身和盖梁组成。双车道桥常采用的形式有单柱式、双柱式、哑铃式及混合双柱式四种。

（4）柔性墩

柔性墩是桥墩轻型化的途径之一，它的主要特点是：可以通过一些构造措施，将上部结构传来的水平力(制动力、温度影响力等)传递到全桥的各个柔性墩台或相邻的刚性墩、台上，以减少单个柔性墩受到的水平力，从而达到减小桩墩截面的目的。理论分析和试验表明：作用在桥梁上的水平力将按各墩台的刚度分配，使每个柔性墩水平力较小，所以柔性墩可以采用单排桩墩、柱式墩或其他薄壁式桥墩。

柔性墩的优点是用料省，修建简便，施工速度快；主要缺点是用钢量大，适用高度和承载能力都受到一定的限制。因此，它适用于在低浅宽河流、通航要求和流速不大的水网地区河流上修建的小跨径桥。

（5）薄壁墩

钢筋混凝土薄壁墩是一种新型桥墩，截面形式有一字形、I形、箱形等，圆形的薄壁空心墩也是钢筋混凝土薄壁墩的类型之一。与柔性墩相比，钢筋混凝土薄壁墩虽圬工用量多，但对漂流物及流冰的抵抗能力要强些，同时比重力式桥墩可节约圬工 70%。其中，一字形的薄壁墩构造简单、轻巧、工程体积小，适用于地基承载力较弱的地区。其外形除了可做成常见的一字形，还可做成 V 形、Y 形或其他形状。

2.拱式桥墩的类型和构造

拱桥是一种能够产生推力的结构，桥墩承受拱跨结构传来的荷载，除了垂直力以外，还有较大的水平推力和弯矩，这是与梁桥最大的不同之处。故拱桥墩台的尺寸一般比梁桥的大，必须具有足够的强度和稳定性。

（1）重力式桥墩

重力式桥墩属于普通墩，除了承受相邻两跨结构传来的垂直反力外，一般不承受恒载水平推力或承受很小的不平衡水平推力。重力式桥墩由墩帽、墩身等组成。

（2）柱式桥墩

柱式桥墩属于普通轻型桥墩，一般为配合钻孔灌注桩基础使用，从外形上看与梁桥的桩柱式桥墩相似，主要差别：在梁桥墩帽上设支座，在拱桥墩顶部分设置拱座。

（3）单向推力墩

在多孔拱桥中，为了防止一孔破坏危及全桥，或采用无支架或早脱架施工时可能出现的裸拱或全桥的单向恒载推力对桥墩的作用，必须每3～5孔设置一个单向推力墩，或者采用其他能够抵抗单向推力的措施。

单向推力墩又称为制动墩，主要作用是当一侧的桥孔因某种原因遭受毁坏时，能承受住单向的恒载水平推力，以保证另一侧的桥孔不致坍塌。有时，为了施工的需要，常常将桥台与桥墩之间或者两个桥墩之间作为一个施工段进行分段施工，这时也要设置单向推力墩承受部分恒载的单向推力。因此，普通墩一般可以薄一些，单向推力墩则要做厚一些。单向推力墩的形式有以下几种：

①悬臂墩。悬臂墩是在桩柱式墩上加一对悬臂，拱脚支撑在悬臂端的一种桥墩。当一孔坍塌时，可以通过另一侧拱座的竖向分力与悬臂长所构成的稳定力矩来平衡拱的水平推力所导致的倾覆力矩。这种形式适用于两铰双曲拱桥。但由于其墩身较薄，受力后悬臂端会有一定位移，因而对于无脚拱会有附加内力产生。

②斜撑墩。在柱式墩的每根立柱两侧增设一对钢筋混凝土斜撑的墩称为斜撑墩。斜撑是指构造处理上只能承受压力，不能承受拉力和水平拉杆。斜撑墩可以提高抵抗恒载单向推力的能力，从而保证一孔被破坏而不影响邻孔。为了提高构件的抗裂性，可以采用预应力混凝土结构。这种桥墩只在桥不太高的旱地上采用。

③重力式单向推力墩。重力式单向推力墩是在双向重力式桥墩的基础上，通过加大尺寸来承受单向恒载推力的桥墩。此种形式的单向推力墩圬工体积大、用料多，且增加了阻水面积，立面美观也较差。

五、桥台的类型和构造

（一）梁式桥桥台

与桥墩相同，梁式桥桥台也可分为重力式桥台和轻型桥台两类。

I. 重力式桥台

重力式桥台也称实体式桥台，它主要靠自重来平衡台后的土压力。桥台台身多数由石砌、片石混凝土或混凝土等圬工材料建造，并采用就地建造的施工方法。梁桥和拱桥重力式桥台依据桥梁跨径、桥台高度及地形条件的不同，有多种形式，常用的有U形桥台、埋置式桥台、八字式桥台和一字式桥台等。

（1）U形桥台

U形桥台由台身（前墙）、台帽、基础与两侧的翼墙组成，在平面上呈大写形结构，故而得名。台身支承桥跨结构，并承受台后土压力；翼墙连接路堤，在满足一定条件时，同前墙共同承受土压力，侧墙外侧设锥形护坡。

U 形桥台构造简单，基础底承压面大，应力较小，可以用混凝土或片石、块石砌筑。但圬工体积大，也增加了对地基的要求。桥台内的填土容易积水，结冰后冻胀，使桥台结构产生裂缝。U 形桥台适用于填土高度 8 ～ 10m 的中等以上跨径的桥梁，要求桥台中间填料用渗水性较好的土夯填，并做好台背排水。

（2）埋置式桥台

桥台台身埋置于台前溜坡内，不须另设翼墙，仅由台帽两端的耳墙与路堤衔接。埋置式桥台，台身为圬工实体，台帽及耳墙采用钢筋混凝土，当台前溜坡有适当保护不被冲毁时，可考虑溜坡填土的主动土压力。因此，埋置式桥台圬工数量较省，但由于溜坡深入桥孔，压缩了河道，有时需要增加桥长。它适用于在桥头为浅滩，溜坡受冲刷较小，填土高度在 10m 以下的中等跨径的多跨桥中使用。当地质情况较好时，可将台身挖空成拱形，以节省圬工，减轻自重。

2. 轻型桥台

钢筋混凝土轻型桥台，其构造特点是利用钢筋混凝土结构的抗弯能力来减少圬工体积而使桥台轻型化。主要包括薄壁轻型桥台、带有支撑梁的轻型桥台及双柱式桥台等。

（1）薄壁轻型桥台

薄壁轻型桥台常用的形式有悬臂式、扶壁式、撑墙式及箱式等。在一般情况下，悬臂式桥台的混凝土数量和用钢量较大，撑墙式与箱式的模板用量较大。薄壁轻型桥台的优点与薄壁墩类同，可依据桥台高度、地基强度和土质等因素选定。

（2）带有支撑梁的轻型桥台

单跨或少跨的小跨径桥，在条件许可的情况下，可在轻型桥台之间或台与墩间设置 3 ～ 5 个支撑梁。支撑梁设在冲刷线或河床铺砌线以下。梁与桥台设置错固栓钉，使上部结构与支撑梁共同承受台后土压力。此时，桥台与支撑梁及上部结构形成四铰框架来受力。轻型桥台可采用八字式和一字式翼墙挡土，如地形允许，也可做成耳墙，形成埋置式轻型桥台并设置溜坡。

（3）双柱式桥台

当桥较宽时，可采用双柱式。填土高度小于 5m 时，为了减少桥台水平位移，也可先填土后钻孔。填土高度大于 5m 时，可采用墙式，墙厚一般为 0.4 ～ 0.8m，设少量钢筋，台帽可做成悬臂式或简支式，需要配置受力钢筋。半重力式构造与墙式相同，墙较厚，不设钢筋。当柱式桥台采用钻孔桩基础并延伸做台身时，可不设承台。柱式和墙式桥台一般在基础之上设置承台。

（4）其他组合式桥台

组合式桥台的出现不仅使桥台变得更为轻型化，而且变得更为安全。组合式桥台在使用过程中只承受本身桥跨结构传来的竖向力和水平力，而台后的土应力则由其他结构承受。

①锚碇式桥台（锚拉式）

锚碇式桥台有分离式和结合式两种形式。分离式是台身与锚碇板、挡土结构分开，台身主要承受上部结构传来的竖向力和水平力，锚碇板设施承受土压力。锚碇板结构由锚碇板、立柱、拉杆和挡土板组成。桥台与锚碇板结构预留空隙，上端做伸缩缝，桥台与锚碇板结构的基础分离，互不影响，使受力明确，但结构复杂，施工不方便。结合式锚碇板式桥台的构造，它的锚碇板结构与台身结合在一起，台身兼作立柱或挡土板。假定作用在台身的所有水平力均由锚碇板的抗拔力来平衡，台身仅承受竖向荷载。结合式结构简单，施工方便，工程量较省，但受力不是很明确，若台顶位移量计算不准，可能会影响施工和运营。

②过梁式（框架式）

组合桥台。桥台与挡土墙用梁结合在一起的桥台为过梁式的组合桥台，可使桥台与桥墩的受力相同。当梁与桥台、挡土墙刚接，则形成框架式组合桥台。框架的长度及过梁的跨径由地形及土方工程比较确定，组合式桥台越长，需要的梁的材料数量就越多，而桥台及挡土墙的材料数量相应地有所减少。

③桥台与挡土墙组合桥合。该类桥台由轻型桥台支承上部结构，台后设挡土墙承受土压力。台身与挡土墙分离，上端做伸缩缝，使受力明确。当地基比较好时，也可将桥台和挡土墙放在同一个基础之上。这种组合式桥台可采用轻型桥台，而且可不压缩河床，但构造复杂，是否经济须通过比较确定。

（二）拱桥桥台

1.重力式 U 形桥台

重力式 U 形桥台由台身（又称为前墙）和平行于行车方向的侧翼墙组成。常采用锥形护坡与路堤连接，锥坡的坡度根据加固形式、坡高、地形等确定，一般为 $1:1.5 \sim 1:1$。其构造基本与梁桥重力式桥台类似。

2. 齿槛式桥台

齿槛式桥台的基础底板面积较大，基底应力较小，因此它可用于较软弱的地基。这种桥台在底板下设齿槛，以增大摩阻力和抗滑稳定性。齿板宽度和深度一般不小于 0.50m。为增加刚度，在底板上拱座与后挡板之间设撑墙。利用后挡板后面原状地基土及前墙背面填土的侧压力来平衡拱的推力。它一般用于河床冲刷不大的中小跨径拱桥。

3. 空腹式（L 形）桥台

空腹式桥台的后墙与底板形成 L 形。为增加刚度，在拱座与后墙间设撑墙。前墙与后墙之间用撑墙相连，平面上形成目字形。它充分利用后背土抗力和基底摩阻力来平衡拱推力，适用于地基较软、冲刷较小的河床，可用于大中跨径的拱桥。

4. 组合式桥台

组合式桥台由台身和后座两部分组成。台身承受拱的垂直压力，由后座的自重摩阻力及台后的土侧压力来平衡拱推力。因此，后座基底的高程应低于起拱线的高程。台身与后座间应密切贴合并设沉降缝，以适应两者的不均匀沉降。在地基土质较差时，后座地基也应该处理，以免后座的后倾斜导致台身和拱圈变形。

5. 轻型桥台

轻型桥台是相对于重力式桥台而言的，这种桥台适用于13m以内的小跨径拱桥和桥台水平位移量很小的情况。其工作原理：当桥台受到拱的推力后，便发生绕基底形心轴而向路堤方向的转动，此时台后的土便产生抗力来平衡拱的推力，从而使桥台的尺寸大大小于实体重力式桥台（约为65%）。常用的轻型桥台有八字形和U字形桥台、前倾一字台、背撑式桥台等。采用轻型桥台时，要注意保证台后的填土质量，台后填土应严格按照规定分层夯实，并做好台后填土的防护工作，防止受水流的侵蚀和冲刷。

（1）八字形桥台

八字形桥台构造简单，台身由前墙和两侧的八字翼墙构成，两者之间通常留沉降缝分砌。前墙可以是等厚度的，也可以是变厚度的。变厚度台身的背坡为2∶1～4∶1。翼墙的顶宽一般为40cm，前坡为10∶1，后坡为5∶1。为了防止基底向河心滑动，基础应有一定的埋置深度。台后填土必须分层夯实，做好防护措施，防止受水流侵蚀、冲刷。

（2）U字形桥台

U字形桥台是由前墙和平行于车行方向的侧墙组成，构成U字形的水平截面。它与U形重力式桥台的差别是，后者是靠扩大桥台底面积以减小基底压力，并利用基底与地基的摩阻力和适当利用台背侧土压力，以平衡拱的水平推力，因此基础底面积较轻型桥台的要大，通常从前墙一直延伸到侧墙尾端。侧墙与前墙连成整体，而与拱上侧墙间应设变形缝，以适应桥的可能变位。轻型桥台侧墙的顶宽一般为50cm，内侧坡度为5∶1；若有人行道，则上端做成等厚直墙，直到与按5∶1内坡相交为止，以下仍用5∶1的坡度。

（3）背撑式桥台

当桥台较宽时，为了保证结构的强度和稳定性，可以在八字形或U字形桥台的前墙背后加一道或几道背撑，构成 π 字形、E字形等水平截面形式的前墙。背撑顶宽为3.0～6.0m，厚度也为30～60cm，背坡为3∶1～5∶1的梯形。这种桥台比八字形桥台的稳定性要好，但土方开挖量及圬工体积都有增多。加背撑的U字形桥台能适用于较大跨径的高桥和宽桥。

六、基础的类型和构造

基础是放置于地基之上，并将桥墩、桥台产生的荷载传递给地基的结构。基础的质量决定着桥梁结构的安全，而坚实的地基是基础质量的保证。地基可根据处理方式分为天然地基和人工地基两类。未经人工处理就可以满足设计要求的地基称为天然地基。如果天然地基土质过于软弱或存在不良工程地质问题，需要经过人工加固或处理后才能修筑基础，这种地基称为人工地基。与地基相比，基础的形式较多，常用的有浅基础、深基础和深水基础三种。浅基础与深基础是根据基础埋置深度(自地面或局部冲刷线到基础底面的距离)确定的，通常将埋置较浅且施工相对简单的基础称为浅基础。浅基础计算可忽略侧面土体的摩阻力和侧向抗力，如刚性扩大基础、柔性扩大基础等。若浅层土质不良，须将基础置于较深的良好土层上，且在设计计算中不能忽略基础侧面土体的摩阻力和侧向抗力的基础形式，称为深基础，如桩基础、沉井基础、地下连续墙等。深水基础则与基础的埋置深度无直接关系，因在水下部分较深，在设计和施工中必须考虑水深对基础的影响。

（一）天然地基上的浅基础

天然地基上的浅基础根据受力条件及构造可分为刚性基础（也称无筋扩展基础）和钢筋混凝土扩展基础两大类。

1.刚性基础

刚性基础（无筋扩展基础）通常是由砖、块石、毛石、素混凝土、三合土和灰土等材料建造的且不需要配置钢筋的基础。这些材料有较好的抗压性能，但抗拉、抗剪强度不高，设计时要求限定基础的扩展宽度和基础高度的比值，以避免基础内的拉应力和剪应力超过其材料强度。基础的相对高度一般都比较大，几乎不会发生弯曲变形，习惯上称为刚性基础。其特点是稳定性好、施工简便、能承受较大的荷载，主要缺点是自重大，且当基础持力层为软弱土时，由于扩大基础面积有一定限制，须对地基进行处理或加固后才能采用。对于荷载大或上部结构对沉降差较敏感的情况，当持力层为深厚软土时，刚性基础作为浅基础是不适宜的。

由于地基强度一般较墩台或墙柱砌体结构的强度低，因而需要将基础平面尺寸扩大以满足地基强度要求，这种刚性基础又称为刚性扩大基础。它是桥涵常用的基础形式，平面形状常为矩形。每边扩大的尺寸最小为 0.20 ～ 0.50m，根据土质、基础厚度、埋置深度和施工方法确定。作为刚性基础，每边扩大的最大尺寸应受到材料刚性角的限制。当基础较厚时，可在纵横两个剖面上都做成台阶形，以减小基础自重，节省材料。

2.钢筋混凝土

钢筋混凝土扩展基础主要是用钢筋混凝土浇筑，常见的形式有柱下扩展基础、条形和十字形基础、筏形及箱形基础，其整体性好，抗弯刚度大。如筏形和箱形基础在外力作用下只产生均匀沉降和整体倾斜，这样对上部结构产生的附加应力比较小，基本上消除了由于地基不均匀引起的建筑物损坏，所以在土质较差的地基上修建高层建筑物时，采用这种基础形式是适宜的。但上述基础形式，特别是箱形基础，钢筋和水泥的用量较大，施工技术要求也较高，所以采用这种基础形式应与其他基础方案比较后再确定。

（二）桩基础

桩基础是桥涵常用的基础，有多种分类方法。

1. 按桩的使用功能分类

桩基础可分为竖向抗压桩、竖向抗拔桩、水平受荷桩和复合受荷桩。其中，复合受荷桩为承受竖向、水平荷载均较大的桩，应按竖向抗压（或抗拔）桩及水平受荷桩的要求进行验算。在桥梁工程中，桩除了要承担较大的竖向荷载，还要承受由于波浪、风、地震、船舶的撞击力及车辆荷载的制动力等侧向荷载，从而导致桩的受力条件更为复杂，尤其是大跨径桥梁更是如此，像这样一类桩基就是典型的复合受荷桩。

2. 按桩的形状和竖向受力情况分类

桩基础可分为端承型桩和摩擦型桩。

（1）端承型桩

端承型桩的桩身穿越整个软弱土层，由不可压缩的土层支承，通常是岩床。嵌岩桩就属于端承型桩。端承型桩在竖向荷载作用下，桩身纵向的压缩变形很小或可以忽略不计，桩沿垂直方向移动也很小，因此桩身和土之间摩擦力很小或可忽略，可以认为桩顶竖向荷载全部或主要由桩端阻力承受。

（2）摩擦型桩

摩擦型桩的各个方向包括底部都被可压缩的土层包围，在竖向荷载作用下桩向下移动，周围土层对桩产生向上的摩擦力，并在桩端产生向上的反力。桩顶竖向荷载全部或主要由桩侧阻力承受。

如果为了减少摩擦型桩基础的沉降和更好地发挥桩身材料的抗压能力，往往将桩端打入较坚实的土层中，这时可根据桩侧与桩端阻力的发挥程度和分担荷载比例，将其再细分为端承桩、摩擦端承桩及摩擦桩。当桩侧阻力很小时，称为端承桩；桩端阻力很小时，称为摩擦桩；介于两者之间，既有一定桩侧阻力又有一定桩端阻力的桩称为端承摩擦桩。

3. 按桩身材料分类

按桩身材料，可分为钢桩、混凝土桩、木桩和组合材料桩。其中，在桥梁工程中以混凝土桩最为常见。混凝土桩可分为预制桩和灌注桩两种基本的类型。

（1）预制桩

预制桩是桩体在施工现场或工厂预制好后再运至工地，用各种沉桩方法埋入地层中。预制桩截面有方形、八边形或中空方形、圆形等，截面边长一般为 250 ～ 550mm，管桩截面直径有 400mm、550mm 等几种。中空型桩更适用于摩擦型桩，因为单位体积混凝土可提供更大的接触面。圆形中空桩基运用离心原理浇制而成。钢筋的作用是抵抗起吊和运输中产生的弯矩、竖向荷载和由水平荷载引起的弯矩。

（2）灌注桩

现场灌注桩是先在地基土中钻孔或挖孔，然后下放钢筋笼和填充混凝土而成。灌注桩的材料除钢筋混凝土和素混凝土外，还有砂、碎石、石灰、水泥和粉煤灰等，这些材料与桩周土构成复合地基，丰富了地基处理的措施。

当持力层承载力较低时，可采用扩底桩，如钻挖成扩底锥孔后再灌注混凝土。其他形成扩底桩的方法有：用内夯管夯击孔底刚浇筑的混凝土，以便形成扩大的混凝土球状物这样的扩底桩又称夯扩桩；在孔底进行可控制的爆破，形成爆扩桩。灌注桩钢材使用量一般较低，比预制桩经济，造价为预制桩的 40% ～ 70%。灌注桩适于各种地层，桩长可灵活调整，桩端扩底可充分发挥桩身强度和持力层承载力。但它成桩的质量不易保证，桩身易出现断桩、缩颈、夹泥、沉渣、混凝土析出等质量问题。

4. 按成桩方法分类

可分为挤土桩、部分挤土桩和非挤土桩。挤土桩是在成桩过程中大量排挤土，使柱周土受到严重扰动，土的工程性质有很大改变。挤土桩引起的挤土效应使地面隆起和土体侧移，施工常带有噪声，对周围环境有较大影响，但它不存在泥浆及弃土污染问题。这类桩主要有打入或静压成的实心或闭口预制混凝土桩、闭口钢管桩及沉管灌注桩等。部分挤土桩在成桩过程中，引起部分挤土效应，使桩周土受到一定程度的扰动。这类桩主要有打入或压入 H 形钢桩、开口管桩、预钻孔植桩及长螺旋钻孔、冲孔灌注桩等。非挤土桩采用钻孔、挖孔等方式将与桩体积相同的土体排出，对周围土体基本没有扰动，但废泥浆、弃土等可能会对环境造成影响。

（三）沉井基础

沉井基础多用于跨河、跨海桥，其常见分类如下。

1. 按沉井所用材料分类

可分为素混凝土沉井、钢筋混凝土沉井、砖石沉井、钢沉井、竹筋混凝土沉井等。其中，钢筋混凝土沉井适用于大中型工程。钢筋混凝土沉井抗压、抗拉能力强，下沉深度大，可根据工程需要做成各种形状、各种规格的重型或薄壁一般沉井及薄壁浮运沉井、钢丝网水泥沉井等。

2. 按横截面形状分类

可分为单孔沉井、单排孔沉井、多排孔沉井等。其中，单孔沉井是最常见的中小型沉井。沉井的横截面形状有圆形、正方形、椭圆形、圆端形、矩形等。圆形沉井在下沉过程中垂直度和中线较易控制，若采用抓泥斗挖土，可比其他形状沉井更能保证刃脚均匀作用在支承的土层上。在土压力和水压力作用下，井壁只受轴向压力，即使侧压力分布不均匀，弯曲应力也不大，能充分利用混凝土抗压强度大的特点。圆形沉井的井壁可薄些，便于机械取土作业，多用于斜交桥或水流方向不定的桥墩基础。矩形沉井符合大多数墩(台)的平面形状，制造方便，能更好地利用地基承载力，但沉井四角处有较集中的应力存在，四角处土不易被挖除，刃脚不能均匀地接触承载土层，且流水中局部水头损失系数较大，冲刷较严重。在土压力和水压力作用下，矩形沉井将产生较大的弯矩，井壁受较大的挠曲应力，长宽比越大，其挠曲应力越大，井壁厚度要大些。通常要在矩形沉井内设隔墙支撑，以增加刚度，改善受力条件。为了减小沉井下沉过程中方形和矩形沉井四角的应力集中和局部水头损失系数，常将四角的直角做成圆角，圆端形沉井井壁受力比矩形沉井好，适宜圆端形桥墩，能充分利用基础巧工。圆端形沉井制造较圆形和矩形沉井复杂。

3. 按沉井竖向剖面形状分类

可分为柱形沉井、锥形沉井及阶梯形沉井。

(1) 柱形沉井

柱形沉井竖直剖面上下厚度均相同，为等截面柱的形状，大多数沉井属于这一种。柱形沉井井壁受力较均衡，下沉过程中不易发生倾斜，接长简单，模板可重复利用，但井壁侧阻力较大，若土体密实、下沉深度较大时，易下部悬空，造成井壁拉裂。柱形沉井一般多用于入土不深或土质较松软的情况。

(2) 锥形沉井

为了减小沉井施工下沉过程中井筒外壁与土的摩擦阻力，或为了避免沉井由硬土层进入下部软土层时，沉井上部被硬土层夹住，使沉井下部悬挂在软土中发生拉裂，可将沉井井筒制成上小下大的锥形。锥形沉井井壁侧阻力较小，但施工较复杂，模板消耗多，沉井在下沉过程中易发生倾斜，多用于土质较密实、沉井下沉深度大、自重较小的情况。通常锥形沉井外井壁坡度为 1/40 ～ 1/20。

(3) 阶梯形沉井

鉴于沉井承受的土压力与水压力均随深度而增大，为了合理利用材料，可将沉井的井壁随深度分为几段，做成阶梯形，下部井壁厚度大，上部厚度小。这种沉井外壁所受的摩擦阻力较小。阶梯形井壁的台阶宽为 100 ～ 200mm。

沉井基础一般由井筒、刃脚、隔墙、取土井孔、预埋冲刷管、顶盖板、凹槽、封底混凝土等部分组成。

第五章 桥梁基础与墩台施工技术

第一节 桥梁基础施工技术

桥梁基础与墩台属于桥梁的下部分。基础与墩台的施工质量对桥梁的整体质量有非常重要的影响。因此，在桥梁基础与墩台的施工过程中，需要根据实际情况选择合理的施工方法，并且加强施工管理，提高桥梁的使用寿命。

桥梁上部承受的各种荷载，通过桥台或桥墩传至基础，再由基础传至地基。基础是桥梁下部结构的重要组成部分，因此基础工程在桥梁结构物的设计与施工中，占有极为重要的地位，它对结构物的安全使用和工程造价有很大的影响。

一、桥梁基础概述

（一）基础的作用与要求

基础指桥梁结构物直接与地基接触的部分，是桥梁下部结构的重要组成部分。承受基础传来荷载的那一部分地层（岩层或土层）则称为地基。地基与基础受到各种荷载后，其本身将产生应力和变形。为了保证桥梁的正常使用和安全，地基和基础必须具有足够的强度和稳定性，变形也应在容许范围之内。

根据地基土的土层变化情况、上部结构的要求和荷载特点，桥梁基础可采用各种类型。基础类型的选定主要取决于地质土层的工程性质与水文地质条件、荷载特性、桥梁结构及使用要求，以及材料的供应和施工技术等因素。选择的原则是：力争做到使用上安全可靠、施工上简便可行、经济上节约合理。因此，必要时应做不同方案的比较，从中得出较为适宜与合理的设计和施工方案。

众多工程实例表明，桥梁基础的设计与施工质量的好坏，关系到整座桥梁质量的根本问题。基础工程是隐蔽工程，如有缺陷，较难发现，也较难弥补或修复，而这些缺陷往往会直接影响整座桥梁的使用甚至安危。基础工程施工的进度，经常控制全桥施工进度。下部工程的造价，尤其是在复杂地质条件下或深水基础，通常占全桥相当大的比重。因此，从事这项工作必须做到精心设计，精心施工，以确保万无一失。

桥梁结构是一个整体，上下部结构和地基是共同工作，相互影响的。地基的任何变形都必然引起上下部结构的相应位移，上下部结构的受力行为也必然关系到地基的强度和稳定条件。所以，桥梁基础的设计、施工都应紧密结合桥梁结构的特点和要求，全面分析、综合考虑。

（二）桥梁基础的特点

桥梁基础起着支承桥跨结构，保持体系稳定的作用，它把上部结构、墩台自重及车辆荷载传递给地基，是桥梁结构物的一个重要组成部分。地基即基础下面的地层。作为整个桥梁的载体，地基承受基础传来的荷载。

为了保证结构物的安全和正常使用，要求地基必须有足够的强度和稳定；同时，变形也应在容许范围之内。对于浅基础而言，从地基的层次和位置看，它有持力层和下卧层之分。持力层即与浅基础底面相接触的那部分地层，直接承受基底压应力作用，持力层以下的地层称为下卧层。要保证建筑物的质量，必须保证有可靠的地基与基础，否则，整个建筑物就可能遭到损坏或影响正常使用。

从实践来看，建筑工程质量事故往往是地基与基础的失稳、破坏造成的，究其原因也是多方面的。

第一，从客观上看，地基和基础属于隐蔽工程，施工条件差，一旦出现问题，很难发现，也很难处理、修复。

第二，地基与基础在地下或水下，往往导致主观上的轻视。

第三，地基和基础所占造价比重较大。因此，要求充分重视地基和基础的设计、施工质量，严格执行现行部颁公路桥涵设计、施工相关技术规范、标准。

（三）桥梁基础的分类

地基可分为天然地基和人工地基。直接在其上修筑基础的地层称为天然地基；如天然地层土质过于软弱或有不良工程地质问题时，则需要经过人工加固或处理后才能修筑基础，这种地基称为人工地基。

在一般情况下，应尽量采用天然地基。基础的类型，可按基础的刚度、埋置深度、构造形式及施工方法来分类。分类目的在于了解各种类型基础的特点，以便在设计时，根据具体情况合理选用。

I. 按基础刚度划分

按基础刚度分类，根据基础受力后的变形情况，可分为刚性和柔性基础。

受力后，不发生挠曲变形的基础称为刚性基础，一般可用抗弯拉强度较差的圬工材料（如浆砌块石、片石混凝土等）做成。这种基础不需要钢材，造价较低，但圬工体积较大，且支承面积受一定的限制。

受力后，容许发生较大挠曲变形的基础称为柔性基础或弹性基础，其通常须用钢筋混凝土做成。由于钢筋可以承受较大的弯拉应力和剪应力，所以当地基承载力较小时，采用这种基础可以有较大的支承面积。在桥梁工程中，一般情况下，多数采用刚性基础。

2. 按基础埋置深度划分

按基础埋置深度不同，可分为浅基础（5m 以内）和深基础两种。当浅层地基承载力较大时，可采用埋深较小的浅基础。浅基础施工方便，通常用明挖法从地面开挖基坑后，直接在基坑底面砌筑、浇筑基础，是桥梁基础的首选方案。

如果浅层土质不良，须将基础埋置于较深的良好土层中，这种基础称为深基础。深基础设计和施工较复杂，但具有良好的适应性和抗震性。因此，目前高等级公路普遍应用，常见的形式有桩基础、沉井等基础形式。

3. 按构造形式划分

对桥梁基础来说，可归纳为实体式和桩柱式两类。

当整个基础都由圬工材料筑成时称为实体式基础。其特点是基础整体性好，自重较大，对地基承载力要求也较高。实体式基础由多根基桩或小型管桩组成，并用承台连接成整体的基础，称为桩柱式基础。这种基础较实体式基础圬工体积小、自重较轻，对地基强度的要求相对较低，桩柱本身一般要用钢筋混凝土制成。

4. 按施工方法划分

按施工方法不同，可分为明挖法、沉井、沉箱、沉桩、沉管灌注桩、就地钻（挖）孔灌注桩等。明挖法最为简单，但只适用于浅基础，其他方法均用于深基础。

5. 按基础的材料划分

目前，我国公路构造物基础大多采用混凝土或钢筋混凝土结构，少部分采用钢结构。在石料丰富的地区，按照因地制宜、就地取材的原则，也常用砌石基础。只有在特殊情况下（如抢修、林区便桥），才采用临时的木结构。

二、桥梁浅基础施工

（一）桥梁浅基础的构造形式

1. 刚性扩大基础

由于地基强度一般较墩台强度低，因而需要将基础平面尺寸扩大，以适应地基强度的要求；同时，相对于地基而言，基础类似于一个强大的刚体。

作为刚性基础，其每边的最大尺寸应该受到其自身材料刚性角的限制。当基础较厚时，可以利用刚性角将基础做成阶梯状，这样既可以减少基础的圬工量，又可以发挥基础的承载作用。

刚性角是材料的一种性质，由于刚性角的存在，设计基础时应当根据刚性角的限定范围将基础按照阶梯形状逐步放大，以便让放大的尺寸尽可能与刚性角保持一致，基础的高度与底边宽度不得随意设定。在充分考虑材料刚性角的前提下进行基础施工，既可以较好地扩散基底应力，又可以节省基础建造材料。

2.单独基础和联合基础

单独基础是立柱式桥墩中常用的基础形式之一，它的纵、横剖面均可砌筑成台阶式。但当两个立柱式桥墩相距较近，每个单独基础为了适应地基强度的要求而必须扩大基础平面尺寸时，有可能导致相邻的单独基础在平面上相接甚至重叠，此时可将基础扩大部分连在一起，形成联合基础。

3.条形基础

条形基础是指基础长度远大于宽度和高度的基础形式，分为墙下钢筋混凝土条形基础和柱下钢筋混凝土条形基础。柱下条形基础又可分为单向条形基础和十字交叉条形基础。

条形基础必须有足够的刚度将柱子的荷载较均匀地分布到扩展的条形基础底面积上，并且调整可能产生的不均匀沉降。当单向条形基础底面积不足以承受上部结构荷载时，可在纵横两个方向将柱基础连成十字交叉条形基础，以增加桥梁的整体性，减小基础的不均匀沉降。

条形基础可分为梁板式条形基础和板式条形基础两类。梁板式条形基础适用于钢筋混凝土框架结构、框架剪力墙结构、框支结构和钢结构。板式条形基础适用于钢筋混凝土剪力墙结构和砌体结构。

（二）桥梁浅基础基坑开挖

1.基坑定位放样

在桥梁施工过程中，首先，要建立施工控制网；其次，进行桥梁轴线标定和墩台中心定位；最后，进行墩台施工放样，定出基础和基坑的各部分尺寸。桥梁的施工控制网除了用来测定桥梁长度外，还要用于各个位置控制，保证上部结构的正确连接。

施工控制网常用三角控制网，其布设应根据总平面图设计和施工地区的地形条件来确定，并作为整个工程施工设计的一部分。布网时要考虑施工程序、方法以及施工场地的布置情况，可以用桥址地形图拟订布网方案。

桥梁轴线的位置是在桥梁勘测设计中根据路线的总走向、地形、地质、河床情况等选定的，在施工时必须现场恢复桥梁轴线位置，并进行墩台中心定位。中小桥梁一般采用直接丈量法标定桥轴线长度并定出墩台的中心位置，有条件的可以用测距仪或全站仪直接确定。

施工放样贯穿于整个施工过程，是质量保证的一个方面。施工放样的目的是将设计图上的结构物位置、形状、大小和高低在实地标定出来，以作为施工的依据。

桥梁施工放样的主要内容是：墩台纵横向轴线的确定；基坑开挖及墩台扩大基础的放样；桩基础的桩位放样；承台及墩身结构尺寸、位置放样；墩帽和支座垫石的结构尺寸、位置放样；各种桥型的上部结构中线及细部尺寸放样；桥面系结构的位置、尺寸放样；各阶段的高程放样。

基础放样是根据实地标定的墩台中心位置为依据来进行的，在无水地点可直接将经纬仪安置在中心位置，用木桩准确固定基础纵横轴线和基础边缘。由于定位桩随着基坑开挖必将被挖去，所以必须在基坑开挖范围以外设置定位桩的保护桩，以备施工中随时检查基坑位置或基础位置是否正确，基坑外围通常用龙门板固定或在地上用石灰线标出。对于建筑物标高的控制，常将拟建建筑物区域附近设置的水准点引测到施工现场附近不受施工影响的地方，设置临时水准点。

2. 陆上基坑开挖

（1）浅基坑无水开挖

浅基坑无水开挖指的是在陆地深水位地层中的开挖工作。由于这种类型的基坑很浅，而水位又很深，因此，整个开挖过程都是在无水或者渗水很小的情况下进行的。基坑壁的稳定性不会受到水的影响，开挖工作可以比较简单地进行。坑壁形态可根据土质情况灵活选择，可选择竖直状、斜坡状、阶梯状。

（2）深基坑无水开挖

深基坑无水开挖是指开挖较深的基坑，但地下水依旧位于基坑地面以下，坑内有较少的渗水，一般情况下只须在坑底设置几个集水坑进行抽水即可。少量的渗水不会影响基坑壁的稳定性。

若条件允许，可以采用坑壁放坡或修筑台阶的方式进行开挖；若条件不允许全方位大尺度扩口，则应当采取适当的护壁措施进行开挖，以防止坑壁发生坍塌。通常采用的护壁措施有插打钢板桩围堰、钢轨、木桩，也可以采用挂网喷射混凝土、地下连续墙、钻孔搅拌桩连续墙等防护措施。

（3）浅基坑渗水开挖

如果桥梁施工位置的地下水位很浅，会出现严重渗水甚至涌水的情况。在这样的状态下，如果不消除水的影响，那么后续的工作将无法正常开展。

目前使用较多的排水方法主要有以下三种：降水井抽水排水法；钢板桩围堰封闭排水法；地下连续墙封闭排水法。其中，降水井抽水排水法适用于陆地高水位环境；钢板桩围堰封闭排水法既适用于水中基坑开挖，又适用于陆地高水位环境；地下连续墙封闭排水法适用于陆地高水位环境。在水中环境和陆地高水位环境中，采用集水坑抽水排水的方法是难以奏效的。

（4）深基坑渗水开挖

在水中开挖深基坑是浅基础施工中难度最大的。根据长期的工程实践经验，利用钢板桩围堰封闭开挖空间，使之与外围水源隔绝，在无渗水、无坑壁坍塌的环境中进行水中深基坑的开挖是值得推荐的方法。

3. 水中基坑开挖

桥梁墩台基础大多位于地表水位以下，有时水流还比较大，施工时都希望在无水或静止水条件下进行。桥梁水中基础最常用的施工方法是围堰法。

围堰的作用主要是防水和围水，有时还起着支撑施工平台和基坑坑壁的作用。围堰的结构形式和材料要根据水深、流速、地质情况、基础形式以及通航要求等条件进行选择。任何形式和材料的围堰，均必须满足下列要求。

第一，围堰顶高宜高出施工期间最高水位 70cm，最低不应小于 50cm，用于防御地下水的围堰宜高出水位或地面 20cm ～ 40cm。

第二，围堰外形应适应水流排泄，大小不应过多压缩流水断面，以免壅水过高危害围堰安全，影响通航、导流等。围堰堰内的平面尺寸应满足基础施工的要求，并留有适当的工作面积。

第三，围堰的填筑应分层进行，减少渗漏，并应满足堰身强度和稳定性的要求，基坑开挖后，围堰不致发生破裂、滑动或倾覆。围堰要求防水严密，应尽量采取措施防止或减少渗漏，减轻排水工作。围堰施工一般安排在枯水期进行。

4. 地基处理

（1）多年冻土地基的处理。

基础不应置于季节冻融土层上，并不得直接与冻土接触；基础的基底修筑于多年冻土层（即永冻土）上时，基底之上应设置隔温层或保温层材料，且铺筑宽度应在基础外缘加宽 1m。

按保持冻结原则设计的明挖基础，其多年平均地温等于或高于 3℃ 时，应于冬期施工；多年平均地温低于 －3℃ 时，可在避开高温季节的其他季节施工。

施工前做好充分准备，组织快速施工。做好的基础应立即回填封闭，不宜间歇。必须间歇时，应以草袋、棉絮等加以覆盖，防止热量侵入。施工过程中，严禁地表水流入基坑。明水应在距坑顶 10m 之外修排水沟。水沟之水，应远离坑顶排放并及时排除融化水。施工时，必须搭设遮阳棚和防雨篷，并及时排除季节冻层内的地下水和冻土本身的融化水。

（2）岩层基底的处理

风化的岩层，应挖至满足地基承载力要求或其他方面的要求为止；在未风化的岩层上修建基础前，应先将淤泥、松动的石块清除干净，并洗净岩石；坚硬的倾斜岩层，应将岩层面凿平；倾斜度较大，无法凿平时，则应凿成多级台阶，台阶的宽度宜不小于0.3m。

（3）溶洞地基的处理

影响基底稳定的溶洞，不得堵塞溶洞水路；干溶洞可用沙砾石、碎石、干砌或浆砌片石及灰土等回填密实；基底干溶洞较大，回填处理有困难时，可采用桩基处理，桩基应进行设计，并经有关单位批准。

（4）泉眼地基的处理

可将有螺口的钢管紧紧打入泉眼，盖上螺帽并拧紧，阻止泉水流出，或向泉眼内压注速凝的水泥砂浆，再打入木塞堵眼。堵眼有困难时，可采用管子塞入泉眼，将水引流至集水坑排出或在基底下设盲沟引流至集水坑排出，待基础圬工完成后，向盲沟压注水泥浆堵塞。采用引流排水时，应注意防止沙土流失，引起基底沉陷。

5. 基坑施工过程中注意要点

在基坑顶缘四周适当距离处设置截水沟，防止水沟渗水，避免地表水冲刷坑壁，影响坑壁稳定性；坑壁边缘应留有护道，静荷载距坑边缘不小于0.5m，动荷载距坑边缘不小于1.0m，垂直坑壁边缘的护道还应适当增宽，水文地质条件欠佳时应有加固措施。

应经常注意观察坑边缘顶面土有无裂缝，坑壁有无松散塌落现象发生；基坑施工不可延续时间过长，自开挖至基础完成，应抓紧时间连续施工。如用机械开挖基坑，挖至坑底时，应保留不小于30cm厚度的底层，在基础浇筑圬工前用人工挖至基底标高；基坑应尽量在少雨季节施工；基坑宜用原土及时回填，对桥台及有河床铺砌的桥墩基坑，则应分层夯实。

三、桩基础施工

（一）沉入桩基础施工

当地基浅层土质较差，持力土层埋藏较深，需要采用深基础才能满足结构物对地基强度变形和稳定，可用桩基础。桩基础是常用的桥梁基础类型之一。应用锤击沉桩、振动沉桩、射水沉桩、静力压桩等施工方法的称为沉入桩。

基桩按材料分类有木桩、钢筋混凝土桩、预应力混凝土桩与钢桩，桥梁基础应用较多的是中间两种。

1. 沉入桩基础施工准备工作

沉桩前应掌握工程地质钻探资料、水文资料和打桩资料；沉桩前必须处理地上（下）障碍物，平整场地，且应满足沉桩所需的地面承载力；应根据现场环境状况采取降噪声措施；城区、居民区等人员密集的场所不应进行沉桩施工。

2.锤击沉桩法

锤击沉桩一般适用于中密沙类土、黏性土。由于锤击沉桩依靠桩锤的冲击能量将桩打入土中，对沉桩设备要求较高，因此，一般桩径不能太大（不大于0.6m），入土深度在40m左右。沉桩设备是桩基施工成败的关键，应根据土质、工程量、桩的种类、规格、尺寸、施工期限、现场水电供应等条件选择。

（1）沉桩设备

锤击沉桩的主要设备有桩锤、桩架、桩帽及送桩等。

①桩锤：桩锤可以分为坠锤、单动气锤、双动气锤、柴油锤和液压锤等。

②桩架：桩架是沉桩的主要设备。它的主要作用是装吊锤、吊桩、插桩、吊插射水管和在桩下沉过程中用于导向。桩架主要由吊杆、导向架、起吊装置、撑架和底盘组成。桩架可以用木料和钢材做成，分为：轨道式桩架、液压步履式桩架、悬臂履带式桩架和三点支承式桩架，工程中常用的是钢制轨道式桩架。

④桩帽：打桩时，要在锤和桩之间设置桩帽。它要起缓冲保护桩顶的作用。因此，在桩帽上方（锤与桩帽接触一方）填充硬质缓冲材料，如橡木、树脂、硬桦木、合成橡胶等；在桩帽下方应垫以软质缓冲材料，如麻饼、草垫、废轮胎等。

⑤送桩：在桩顶设计的标高在导杆以下时，需用送桩。送桩可以用硬木、钢或钢筋混凝土等制成。

（2）施工技术要求

第一，水泥混凝土桩要达到100%设计强度并具有28d龄期。

第二，重锤低击，混凝土管桩桩帽上宜开逸气孔。

第三，打桩顺序一般是由一端向另一端打；密集群桩由中心向四边打；先打深桩，后打浅桩；先打坡顶，后打坡脚；先打靠近建筑的桩，然后往外打；遇到多方向桩，应设法减少变更桩机斜度或方向的作业次数，避免桩顶干扰。

第四，在桩的打入过程中，应始终保持锤、桩帽和桩身在同一轴线上。

第五，沉桩时，以控制桩尖设计标高为主。桩尖标高等于设计标高，而贯入度较大时应继续锤击，使贯入度接近控制贯入度。当贯入度达到控制贯入度，而桩尖标高未达到设计标高时，应继续锤击100mm左右（或锤击30～50击）。如无异常变化，即可停锤。

第六，无论桩多长，打桩和接桩均须连续作业，中间不应有较长时间的停歇（一鼓作气）。

第七，在一个墩、台桩基中，同一水平面内的桩接头数不得超过桩基总数的1/4，但采用法兰盘按等强度设计的接头可不受此限制（抗水平剪力的需要）。

第八，沉桩过程中，若遇到贯入度剧变，桩身突然发生倾斜、位移或有严重回弹，桩顶或桩身出现严重裂缝、破碎等情况，应暂停沉桩，分析原因，采取有效措施。

第九，在硬塑黏土或松散的沙土地层下沉群桩时，如在桩的影响区内有建筑物，应防止地面隆起或下沉对建筑物的破坏（黏土隆起，沙土下陷）。

3. 振动沉桩法

振动沉桩法是用振动打桩机（振动桩锤）将桩打入土中的施工方法。其原理是：振动打桩机使桩产生上下方向的振动，在清除桩与周围土层间摩擦力的同时，松动桩尖地基，从而使桩贯入或拔出。振动沉桩法一般适用于砂土、硬塑及软塑的黏性土和中密及较软的碎石土。振动沉桩施工要点及注意事项如下。

（1）振动时间的控制

每次振动时间应根据土质情况及振动机能力大小，通过实地试验决定，一般不宜超过 10min ～ 15min。一般当振动下沉速度由慢变快时，可以继续振动。由快变慢，如下沉速度小于 5cm/min 或桩头冒水时，即应停振。当振幅过大而桩不下沉时，则表示桩尖端土层坚实或桩的接头已振松，应停振继续射水，或另作处理。

（2）振动沉桩停振控制标准

应以通过试桩验证的桩尖标高控制为主，以最终贯入度（cm/min）或可靠的振动承载力公式计算的承载力作为校核。如果桩尖已达标高而最终贯入度或计算承载力相差较大时，应查明原因，报有关单位研究后另行确定。

（3）管桩改用开口桩靴振动吸泥下沉

若桩基土层中含有大量卵石、碎石或破裂岩层，采用高压射水振动沉桩难以下沉，可将锥形桩尖改为开口桩靴，并在桩内用吸泥机配合吸泥，非常有效。

（4）振动沉桩机、机座、桩帽应连接牢固

沉桩机和桩中心轴应尽量保持在同一直线上；开始沉桩时宜用自重下沉或射水下沉，桩身有足够稳定性后，再采用振动下沉。

4. 射水沉桩法

射水施工方法的选择应视土质情况而定，在沙夹卵石层或坚硬土层中，一般以射水为主，锤击或振动为辅；在亚黏土或黏土中，为避免降低承载力，一般以锤击或振动为主，以射水为辅，并应适当控制射水时间和水量；下沉空心桩，一般用单管内射水。当下沉较深或土层较密实时，可用锤击或振动，配合射水；下沉实心桩，将射水管对称地装在桩的两侧，并沿着桩身上下自由移动，以便在任何高度上射水冲土。不论采取何种射水施工方法，在沉入最后阶段至设计标高 1 ～ 1.5m 时，应停止射水，单用锤击或振动沉入至设计深度。

射水沉桩的主要设备包括水泵、水源、输水管路和射水管等。射水沉桩的施工要点是：吊插基桩时要注意及时引送输水胶管，防止拉断与脱落；基桩插正立稳后，压上桩帽桩锤，开始用较小水压，使桩靠自重下沉。初期应控制桩身不使下沉过快，以免阻塞射水管嘴，并注意随时控制和校正桩的方向；下沉渐趋缓慢时，可开锤轻击，沉至一定深度（8 ～ 10m）已能保持桩身稳定后，可逐步加大水压和锤的冲击动能；沉桩至距设计标高一定距离（±2.0m 以内）停止射水，拔出射水管，进行锤击或振动使桩下沉至设计要求标高。若采用中心射水法沉桩，要在桩垫和桩帽上留有排水通道，防止射水从桩尖孔返入桩内，产生水压，造成桩身胀裂。管桩下沉到位后，如设计要求以混凝土填芯，应用吸泥法等清除沉渣以后，再用水下混凝土填芯。

5.静力压桩法

静力压桩法适用于高压缩性黏土或沙性较轻的软黏土地基。

（1）静力压桩的特点

施工时无冲击力，噪声和振动较小；桩顶不易损坏，可预估和验证桩的承载力；较难压入 30m 以上的长桩，但可通过接桩，分节压入；压桩设备的拼装和移动耗时较多。

（2）静力压桩施工要求

选用压桩设备的设计承载力宜大于压桩阻力的 40%；压桩前检查各种设备，使压桩工作不至于间断；用 2 台卷扬机同时启动，放下压梁时，必须使其同步运行；压桩尽量避免中途停歇；当桩尖标高接近设计标高时应严格控制进程；遇到特殊情况，应暂停施压。

（二）钻孔灌注桩施工

钻孔灌注桩桩长可以根据持力土层的起伏面变化，按使用期间可能出现的最不利内力组合配置钢筋。钢筋用量较少，便于施工，且承载能力强，故应用较为普遍。钻孔灌注桩施工的主要工序有埋设护筒、制备泥浆、钻孔、清底、钢筋笼制作与吊装、灌注水下混凝土等。

1.埋设护筒

护筒能稳定孔壁、防止坍孔，还有隔离地表水、保护孔口地面、固定桩孔位置和起到钻头导向作用等。护筒要求坚固耐用，不漏水，其内径应比钻孔直径大（旋转钻约大 20cm，潜水钻、冲击或冲抓锥约大 40cm），每节长度约 2 ～ 3m。

一般常用钢护筒，在陆上与深水中均能使用，钻孔完成可取出重复使用。在深水中埋设护筒时，应先打入导向架，再用锤击或振动加压沉入护筒。护筒入土深度视土质与流速而定。护筒平面位置的偏差不得大于 5cm，倾斜度不得大于 1%。

2.泥浆制备

钻孔泥浆由水、黏土(膨润土)和添加剂组成，具有浮悬钻渣、冷却钻头、润滑钻具，增大静水压力，并在孔壁形成泥皮，隔断孔内外渗流，防止坍孔的作用。通常采用塑性指数大于25，粒径小于0.005mm，颗粒含量大于50%的黏土，通过泥浆搅拌机或人工调和，储存在泥浆池内，再用泥浆泵输入钻孔内。

3.钻孔

（1）正循环回转钻机钻孔

开始钻孔时，应稍提钻杆，在护筒内打浆，开动泥浆泵进行循环，待泥浆均匀后开始钻进；在黏土中宜选用尖底钻头，用中等转速、大泵量、稀泥浆的方法钻进，在沙土或软土层中宜选用平底钻头，用控制进入深度、轻压、低档慢速、大泵量、稠泥浆的方法钻进；在钻孔过程中，钻机的主吊钩应始终吊住钻具，钻机的全部重量不全由孔底承受，这样既可避免钻杆折断，又可保证钻孔质量。

（2）反循环回转钻机钻孔

反循环程序是泥浆由孔外流入孔内，用真空泵或其他方法（如空气吸泥机等），将钻渣通过钻杆中心从钻杆顶部吸出，或将吸浆泵随钻锥一同钻进，从孔底将钻渣吸出孔外。钻孔过程中，必须连续不断地补充水量或泥浆，保证护筒内水位稳定，维持应有的高度。

（3）冲击锥钻进成孔

利用钻锥不断地提锥、落锥，反复冲击孔底土层，把土层中的泥沙、石块挤向四壁或打成碎渣，钻渣悬浮于泥浆中，利用掏渣筒取出，重复上述过程冲击钻进成孔。要求：钻头应有足够的重量，适当的冲程和冲击频率，以使它有足够的能量将岩石打碎。

（4）冲抓锥钻进成孔

用兼有冲击和抓土作用的抓土瓣，通过钻架，由带离合器的卷扬机操纵，靠冲锥自重冲下，使抓土瓣锥尖张开插入土层，然后由带离合器的卷扬机锥头收拢抓土瓣将土抓出，弃土后继续冲抓成孔。钻锥常采用六瓣和四瓣冲抓锥冲抓成孔，适用于黏性土、沙性土及夹有碎卵石的砂砾土层，成孔深度宜小于30m。

4. 清孔

钻孔深度达到设计标高后，应对孔深、孔径进行检查，符合要求后方可清孔。清孔方法应根据设计要求、钻孔方法、机具设备条件和地层情况决定。在吊入钢筋骨架后，灌注水下混凝土之前，应再次检查孔内泥浆性能指标和孔底沉淀厚度，如超过规定，应进行第二次清孔，符合要求后方可灌注水下混凝土。

5. 钢筋骨架的制作、运输及吊装

钢筋骨架采用在场内支座，长桩骨架宜分段制作，分段长度应根据吊装条件确定，且应确保不变形，接头应错开。应在骨架外侧设置控制保护层厚度的垫块，其间距竖向为2m，横向圆周不得少于4处。骨架顶端应设置吊环，骨架入孔一般用吊机，无吊机时，可采用钻机钻架、灌注塔架。起吊应按骨架长度的编号入孔。钢筋骨架的制作和吊放的允许偏差为：主筋间距 ±10mm、箍筋间距 ±20mm、骨架外径 ±10mm、骨架倾斜度 ±0.5%、骨架保护层厚度 ±20mm、骨架中心平面位置 20mm、骨架顶端高程 ±20mm、骨架底面高程 ±50mm。

6. 灌注水下混凝土

灌注水下混凝土时，配备的搅拌机等设备，应能使桩孔在规定时间内灌注完毕。灌注时间不得长于首批混凝土初凝时间。若估计灌注时间长于首批混凝土初凝时间，则应掺入缓凝剂。水下混凝土一般用钢导管灌注，导管内径为 200～350mm，视桩径大小而定。导管使用前应进行水密承压和接头抗拉试验，严禁用压气试压。混凝土拌和物运至灌注地点时，应检查其均匀性和坍落度等。如不符合要求，应进行第二次拌和，若仍不符合要求，不得使用。首批灌注混凝土的数量应满足导管首次埋置深度和填充导管底部的需要。首批混凝土拌和物下落后，混凝土应连续灌柱。在灌注过程中，导管的埋置深度宜控制在 2～6m，在灌柱过程中，应经常测探井孔内混凝土面的位置，及时调整导管埋深。为防止钢筋骨架上浮，当灌柱的混凝土顶面距钢筋骨架底部 1m 左右时，应降低混凝土的灌注速度。当混凝土拌和物上升到骨架底口 4m 以上时，提升导管，使其底口高于骨架底部 2m 以上，即可恢复正常灌注速度。在灌注过程中，特别是潮汐地区和有承压水地区，应注意保持孔内水头；在灌注过程中，应将孔内溢出的水或泥浆引流至适当地点处理，不得随意排放，污染环境及河流；灌注中发生故障时，应查明原因，确定合理处理方案，及时处理。

（三）挖孔灌注桩施工

1. 开挖桩孔

一般采用人工开挖，开挖之前应清除现场四周及山坡上悬石、浮土等，排除一切不安全的因素，做好孔口四周临时围护和排水设备。孔口应采取措施防止土石掉入孔内并安排好排土提升设备（卷扬机或木绞车等），布置好弃土通道，必要时孔口应搭雨棚。挖孔过程中要随时检查桩孔尺寸和平面位置，防止误差。注意施工安全，下孔人员必须佩戴安全帽和安全绳，提取土渣的机具必须经常检查。孔深超过 10m 时，应经常检查孔内二氧化碳含量，如超过 0.3% 应增加通风措施。孔内如用爆破施工，采用浅眼爆破法，严格控制炸药用量并在炮眼附近加强支护，以防止震坍孔壁。孔深大于 5m 时，应采用电雷管引爆，爆破后应先通风排烟 15min 并经检查孔内无毒后，施工人员方可下孔继续开挖。

2. 护壁和支撑

挖孔桩开挖过程中，开挖和护壁两个工序必须连续作业，以确保孔壁不坍塌。应根据水质、水文条件、材料来源等情况因地制宜选择支撑及护壁方法。桩孔较深，土质较差，出水量较大或遇流沙等情况时，宜采用就地灌注混凝土护壁，每下挖 1～2m 灌注一次，随挖随支。护壁厚度一般采用 0.15～0.20m，混凝土为 C15～C20，必要时可配置少量的钢筋，也可采用下沉预制钢筋混凝土圆管护壁。如土质较松散而渗水量不大时，可考虑用木料做框架式支撑或在木框架后面铺架木板做支撑。木框架或木框架与木板间应用扒钉钉牢，木板后面也应与土面塞紧。

3.排水孔

孔内如渗水量不大，可采用人工排水（手摇木绞车或小卷扬机配合提升）；渗水量较大，可用高扬程抽水机或将抽水机吊入孔内抽水。若同一墩台有几个桩孔同时施工，可以安排一孔超前开挖，使地下水集中在一孔排出。

4.吊装钢筋骨架及灌注桩身混凝土

挖孔达到设计深度后，应进行孔底处理。必须做到孔底表面无松渣、泥、沉淀土，保证桩身混凝土与孔壁及孔底密贴，受力均匀。如地质复杂，应钎探了解孔底以下地质情况是否能满足设计要求，否则应与监理、设计单位研究处理。吊装钢筋骨架及灌注水下混凝土的有关方法及注意事项与钻孔灌注桩基本相同。

四、沉井基础施工

沉井基础是桥梁工程中经常用到的基础形式，因沉井在最初制作时无底无盖，形似筒状，故又称为井筒。

沉井通常采用钢材、混凝土或钢筋混凝土制成，具有强度高质量大外形庞大容易下沉的特点。当采用合适的方式将其沉降到稳定地层中时，沉井将因其稳定的状态和较大的支撑截面，为建造在其顶面上的结构物提供强大、稳定的支撑。

因此，在软土沉积很厚的地方常选择沉井作为桥墩基础。沉井主要由井壁、刃脚和隔墙等组成。沉井既是基础结构的组成部分，又在下沉过程中起着挡土和挡水的围护作用，无须再另设坑壁支护结构，施工工艺简单，技术稳妥可靠，不需特殊的专业设备。此外，其可做成补偿性基础，既节省了材料又简化了施工，因而在深基础或地下结构中被广泛应用。

（一）沉井的类型

1.按平面外形划分

按照平面外形，沉井可分为圆形沉井、矩形沉井和圆端形沉井。

（1）圆形沉井

易控制下沉方向，取土方便，在水压力作用下，井壁只承受环向压力。

（2）矩形沉井

制造简单，基础受力有利。其四角一般做成圆角，以减小井壁的摩阻力和取土清底的困难。但其阻水面积大，易造成严重冲刷，井壁承受的挠曲弯矩较大。

（3）圆端形沉井

介于上述两者间，在控制下沉、受力状态、阻水冲刷方面较矩形沉井有利，但制造相对复杂。

2. 按仓室分布划分

当沉井平面尺寸较大时，往往根据井壁侧向承受的弯矩、施工要求及上部结构的需要，在沉井中设置面墙，将沉井平面分成多格，沉井内部空间被分成多个仓室。按照仓室的分布，沉井可分为圆形单仓沉井和矩形三仓沉井。

（二）沉井的构成

I. 刃脚

刃脚在沉井的最下端，用钢板做成，形如刀刃。当沉井下沉时，起切入土中的作用。

2. 井壁

井壁是沉井的外壁，用钢筋混凝土逐节现浇而成。下沉的过程中除起挡土作用外，还以其自重外壁与地基土间的摩阻力和刃脚底部的土阻力，使沉井逐渐下沉直至设计高程。

3. 隔墙

隔墙把沉井分成若干小间，以减小外侧土压力对井壁的弯矩，加强沉井的刚度。此外，在施工时，便于挖土和可以控制沉井下沉的偏差。

4. 井孔

井孔是挖土排土的工作场所和通道。井孔尺寸应满足施工要求，宽度（直径）不宜小于3m。井孔布置应对称于沉井中心轴，便于对称挖土使沉井均匀下沉。

5. 凹槽

凹槽设在井孔下端近刃脚处，其作用是使封底混凝土与井壁有较好的结合，封底混凝土底面的反力更好地传给井壁（如井孔全部填实的实心沉井也可不设凹槽）。凹槽的深度约0.15～0.25m，高约10m。

6. 射水管

当沉井下沉深度大，穿过的土质又较好，估计下沉会产生困难，可在井壁中预埋设射水管组。射水管应均匀布置，以利于控制水压和水量来调整下沉方向，一般水压不小于600kPa。

7. 封底和盖板

沉井沉至设计高程进行清基后，便浇筑封底混凝土。混凝土达到设计强度后，可从井孔中抽干水并填满混凝土或其他圬工材料。如井孔中不填料或仅填砂砾，则须在沉井顶面浇筑钢筋混凝土盖板，盖板厚度般为 1.5 ～ 2.0m。

封底混凝土底面承受地基土和水的反力，这就要求封底混凝土有一定的厚度（可由应力验算决定），其厚度根据经验也可取不小于井孔最小边长的 1.5 倍。封底混凝土顶面应高出刃脚根部不小于 0.5m，并浇灌到凹槽上端。封底混凝土强度等级对岩石地基用 C15，一般地基用 C20。井孔中充填的混凝土，其强度等级不应低于 C10。

（三）水中沉井的施工

1. 筑岛法

水流速不大，水深在 3m 或 4m 以内，可用水中筑岛的方法。筑岛材料为沙或砾石，周围用草袋围护，如水深较大可作围堰防护。岛面应比沉井周围宽出 2m 以上，作为护道，并应高出施工最高水位 0.5m 以上。砂岛地基强度应符合要求，然后在岛上浇筑沉井。如筑岛压缩水面较大，可采用钢板桩围堰筑岛。

2. 浮运法

水深较大，如超过 10m 时，筑岛法很不经济，且施工也困难，可改用浮运法施工。沉井在岸边做成，利用在岸边铺成的滑道滑入水中，然后用绳索引到设计墩位。

沉井井壁可做成空体形式或采用其他措施(如带木底或装上钢气筒)使沉井浮于水上，也可以在船坞内制成用浮船定位和吊放下沉，或利用潮汐，水位上涨浮起，再浮运至设计位置沉井就位后，用水或混凝土灌入空体、徐徐下沉直至河底。或依靠在悬浮状态下接长沉井及填充混凝土，使它逐步下沉。每个步骤均须保证沉井本身足够的稳定性。沉井刃脚切入河床一定深度后，可按前述下沉方法施工。

（四）陆地沉井的施工

陆地上的沉井采用在墩台位置处就地制造，然后取土下沉的施工方法。因这种施工方法是在原地制作，故不需大型设备，且施工方便，成本低。通常情况下，沉井比较高，故可以分段制造、分段下沉。其中，第一节沉井的制作和下沉尤为重要。

1. 第一节沉井的制作

第一节沉井应建造在较好的土质上。当土质强度不能满足第一节沉井制作的质量要求时，可对地基进行处理或减小沉井节段的高度。由于沉井自重较大，刃脚底部窄，应力集中，所以应在沉井刃脚下对称的位置铺垫枕木，再立模，绑扎钢筋，浇筑第一节沉井混凝土，下沉时，应按顺序对称地抽出枕木，以防止沉井出现倾斜和开裂。

2.沉井下沉

在沉井仓室内不断取土可使沉井下沉。下沉方法可分为排水下沉和不排水下沉两种，两种方法对沉井下沉过程中井壁外侧的摩擦力有较大影响。

对于水位以上部分或渗水量小的土层，可采取人工和机械挖土；当井内水位上升时，可采用抓土斗或水力吸泥机取土，待沉井顶面高出地面1～2m时应停止挖土，接高沉井。

3.封底，填充成料及浇筑盖板

封底之前应对基底进行检验和处理，一般情况下，采用不排水封底，封底厚度应满足沉井底部不渗水的要求。封底施工完毕后再填充填料，浇筑盖板。

第二节　桥梁墩台施工技术

桥墩、桥台为桥梁的下部结构，是桥梁的重要组成部分。桥梁墩台的主要作用是承受上部结构传来的荷载，并将荷载及桥梁墩台本身自重传给地基。桥墩支承相邻的两孔桥跨，居于桥梁的中间部位。桥台居于全桥的两端，它的前端支撑桥跨，后端与路基衔接，起着支挡台后路基填土并把桥跨与路基连接起来的作用。

桥梁墩台除承受上部结构的作用力外，桥墩还承受风力、流水压力及可能发生的冰压力、船只和漂流物的撞击力，桥台还需要承受台背填土及填土车辆荷载产生的附加侧压力。因此，桥梁墩台不仅本身应具有足够的强度、刚度和稳定性，而且对地基的承载能力沉降量、地基与基础之间的摩阻力等也都有一定的要求。

一、桥墩

（一）桥墩的分类

I.按构造特征

重力式（实心）桥墩、薄壁桥墩、多柱式柔性桥墩、V形桥墩等。

2.按变形能力

刚性桥墩、柔性桥墩。

3.按截面形状

矩形墩、圆形墩、圆端形墩、尖端形墩、组合截面墩。

（二）重力式桥墩

重力式桥墩依靠自身的重量和桥面传来的永久荷载抵抗水平荷载，通常截面尺寸较大。重力式桥墩在水平荷载作用下，桥墩内将产生弯矩，最大弯矩在墩底截面。

在此弯矩作用下，横截面内将产生弯曲正应力，一部分截面受拉、一部分截面受压；桥墩台施工技术墩在自重和桥跨传来的竖向永久荷载作用下，横截面内产生压应力；此压应力完全抵消弯曲拉应力，因而最终横截面上没有拉应力。

重力式桥墩多采用简单的流线型截面形状，如圆端墩、尖端墩、圆角形墩等，以便桥下水流顺畅绕过桥墩，减少阻水及墩旁冲刷。因重力式桥墩横截面内没有拉应力，一般采用抗拉强度很低的砖石材料或混凝土材料。

（三）空心桥墩

1.部分镂空实体桥墩

部分镂空实体桥墩仍保持了重力式桥墩的基本特点，如较大的轮廓、较大的圬工量、较少的钢筋量等。镂空的目的是在截面强度和刚度足以承担外荷载的条件下减少圬工量，使桥墩结构更经济。

但镂空部位受到一定的条件限制，如在墩帽下一定高度范围内，为保证上部结构的荷载能安全有效地传递给墩身镂空部分的墩壁，应设置一定的实体过渡段。在镂空部分与实体部分连接处，应设置倒角或配置构造钢筋，以避免在墩身的传力路径中产生局部应力集中。对于易遭漂浮物撞击或易磨损、需防冰害的墩身部分，一般不宜镂空。

2.薄壁空心桥墩

针对重力式桥墩建筑材料用量多，力学性能利用低的情况，空心薄壁桥墩应运而出。一般高度的空心墩比实体墩省工 20% ～ 30% 左右，钢筋混凝土空心墩则可省工 50% 左右。当墩高小于 50m 时，混凝土空心墩的壁厚一般要求不小于 30cm。有资料表明，跨度在 12 ～ 26m 的多跨连续梁桥，桥墩壁厚可做成 40 ～ 80cm，造价比一般桥墩节约 20% 以上。空心桥墩的截面形式有圆形、圆端形、长方形等。沿墩高一般采用可滑模施工的变截面，即斜坡式立面布置，墩顶和墩底部分，可设实心段，以便设置支座与传递荷载。

（四）柔性桥墩

柔性桥墩是指在墩帽上设置活动支座，桥梁热胀冷缩时产生的水平推力以及刹车制动力，通过桥梁对桥墩的水平力，都因活动支座而使桥墩免于承受这些压力。柔性桥墩墩身比刚性桥墩细，柔性桥墩对水平力是柔的而不是刚的。柔性桥墩造型纤细，为了承受竖向荷载，墩身要加入一些粗钢筋和采用高强度材料。柔性桥墩也可以做成空心、薄壁的。使用高达 146m 的空心薄壁预应力钢筋混凝土柔性桥墩，壁厚仅 35 ～ 55cm，比实体墩节省材料 70%，它就是奥地利的欧罗巴公路大桥二号桥墩，建于山谷之中，采用了矩形截面形式。

（五）V 形桥墩

V 形桥墩的出现不仅扩展了桥墩的类型，还给桥梁结构的造型增添了新的形态。V 形桥墩在改变桥墩受力特征的同时，也改变了桥墩以往那种拙朴的外形，使得桥梁结构的整体造型更显轻巧、美观。V 形桥墩包括纵向和横向两个方向，扩展的 V 形桥墩还包括 Y 形、X 形、倒梯形等。V 形桥墩可以缩短梁的跨径，从而可以采用更为简单的梁截面，进而可降低梁的高度和造价，增强桥梁的跨越能力，还可以改善桥梁结构的造型。V 形桥墩与主梁的连接可以是固接，也可以是铰接。前者连接后部分称为 V 形桥墩斜撑刚架，后者连接后部分称为 V 形桥墩连续梁。V 形桥墩斜撑刚架两斜撑的夹角根据桥下通航净空及斜撑与主梁的内力关系来确定。

二、桥台

（一）重力式桥台

重力式桥台主要靠自重来平衡台后的土压力，桥台本身多数由石砌、片石混凝土或混凝土等圬工材料建造，并用就地浇筑的方法施工。重力式桥台依据桥梁跨径、桥台高度及地形条件的不同有多种形式，常用的类型有 U 形桥台、埋置式桥台、八字式和一字式桥台。

（二）轻型桥台

轻型桥台一般由钢筋混凝土材料建造，其特点是用这种结构的抗弯能力来减少圬工体积而使桥台轻型化。常用的轻型桥台有薄壁轻型桥台和支撑梁轻型桥台。轻型桥台适用于小跨径桥梁，桥跨孔数与轻型桥墩配合使用时不宜超过 3 个，单孔跨径不大于 13m，多孔全长不宜大于 20m。

（三）框架式桥台

框架式桥台是一种在横桥向呈框架式结构的桩基础轻型桥台，它所承受的土压较小，适用地基承载力较低、台身较高、跨径较大的梁桥。其构造形式有柱式、肋墙式、半重力式和双排架式、板凳式等。

（四）组合式桥台

为使桥台轻型化，桥台本身主要承受桥跨结构传来的竖向力和水平力，而台后的土压力由其他结构来承受，形成组合式的桥台。常见的有锚定板式、过梁式、框架式以及桥台与挡土墙的组合等形式。

三、桥梁墩台施工

（一）钢筋混凝土墩台施工

I.墩台模板

（1）模板设计原则

宜优先使用胶合板和钢模板；在计算荷载作用时，对模板结构按受力程序分别验算其强度、刚度及稳定性；模板板面之间应平整，接缝严密，不漏浆，保证结构物外露面美观，线条流畅，可设倒角；结构简单，制作、拆装方便；模板可采用钢材、胶合板、塑料和其他符合设计要求的材料制成；浇筑混凝土之前，木板应涂刷脱模剂，外露面混凝土模板的脱模剂应采用同一种品种，不得使用废机油等油料，且不得污染钢筋及混凝土的施工缝处；重复使用的模板应经常检查、维修。

（2）模板的类型和构造

混凝土及钢筋混凝土墩台的模板主要有固定式模板、拼装式模板、整体吊装模板、组合式定型钢模板。

①拼装式模板

拼装式模板系用各种尺寸的标准模板，利用销钉连接，并与拉杆、加劲构件等组成墩台所需形状的模板。将墩台表面划分为若干小块，尽量使每部分板扇尺寸相同，以便于周转使用。板扇高度通常与墩台分节灌注高度相同。一般可为 3 ～ 6m，宽度可为 1 ～ 2m，具体视墩台尺寸和起吊条件而定。拼装式模板由于在厂内加工制造，因此，板面平整、尺寸准确、体积小、质量轻，拆装容易、快速，运输方便，故应用广泛。

②整体吊装模板

根据墩台高度分层支模和浇筑混凝土，每层的高度应视墩台尺寸、模板数量和浇筑混凝土的能力而定，一般为 2 ～ 4m；用吊机吊起大块板扇，按分层高度安装好第一层模板，其组装方法同低墩台组装模板；模板安装完成后在浇筑第一层混凝土时，应在墩台身内预埋支承螺栓，用以支承第二层模板和安装脚手架。

③组合型钢模板

组合型钢模板系以各种长度、宽度及转角标准构件，用定型的连接件将钢模拼成结构用模板。组合型钢模板具有体积小、质量轻、运输方便、装拆简单、接缝紧密等优点，适用于在地面拼装，整体吊装的结构上。

④滑动钢模板

滑动钢模板适用于各种类型的桥墩。各种模板在工程上的应用，可根据墩台高度、墩台形式、机具设备、施工期限等条件，因地制宜，合理选用。模板安装前应对模板尺寸进行检查；安装时要坚实牢固，以免振捣混凝土时引起跑模漏浆；安装位置要符合结构设计要求。

2.混凝土

桥梁墩台具有垂直高度较大、平面尺寸相对较小的特点，其混凝土浇筑方法有别于梁或承台等构件的混凝土浇筑方法。墩台混凝土运输方式不仅有水平运输，还有难度较大的垂直运输。

通常采用的混凝土运输方法有：利用卷扬机和升降电梯平台运送混凝土手推车；利用塔式起重机吊斗输送混凝土；利用混凝土输送泵将混凝土送至高空建筑点等。混凝土在运输过程中应有足够的初凝时间，保证混凝土的浇筑质量。混凝土的拌和、运输及浇筑速度应大于墩台混凝土浇筑体积与配制混凝土的初凝时间之比。

对于泵送混凝土，应防止堵管现象的发生。在进行大体积墩台混凝土浇筑时应分层分块浇筑。同时，应控制混凝土的水化热。一般情况下，其应符合相关桥涵施工质量标准的要求。当平截面面积过大，次层混凝土不能在前层混凝土初凝或被重塑前浇筑完成时，可进行分块浇筑。分块浇筑时应符合下列规定。

分块时宜合理布置，各分块平截面面积应小于 50m2；每块的高度不宜超过 2m；块与块之间的水平接缝面应与基础平截面的短边平行，且与截面边界垂直；上、下邻层混凝土间的竖向接缝应错开位置做企口，并按施工缝处理。

大体积混凝土应参照下述方法控制混凝土的水化热温度：用改善骨料级配，降低水灰比，掺加混合料、外加剂、片石等方法来减少水泥用量；采用水化热低的大坝水泥、矿渣水泥、粉煤灰水泥或低强度等级水泥；减小浇筑层厚度，以加快混凝土的散热速度；混凝土用料应避免日光暴晒，以降低初始温度；在混凝土内埋设冷却管通水冷却。

（二）砌筑墩台施工

I.施工准备

（1）对石料、砂浆与脚手架的要求

对石料与砂浆的要求：石砌墩台系用片石、块石及粗料石以水泥砂浆砌筑的，石料与砂浆的规格要符合有关规定。

浆砌片石一般适用于高度小于 6m 的墩台身、基础、镶面及各式墩台身填腹；浆砌块石一般用于高度大于 6m 的墩台身、镶面或应力要求大于浆砌片石砌体强度的墩台；浆砌粗料石则用于磨耗及冲击严重的分水体及破冰体的镶面工程以及有整齐美观要求的桥墩台身等。

将石料吊运并安砌到正确位置是砌石工程中比较困难的工序。当重量小或距地面不高时，可用简单的马凳跳板直接运送；当重量较大或距地面较高时，可采用固定式动臂吊机或桅杆式吊机或井式吊机将材料运到墩台上，然后再分运到安砌地点。

对脚手架的要求：用于砌石的脚手架应环绕墩台搭设，用以堆放材料并支承施工人员砌镶面定位行列及勾缝。脚手架一般常用固定式轻型脚手架（适用于 6m 以下的墩台）、简易活动脚手架（适用于 25m 以下的墩台）以及悬吊式脚手架（用于较高的墩台）。

（2）注意事项

第一，砌块在使用前必须浇水湿润，表面如有泥土、水锈，应清洗干净。砌筑基础的第一层砌块时，若基底为岩层或混凝土基础，应先将基底表面清洗、湿润，再坐浆砌筑；若基底为土质，可直接坐浆砌筑。

第二，砌体应分层砌筑，砌体较长时可分段分层砌筑，但两相邻工作段的砌筑差一般不宜超过 1.2m；分段位置宜尽量设在沉降缝或伸缩缝处，各段水平砌缝应一致。

第三，为使外表美观，石砌墩台常选择较整齐的石料砌筑外层。里层则可使用一般石料，但应注意里外交错地连接成一体，不可砌成外面一环后，里面杂乱填芯。

第四，砌筑上层块时，应避免振动下层砌块。砌筑工作中断后恢复砌筑时，已砌筑的砌层表面应加以清扫和湿润。

第五，墩台侧面为斜面时，为砌筑方便，当用料石或预制块砌筑时，可用收台方式形成墩台身的斜面。此时，台阶内凹顶点的连接线应与墩台设计线相一致。

第六，在砌筑中应经常检查平面外形尺寸及侧面坡度是否符合设计要求。检查平面尺寸时，应先用经纬仪恢复墩台中心线位置，再按中心线量出外轮廓尺寸。至少每 2m 高度应复测一次。有偏差但不超过允许值时，在下一段砌筑时逐渐纠正。若超出允许偏差时，应返工重砌。

第七，砌筑完后所有砌石（块）均应勾缝，勾缝必须平顺，无脱落现象。

2.砌筑方法

同一层石料及水平灰缝的厚度要均匀一致，每层按水平砌筑，丁顺相间，砌石灰缝应互相垂直，灰缝宽度和错缝进行控制。砌石顺序为先角石，再镶面，后填腹。

填腹石的分层高度应与镶面相同；圆端、尖端及转角形砌体的砌石顺序应自顶点开始，按丁顺排列安砌镶面石。

3. 墩、台帽施工

（1）放样

墩、台混凝土浇筑或砌石砌至离墩、台帽下缘约300～500mm高度时，即须测出墩、台帽纵横中心轴线，并开始竖立墩、台帽模板，安装锚栓孔或安装预埋支座垫板，绑扎钢筋等；桥台台帽放样时，应注意不要以基础中心线作为台帽背墙线；模板立好后，在浇筑混凝土前应再次复核，以确保墩、台帽中心、支座垫石等位置、方向和高程不出差错。

（2）墩、台帽模板安装

墩、台帽系支承上部结构的重要部分，其位置、尺寸和高程的准确度要求较严，墩、台身混凝土浇筑至墩、台帽下约300～500mm处就应停止浇筑，以上部分待墩、台帽模板立好后一次浇筑，以保证墩、台帽底有足够厚度的紧密混凝土。

（3）钢筋和支座垫板的安设

墩、台帽上支座垫板的安设一般采用预埋支座垫板和预留锚栓孔的方法。前者须在绑扎墩台帽和支座垫石钢筋时，将焊有锚固钢筋的钢垫板安设在支座的准确位置上，即将锚固钢筋和墩、台帽骨架钢筋焊接固定。同时，用木架将钢垫板固定在墩、台帽模板上。此法在施工时垫板位置不易准确，应经常校正。后者须在安装墩台帽模板时，安装好预留孔模板，在绑扎钢筋时注意将锚栓孔位置留出，安装支座施工方便，支座垫板位置准确。

（三）装配式墩台施工

装配式墩台可用于预应力混凝土、钢筋混凝土薄壁空心墩或轻型桥墩，采用拼装法施工。拼装式桥墩主要由实体部分墩身、拼装部分墩身和基础组成。实体墩身与基础采用就地现浇施工，在浇注实体墩身与基础时应考虑其与拼装部分的连接、抵御洪水和漂流物的冲击、锚固预应力筋、调节拼装墩身高度等问题。

拼装部分墩身由基本构件、隔板、顶板和顶帽等部分组成，在工厂制作，运到桥位处拼装成桥墩。装配部分墩身的分块根据桥墩的结构形式、吊装、起重和运输能力决定。拼装要根据施工现场的具体情况拟定施工细则，认真组织施工。

I. 拼装接头

（1）承插式接头

承插式接头连接是将预制构件插入相应的承台预留孔内，插入长度一般为1.2～1.5倍的构件宽度，底部铺设2cm厚的砂浆，四周以半干硬性混凝土填充，这种方法常用于立柱与基础的接头连接。

（2）钢筋锚固接头

钢筋锚固接头连接是使构件上的预留钢筋形成钢筋骨架，插入另一构件的预留槽内，或将钢筋互相焊接后再浇筑混凝土，这种方法多用于立柱与墩帽处的连接。

（3）焊接接头

焊接接头连接是将预埋在构件中的钢板与另一构件的预埋钢板用电焊连接，外部再用混凝土封闭。这种方法易于调整误差，多用于水平连接杆与立柱间的连接。

（4）扣环式接头

扣环式接头连接即相互连接的构件按预定位置预埋环式钢筋。安装时，柱脚先安置在承台的柱心上，上、下环式钢筋互相错接，扣环间插入 U 形钢筋焊接，之后立模浇筑外侧接头混凝土。

（5）法兰盘接头

采用法兰盘接头时，在连接构件两端安装法兰盘，连接时要求法兰盘预埋件的位置必须与构件垂直，接头处可以不采用混凝土封闭。

2.砌块式墩台施工

砌块式墩台安装前的准备工作与石砌墩台相同，只是预制砌块的形式因墩台形状不同而有很多变化。基坑坑底整平后，经检验合格后铺设砂、砾石或碎石垫层并夯实整平，铺好坐浆后安装墩台。其施工方法和注意事项主要包括以下几点：预制砌块时，吊环宜设于凹窝内，使其不突出顶面，以免妨碍拼装，同时，也省去切除吊环工序；吊运安装机具可采用各种自行式吊车、龙门架、简易缆索吊机设备或各种扒杆；砌块安装时应对准位置安放平稳，若位置不准确时，应吊起重放，不得用撬棍拔移；安砌时，平缝用较干砂浆。砌缝宽度应不大于 1cm，为防止水平缝砂浆全被上层砌块挤出，可在水平缝中垫以铁片，其厚度需小于铺筑的砂浆。竖向砌缝中砂浆应插捣密实，砌筑外露面时应预留 2cm 的空缝备作勾缝之用，隐蔽面砌缝可随砌随刮平。竖向砌缝错缝应不小于 20cm；每安装高 1m 左右的砌块应进行找平，控制灰缝厚度和标高。

3.柱式墩施工

装配式柱式墩系将桥墩分解成若干轻型部件，在工厂或工地集中预制，再运送到现场装配桥梁。其形式有双柱式、排架式、板凳式和刚架式等。装配式柱式墩台应注意几个问题。

第一，墩台柱构件与基础顶面预留环形基座应编号，并检查各个墩、台高度是否符合设计要求；基杯口四周与柱边的空隙不得小于 2cm。

第二，墩台柱吊入基坑内就位时，应在纵横方向测量，使柱身垂直度或倾斜度以及平面位置均符合设计要求；对重大、细长的墩柱，须用风缆或撑木固定，方可摘除吊钩。

第三，在墩台柱顶安装盖梁前，应先检查盖梁口预留槽眼位置是否符合设计要求，否则应先修凿。柱身与盖梁（顶帽）安装完毕并检查符合要求后，可在基坑空隙与盖梁槽眼处灌注稀砂浆，待其硬化后，撤除楔子、支撑或风缆，再在楔子孔中灌填砂浆。

第四，在基础或承台上安装预制混凝土管节、环圈做墩台的外模时，为使混凝土基础与墩台连接牢固，应由基础或承台中伸出钢筋插入管节、环圈中间的现浇混凝土内，插入钢筋的数量和锚固长度应按设计规定或通过计算决定。

4.后张法预应力钢筋混凝土装配式墩台施工

后张法预应力钢筋混凝土装配式墩台采用的预应力钢材主要有高强度低松弛率钢丝和冷拉Ⅳ级粗筋两种。高强度低松弛率钢丝的强度高，张拉力大，因此，所需预应力束的数量较少，施工时穿束较容易。在预应力钢束连接处，受预应力钢束连接器的影响，需要局部加厚构件的混凝土壁。对于冷拉Ⅳ级粗钢筋，要求混凝土预制构件中的预留孔道精度高，以利于冷拉Ⅳ级粗钢筋的连接。

后张法预应力钢筋混凝土装配式墩台的预应力张拉方式有两种，即在墩帽顶上张拉预应力钢束和在墩台底的实体部位张拉预应力钢束，一般在墩帽顶上张拉预应力钢束。

（1）在墩帽顶上张拉预应力钢束

在墩帽顶上张拉预应力钢束的主要特点是：张拉作业为高空作业，虽然张拉操作方便，但安全性较差；预应力钢束锚固端可以直接埋入承台，而不需要设置过渡段；在墩台底截面受力最大的位置可以发挥预应力钢束抗弯能力强的特点。

（2）在墩台底的实体部位张拉预应力钢束

在墩台底的实体部位张拉预应力钢束的主要特点是：张拉作业为地面作业，施工安全且方便；在墩台底要设置过渡段，既要满足预应力钢束张拉千斤顶的安放要求，又要布置较多的受力钢筋，以满足截面在运营阶段的受力要求；过渡段构件中预应力钢束的张拉位置与竖向受力钢筋间的相互关系较为复杂。

应特别注意的是，压浆时最好由下而上压注，构件装配的水平拼装缝采用35号水泥砂浆，砂浆厚度为15mm。一方面，可以起到调节水平的作用；另一方面，可避免因渗水而影响预制构件的连接质量。

（四）滑模施工

滑动模板是整体地支在桥墩墩脚处，借助液压千斤顶和顶杆使模板沿墩身向上滑升，目前滑动模板的高度已达百米。

其主要优点为：施工进度快，在一般情况下，每昼夜平均进度可达 5 ～ 6m；混凝土质量好，采用干硬性混凝土，机械振捣，连续作业可提高墩台质量；节约木材和劳力；滑动模板可用于直坡墩身，也可用于斜坡墩身。

1.滑模施工

（1）滑模组装

在墩位上就地进行组装时，安装步骤如下。在基础顶面搭枕木垛，定出桥墩中心线；在枕木垛上先安装内钢环，并准确定位，再依次安装辐射梁、外钢环、立柱、千斤顶、模板等；提升整个装置，撤去枕木垛，再将模板落下就位，随后安装余下的设施；内外吊架待模板滑升至一定高度，及时安装；模板在安装前，表面须涂润滑剂，以减少滑升时的摩阻力；组装完毕后，必须按设计要求及组装质量标准进行全面检查，并及时纠正偏差。

（2）灌注混凝土

滑模宜灌注低流动度或半干硬性混凝土，灌注时应分层、分段对称地进行，分层厚度20～30cm为宜，灌注后混凝土表面距模板上缘宜有不小于10～15cm的距离。

混凝土入模时，要均匀分布，应采用插入式振动器捣固，振捣时应避免触及钢筋及模板，振动器插入下一层混凝土的深度不得超过5cm；脱模时混凝土强度应为0.2～0.5MPa，以防在其自重压力下坍塌变形。

为此，可根据气温、水泥强度等级经试验后掺入一定量的早强剂，以加速提升；脱模后8h左右开始养生，用吊在下吊架上的环绕墩身的带小孔的水管来进行。养生水管一般设在距模板下缘1.8～2.0m处效果较好。

（3）提升与收坡

整个桥墩灌注过程可分为初次滑升、正常滑升和最后滑升三个阶段。从开始灌筑混凝土到模板首次试升为初次滑升阶段；初灌混凝土的高度一般为60～70cm，分几次灌注，在底层混凝土强度达到0.2～0.4MPa时即可试升。将所有千斤顶同时缓慢起升5cm，以观察底层混凝土的凝固情况。现场鉴定可用手指按刚脱模的混凝土表面，若基本按不动，但留有指痕，砂浆不沾手，用指甲划过有痕，滑升时能耳闻沙沙的摩擦声，这些现象表明混凝土已具有0.2～0.4MPa的出模强度，可以开始再缓慢提升20cm左右。

初升后经全面检查设备，即可进入正常滑升阶段。即每灌注一层混凝土，滑模提升一次，使每次灌注的厚度与每次提升的高度基本一致。在正常气温条件下，提升时间不宜超过1时。

滑升阶段时混凝土已经灌注到需要高度，不再继续灌注，但模板尚须继续滑升的阶段。灌完最后一层混凝土后，每隔1～2h将模板提升5～10cm，滑动2～3次后即可避免混凝土模板胶合。滑模提升时应做到垂直、均衡一致，顶架间高差不大于20mm，顶架横梁水平高差不大于5mm，并要求三班连续作业，不得随意停工。随着模板的提升，应转动收坡丝杆，调整墩壁曲面的半径，使之符合设计要求的收坡坡度。

（4）接长顶杆、绑扎钢筋

模板每提升至一定高度后，就需要穿插进行接长顶杆、绑扎钢筋等工作。为了不影响提升时间，钢筋接头均应事先配好，并注意将接头错开。对预埋件及预埋的接头钢筋，滑模抽离后，要及时清理，使之外露。

在整个施工过程中，由于工序的改变，或发生意外事故，使混凝土的灌注工作停止较长时间，即需要进行停工处理。例如，每隔半小时左右稍微提升模板一次，以免黏结；停工时在混凝土表面要插入短钢筋等，以加强新老混凝土的黏结；复工时必须将混凝土表面凿毛，并用水冲走残渣，湿润混凝土表面，灌注一层厚度为2～3cm的1∶1水泥砂浆，然后再灌注原配合比的混凝土，继续滑模施工。

爬升模板施工与滑动模板施工相似，待浇筑好的墩身混凝土达到一定强度后，将模板松开。千斤顶上顶，把支架连同模板升到新的位置，模板就位后，再继续浇筑墩身混凝土。如此往复循环，逐节爬升每次升高约 2m。

翻升模板施工是采用一种特殊钢模板，一般由三层模板组成一个基本单元，并配置有随模板升高的混凝土接料工作平台。当浇筑完上层模板的混凝土后，将最下层模板拆除翻上来拼装成第四层模板，以此类推，循环施工。翻升模板也可用于有坡度的桥墩施工。

2.滑升模板施工方法的特点

（1）机械化程度高

整套滑升模板均由电动液压机械提升，机械化程度高。

（2）施工速度快

施工过程中只需要进行一次模板组装，大大减少了模板拆装工序，实现了连续作业。竖向结构施工速度快，在一般气温下，每个昼夜的平均施工进度可达 5 ～ 6m。

（3）结构整体性好

滑升模板体系刚度高且可连续作业，各层混凝土之间不留施工缝，从而大大提高了墩台混凝土浇筑的内在质量和外观质量。

（4）节约模板和劳动力，有利于安全施工

滑升模板事先在地面上组装，施工中不再变化，模板的利用率很高。这不但可以大量节约模板，还极大地减少了装拆模板的劳动力，方便浇筑混凝土，改善了操作条件，因而有利于安全施工。

（5）适应性强

该方法不但可用于直坡墩身的施工，还可用于斜坡墩身的施工。

滑升模板施工方法具有以下缺点：一次性投资大；建筑物立面造型受到一定限制；需要较高的施工管理水平和技术水平。

第六章　桥梁上部结构施工技术

第一节　简支梁桥施工

一、简支梁桥

简支梁桥属于静定结构，由于其受力简单，混凝土收缩徐变、温度变化、地基沉降等均不会在梁中产生附加内力，且设计计算简单、施工方便、工期短、造价低，使其成为在梁式体系桥中应用较早、使用较为广泛的一种桥型。桥梁工程中广泛采用的简支梁桥有三种类型。

（一）简支板桥

简支板桥主要用于小跨度桥梁。按其施工方式的不同，分为整体式简支板桥和装配式简支板桥。

（二）T形截面肋梁式简支梁桥（简称简支T梁桥）

简支T梁桥主要用于中等跨度的桥梁。中小跨径为 8 ～ 12m 时，采用钢筋混凝土简支T梁桥；跨径为 20 ～ 50m 时，多采用预应力混凝土简支T梁桥。在我国使用最多的简支T梁桥的横截面形式是由多片T形梁组成。

（三）箱形简支梁桥

箱形简支梁桥主要用于预应力混凝土梁桥，尤其适用于桥面较宽的预应力混凝土桥梁结构和跨度较大的斜交桥与弯桥。简支梁桥的常用施工方法有以下几种。

I. 现场支架浇筑法

就地浇筑施工是在桥位处搭设支架，作为工作平台，在支架上安装模板、绑扎及安装钢筋骨架、预留孔道，并在现场浇筑混凝土与施加预应力，待混凝土达到强度后拆除模板、支架的施工方法。由于施工需用大量的模板支架，这种方法适用于小跨径桥或两岸桥墩不太高的引桥和城市高架桥。随着桥梁结构形式的发展，出现了一些变宽的异型桥跨、弯桥等复杂的混凝土结构，又由于临时钢构件和万能杆件系统的大量应用，在其他施工方法都比较困难，或经过比较，施工方便、费用较低时，也有在中、大型桥梁中采用就地浇筑的施工方法。目前，就地浇筑施工在简支梁桥中已经较少采用。

2.预制安装法

预制安装法是将在预制厂或桥梁现场预制的梁运至桥位处，使用一定的起重设备进行安装和完成横向联结组成桥梁的施工方法。目前，预制安装法是简支梁经常采用的一种施工方法，预制梁的安装主要有联合架桥机法、双导梁安装法、扒杆吊装法、跨墩龙门吊机安装法、自行式吊车安装法、浮吊架设法等。

二、钢筋混凝土简支梁桥施工

钢筋混凝土简支梁的制作主要包含支架工程、模板工程、钢筋工程、混凝土工程。

（一）支架工程

就地浇筑法钢筋混凝土简支梁桥上部结构施工首先应在桥址适当位置处搭设支架，以支撑模板、钢筋、混凝土自重以及其他施工荷载。对于装配式钢筋混凝土简支梁桥施工，也须搭设支架作为吊装过程中的临时支承结构和施工操作平台。所以，支架不仅直接影响着梁体的线形尺寸，还关系到具体施工的安全性，因此现浇支架工程应满足下列要求。

①支架应具有足够的强度、刚度和稳定性，能可靠地承受施工过程中产生的各种荷载，支架构件相互结合紧密，要有足够的纵、横、斜向连接杆件。

②支架应进行设计和计算，并经审批后方可施工。

③支架预压消除非弹性变形，支架的弹性变形及基础的允许下沉量应满足施工后梁体设计标高的要求。支架承受荷载后允许有挠度和变形，在安装前要进行计算，按要求设置预拱度，使梁体最终线形符合设计要求。

（二）模板工程

模板是混凝土浇筑施工的必备条件，其作用是保证混凝土按照设计要求的形状、尺寸和位置成型与硬化，是施工中的重要临时结构。模板主要由面板、纵横肋和支架组成，它承受着新浇筑混凝土的自重、施工荷载以及其他外部自然荷载等。模板不仅控制着梁体尺寸的精度和混凝土浇筑质量，而且对施工安全起到关键作用，因此，模板在设计安装时应遵循以下原则。

①模板应有足够的强度、刚度和稳定性，能安全可靠地承受施工中可能产生的各种荷载。

②模板要保证结构构件的设计形状、尺寸及各部分相互之间位置的准确性。

③模板板面之间应平整，接缝严密，不漏浆，确保结构物外表面美观、线条流畅，并

可设倒角。

④模板应结构简单、制作、拆卸方便。

梁桥施工中常用的模板按材料可分为木模板、钢模板、钢木结合模板等。就具体施工单跨或各跨结构形式、尺寸各不相同的桥跨结构，可采用木模板；在预制工厂或大型桥梁施工中需要多次重复使用的节段模板，多采用钢模板；从经济和节约材料方面考虑，一般可采用钢木结合模板。

1. 木模板

木模板一般采用木质面板、肋木、立柱等组成，面板厚度为 3～5cm，板宽为15～20cm，肋木、立柱等的尺寸应根据计算确定。面板的接缝可做成平缝、搭接或企口缝。当采用平接时，应在接缝处衬压塑料薄膜等以防漏浆。木模板的转角处应加嵌条或做成斜角。重复使用的模板应始终保持其表面平整、形状准确、不漏浆、有足够的强度和刚度。木模板的优点是制作简便，但木材耗费量大，成本较高。

2. 钢模板

钢模板使用厚度为 4～6cm 的钢制面板代替木模中的木质面板，用角钢做成水平肋和竖直肋代替木模中的肋木和立柱。在拼装钢模板时，所有紧贴混凝土的接缝内部，都用止浆垫使接缝紧密不漏浆。钢模板宜采用标准化的组合模板，其应可多次周转、结实耐用、接缝严密、能经强力振捣、浇筑的构件表面光滑。在目前桥梁施工中采用钢模板日益增多。

3. 钢木结合模板

将钢模板中的钢制面板换成水平拼装的木制面板，用埋头螺栓连接在角钢竖肋上，在木模板上再钉一层薄铁皮，就成了钢木组合模板。这种模板节约木料，成本较低，同时也具有较大的强度、刚度和稳定性。

（三）钢筋工程

钢筋混凝土结构用钢筋是指混凝土配筋时所用的直条或盘条状钢材，其外形分为光圆钢筋和变形钢筋两种，其在混凝土中主要承受拉应力。钢筋工程主要包括钢筋加工、钢筋下料和钢筋安装等。

钢筋加工：钢筋进场后应检查其出厂试验证明书，如无相关证明文件或对钢筋质量有疑问，应做拉力试验、冷弯试验和可焊性试验。进场后要妥善保管，根据品种分批存放，同一片梁体内的主筋必须是同钢号钢筋。钢筋加工包括调直、除锈、冷拉、时效、下料、切断、弯钩、焊接或绑扎成型等工序。

l. 钢筋调直

直径 10mm 以下的细钢筋多卷成盘形，粗钢筋常弯成"发卡"形，以便储藏与运输。钢筋在使用前应先调直。调直方法通常有机械和人工两种。可先将盘圆钢筋放开，裁成 30 ～ 40m 长，然后用人工、电动绞车或钢筋调直机拉直。下料后的钢筋，可在工作平台上用手工或电动弯筋器按规定的弯曲半径弯制成型。

2. 钢筋下料

常用的普通钢筋下料长度计算如下。

直钢筋下料长度 = 构件长度 + 弯钩增加长度 - 保护层厚度

弯起钢筋下料长度 = 直段长度 + 斜段长度 - 弯曲调整值 + 弯钩增加长度

箍筋下料长度 = 箍筋周长 + 弯钩增加长度 + 弯曲调整值

3. 钢筋切断

钢筋切断也有机械和人工两种方法。直径 10mm 以下的钢筋可用剪刀剪断；直径 10 ～ 22mm 的钢筋可用上下搭口或铁锤切断；直径 25mm 以上的钢筋可用钢锯切断。机械切断可用电动剪切机直接切断。

4. 钢筋焊接与绑扎成型

在混凝土梁的制作过程中，一般需要把梁的钢筋制成钢筋骨架，钢筋骨架的连接方式主要有焊接和绑扎。钢筋骨架应尽量采用焊接，以保证质量、提高效率和节约钢材。先在牢固的工作台上焊接成单片平面骨架，再将平面骨架焊接成立体骨架，使骨架有足够的刚度，以便于吊运。为防止钢筋在焊接过程中由于温度变化造成的翘曲变形及焊缝内的收缩应力，钢筋骨架应采取合理的焊接工艺措施。钢筋应采用双面焊接使骨架变形尽可能均匀对称，采用单面焊时，应在垂直骨架平面方向预留预拱度。

轴心受拉及小偏心受拉杆件中的钢筋接头或者普通混凝土中直径大于 25mm 的钢筋不宜采用绑扎形式；绑扎接头应设置在内力较小处，并错开布置，接头截面面积占钢筋总截面面积的百分率要符合相应要求。

（四）混凝土工程

混凝土工程质量直接影响到结构的承载力、耐久性与整体性，混凝土工程主要包括混凝土拌和、运输、浇筑和养护等，各工序间紧密联系、相互影响，任一施工过程处理不当都会影响混凝土工程的最终质量。

l. 混凝土拌制

混凝土拌制就是将水泥、水、粗细骨料和外加剂等原材料混合在一起进行均匀拌和并使其达到设计要求的和易性和强度的过程。

混凝土应使用机械拌和，在混凝土拌和前应先测定砂石料的含水率，调整配合比，计算配料单，检查搅拌机运转情况。混凝土拌和时间一般为 3min 左右，以石子表面包满砂浆，拌和颜色均匀为标准。在整个拌和过程中，应注意拌和速度与混凝土浇捣速度紧密配合，随时检查混凝土的坍落度，严格控制水灰比。

2. 混凝土运输

混凝土从搅拌机中卸出后，应及时运至浇筑地点，为保证混凝土的质量，对混凝土运输的基本要求如下。

①在运输过程中应保持混凝土的均匀性，避免分层离析、泌水、砂浆流失和坍落度变化等现象发生。

②应使混凝土在初凝之前浇筑完毕。混凝土从搅拌机卸出后到浇筑完毕的延续时间不宜超过规定。

③当混凝土自由倾倒时，由于骨料的重力克服了物料间的黏聚力，大颗粒骨料明显集中于一侧或底部四周，从而与砂浆分离即出现离析，当自由倾倒高度超过 2m 时，这种现象尤其明显，混凝土将严重离析。为保证混凝土的质量，应根据施工实际情况，采取相应的预防措施。规范规定：混凝土自高处倾落的自由高度不应超过 2m，超过时应使用串筒、溜槽或振动溜管等工具协助下落，并应保证混凝土出口的下落方向垂直。

④道路尽可能平坦且运距尽可能短。

3. 混凝土浇筑

混凝土的浇筑成型过程包括浇筑与捣实，是混凝土施工的关键，它对混凝土的密实性、结构的整体性和构件的尺寸准确性都起着决定性的作用。

在考虑混凝土的浇筑顺序时，不应使模板和支架产生有害的下沉。为使混凝土能够振捣密实，浇筑施工应分层进行，在下层混凝土初凝之前，上层混凝土应浇筑振捣完毕，对于又高又长的梁体，混凝土的供应量跟不上水平分层浇筑的进度时，可采用斜层浇筑（20°～25°）。当在斜面或曲面上浇筑混凝土时，一般应从低处开始。

混凝土浇筑入模后，内部还存在着很多空隙。为了使混凝土充满模板内的每一部分，且具有足够的密实度，必须对混凝土进行捣实，使混凝土构件外形正确、表面平整、强度和其他性能符合设计及使用要求。

4. 混凝土养护

混凝土的养护是为保证其硬化充分，防止由于早期过度收缩而使结构表面产生裂缝。养护可分为自然养护和蒸汽养护。

混凝土自然养护，对塑性混凝土应在浇筑后12h内，硬性混凝土在浇筑后1～2h内可采用湿麻袋、篷布、塑料布等覆盖，养护期间要经常洒水，保持构件湿润，并防止雨淋、日晒、受冻及受荷载的振动、冲击作用，以使混凝土硬化。自然养护的时间不得少于7d。

混凝土蒸汽养护，分静停、升温、恒温、降温四个阶段。静停期间应保持棚温不低于5℃，灌注完4h后方可升温；升温速度不得大于10℃/h；恒温养护期间蒸汽温度不宜超过45相对湿度90%～100%，混凝土芯部温度不宜超过60℃，最大不得超过65℃，降温速度不得大于10℃/h。拆模时，梁体混凝土芯部与表层、表层与环境温差均不宜大于15℃。当日平均气温连续5d低于+5℃或日最低气温低于–3℃时，应按冬季施工要求进行养护。

三、预应力钢筋混凝土简支梁施工

普通钢筋混凝土抗拉强度低，在混凝土温度变化、收缩徐变及外荷载等作用下易发生开裂，故通过对梁体施加预应力来提高其耐久性和抗裂性，以减轻自重，增加跨度。预应力混凝土简支梁的制作方法主要有先张法和后张法。

（一）先张法预应力混凝土简支梁制造

预应力混凝土简支梁先张法施工是在浇筑混凝土前张拉预应力筋，将其临时锚固在张拉台座上，然后立模浇筑混凝土，待混凝土强度达到设计强度的75%以上，保证其具有足够的黏结力，逐渐将预应力筋放松。预应力筋回缩后，通过预应力钢筋与混凝土之间的黏结作用，传递给混凝土，使混凝土获得预压应力。

1. 模板架设

预制梁的模板是先张法施工过程的临时结构，它决定着预制梁尺寸的精度，并对工程质量、施工进度和工程造价有直接影响。预制梁的模板通常按材料可分为土模板、木模板、土木组合模、钢模板以及钢木组合模等种类。模板在制作时，应保证表面平整，转角光滑，连接孔配合准确，且底模板应根据桥梁跨度设置预拱度。

2. 张拉台座

台座是先张法施工的主要设备之一，承受预应力钢筋的全部张拉力，它应有足够的强度和稳定性，以免台座变形、倾覆、滑移而引起预应力损失。台座由框架（两根固定横梁和两根受压柱构成）和活动横梁组成，固定横梁和活动横梁间设置千斤顶，预应力钢筋两端用工具锚在活动横梁的锚固板上，千斤顶顶起活动横梁使预应力筋受张拉，张拉力由承力架承受。

3. 预应力筋张拉

预应力混凝土预制梁制造过程中，张拉预应力筋、对梁施加预应力都十分关键，施加预应力过多或不足都会影响梁的预制质量，必须按设计要求准确施加预应力。

先张法梁的预应力筋是在底模整理后，在台座上张拉已加工好的预应力筋。先张法梁通常采用一端张拉，另一端在张拉前要设置好固定装置或安放好预应力筋的放松装置。张拉前，应先在端模梁上安装预应力筋的定位钢板，检查其孔位和孔径符合设计要求后在台座安装预应力筋。安装张拉设备时，应使张拉力的作用线与钢筋中心线一致。张拉时应采用应力与伸长值双控制，若发现伸长值异常，应停止张拉并查明原因。

4. 预应力混凝土配料与浇筑

混凝土工程质量是保证混凝土达到设计强度等级的关键，将直接影响钢筋混凝土结构的强度和耐久性。混凝土工程采用集中拌制、搅拌运输车运输，混凝土梁浇筑采用一次整体、连续灌注。箱梁的灌注顺序为先底板，再腹板，最后顶板，采用水平分层、斜向推进灌注工艺，总体灌注宜在混凝土初凝时间内完成。混凝土振捣采用附着式振动和高频插入式振动器相配合的方法。

5. 预应力筋放松

当混凝土强度达到不低于设计强度的 75% 以后，可在台座上放松受拉预应力筋，对预制梁施加预应力。放松过早会造成较多的预应力损失（主要是收缩、徐变损失）；放松过迟则影响台座和模板的周转。放松操作时速度不应过快，尽量使构件受力对称均匀。只有待预应力筋被放松后，才能切割每个构件端部的钢筋。实际工程中使用较多的放松预应力钢筋的方法有：千斤顶放松、砂箱放松、滑楔放松和螺杆放松等。

（二）后张法预应力混凝土简支梁施工

后张法施工分为有黏结工艺和无黏结工艺两大类。其中，黏结工艺又可分为先穿束法和后穿束法。先穿束法是将预应力钢束先穿入管道，预埋在后浇筑的混凝土中。其优点是不会产生堵管的现象，可避免某些情况下后期穿束的场地条件的限制；缺点是应在规定的时间内张拉完毕，否则会引起预应力钢束的锈蚀，且不能使用蒸汽养护。后穿束法则是将管道预埋在后浇筑的混凝土中，当混凝土达到张拉强度时，穿束并完成张拉。其优点是张拉预应力的时间、地点较为机动灵活，能使用蒸汽养护；缺点是有时会产生堵管的现象。

后张法工序比先张法复杂，且构件上耗用的锚具和埋设件等增加用钢量和制作成本。但后张法无需强大的张拉台座，便于现场施工，且适宜于配置曲线形预应力筋的大型和重型构件制作，因此在桥梁工程上也有着广泛的应用。

I. 预留孔道

预留孔道是后张法梁体施工中的一项重要工序。预留孔道的尺寸与位置应正确，孔道应平顺。端部的预埋垫板应垂直于孔道中心线并用螺栓或钉子固定在模板上，以防止浇注混凝土时发生移动。

在梁体内预留预应力筋孔道所用的制孔器目前主要有橡胶管与螺旋金属波纹管，橡胶管在终凝后抽出，波纹管留在构件中。

抽拔橡胶管制孔器也按设计位置固定在钢筋骨架中，待混凝土抗压强度达到4 ～ 8MPa 时（即混凝土初凝之后，终凝之前），再将橡胶管抽拔出以形成孔道。这种制孔器可重复使用，比较经济，管道内压注的水泥浆与构件混凝土结合较好。但缺点是不易形成多向弯曲形状复杂的管道，且需要控制好抽拔时间。

螺旋金属波纹管在浇注混凝土之前，将波纹管按预应力钢筋设计位置绑扎于与箍筋焊连的钢筋托架上，再浇注混凝土，结硬后即可形成穿束的孔道。金属波纹管是用薄钢带经卷管机压波后卷成，其重量轻，纵向弯曲性能好，径向刚度较大，连接方便，与混凝土黏结良好，与预应力钢筋的摩阻系数也小，是后张法预应力混凝土构件一种较理想的制孔器。

2. 张拉机具使用前的校检

目前，对预应力施工机具进行校检的方法有应力环校检、压力机校检及电测传感器校检等方法。其中，应力环校检方便灵活，不受设备条件的限制，而压力机法的优点是千斤顶能够测出真实的伸长量，结果较为准确。

3. 预应力筋的张拉工艺

当梁体混凝土的强度达到设计强度的 75% 以上时，才可进行穿束张拉穿筋工作。一般采取直接穿筋，较长的钢筋可借助长钢丝作为引线，用卷扬机进行穿筋。

曲线预应力筋和长度大于 25m 的直线预应力筋，应采用两端对称张拉。长度等于或小于 25m 的直线预应力筋，可在一端张拉。预应力筋的张拉应符合设计要求，当设计无要求时，可分批分阶段对称张拉。分批张拉时，应按顺序对称地进行，以防过大偏心压力导致梁体出现较明显的侧弯现象，同时应考虑后张拉的预应力筋对先张拉的预应力筋所带来的预应力损失。

为有效确保预应力张拉施工质量，国内已有采用预应力智能张拉系统对预应力筋进行张拉。智能张拉系统由系统主机、油泵、千斤顶三大部分组成。预应力智能张拉系统以应力为控制指标，伸长量误差作为校验指标。系统通过传感技术采集每台张拉设备(千斤顶)

的工作压力和钢绞线的伸长量（含回缩量）等数据，并实时将数据传输给系统主机进行分析判断，同时张拉设备（泵站）接收系统指令，实时调整变频电动机工作参数，从而实现高精度实时调控油泵电动机的转速，实现张拉力及加载速度的实时精确控制。系统根据预设程序，由主机发出指令，同步控制每台设备的每个机械动作，自动完成整个张拉过程。

4. 孔道压浆

孔道压浆能保护预应力筋不受锈蚀，并使预应力筋与混凝土梁体黏结成整体，从而既能减轻锚具的受力，又能提高梁的承载能力、抗裂性能和耐久性能。孔道压浆用专门的压浆泵进行，压浆后的浆体要求密实饱满，并应在张拉后 24h 完成。

孔道压浆应采用强度等级不低于 42.5 级普通硅酸盐水泥或矿渣硅酸盐水泥配置的水泥浆；对空隙大的孔道可采用砂浆压浆。为了增加孔道压浆的密实性，在水泥浆中可掺加外加剂，但掺入量不得使混凝土自由膨胀率超过 10%，且不得掺入铝粉或氯化物或其他对预应力筋有腐蚀作用的外加剂。

压浆前，应用压力水冲洗孔道，确保孔道通畅，并吹去内积水。压浆顺序为先下孔道后上孔道，以免上孔道漏浆把下孔道堵塞。直线孔道压浆时，应从构件的一端压到另一端；曲线孔道压浆时，应从孔道最低处开始向两端进行。

5. 封端

孔道压浆后应立即将梁端水泥浆冲洗干净，并将断面混凝土凿毛。对端部钢筋网的绑扎和封端板的安装，要妥善处理并确保固定，以免在浇注混凝土时因模板移动而影响梁长。封端混凝土的强度等级应不低于梁体混凝土强度等级的 80%。浇完混凝土并静置 1～2h 后，应按一般规定进行浇水养护。

四、简支梁架设施工

简支梁架设施工是将在预制厂或桥梁现场预制的梁运至桥位处，使用一定的起重设备进行安装和完成横向联结组成桥梁的施工方法。目前，预制安装法是简支梁经常采用的一种施工方法。预制梁的安装主要有架桥机法、跨墩龙门式吊车架梁法、自行式吊车架梁法、扒杆架设法、浮吊架设法和高低腿龙门架配合架桥机架设法等几种。

（一）梁的起吊和运输

由于梁体长、笨重，起吊、运输都比较困难，因此要合理选择起吊、运输的工具和方法，以确保安全。梁体起吊时，混凝土的强度应符合设计规定。压浆强度不得低于设计强度的 75%，封端混凝土强度不得低于设计强度的 50%；吊点、支点位置应经计算确定，其距离误差不得大于规定的 200mm；无论起吊、运输或存放都要有防止倾覆的措施。在桥梁施工架梁前常须先卸后架，应有一处存梁场地，场地位置要慎重选择，一般可在车站、区间或桥头存放，也可在施工线路上选择适当地点存放。存梁场应有良好的排水系统和设施，宜优先采用大跨度吊梁龙门架装卸桥梁。采用滑道移梁时，滑道应有一定的强度和刚度，并满足移梁作业的需要。

（二）架设方法

1.架桥机法

①一孔架设完成后，前后横梁移至尾部做平衡重，架桥机整体前移。

②架桥机整体向前移动了一孔位置，将前支腿支承在墩顶上，待架梁装载在运梁平车上向前移动。

③待架梁前端接近吊装孔时，前横梁吊机将其吊起，梁的后端仍放在运梁平车上，继续前移。

④后横梁吊机吊起梁的后端，缓慢前移，纵向对准梁位后，固定前后横梁，吊机沿横梁横移，落梁就位。

2.跨墩龙门式吊车架梁

跨墩龙门吊车安装适用于桥不太高，架梁孔数又多，沿桥墩两侧铺设轨道不困难，以及不通航浅水区域安装预制梁。一台或两台跨墩龙门吊车分别设于待安装孔的前、后墩位置，预制梁由平车顺桥向运至安装孔的一侧，移动跨墩龙门吊车上的吊梁平车，对准梁的吊点放下吊架将梁吊起。当梁底超过桥墩顶面后，停止提升，用卷扬机牵引吊梁平车慢慢横移，使梁对准桥墩上的支座，然后落梁就位，接着准备架设下一根梁。

3.自行式吊车架梁法

在桥不高、场内又可设置行车便道的情况下，用自行式吊车（汽车吊车或履带吊车）架设中、小跨径的桥梁十分方便。此法视吊装重量不同，还可采用单吊（一台吊车）或双吊（两台吊车）两种形式。其特点是机动性好，无需动力设备和准备作业，架梁速度快。

4.浮吊架设法

在海上和深水大河上修建桥梁时，选用可回转的伸臂式浮吊架梁比较方便，也可用钢制万能杆件或贝雷钢架拼装固定的悬臂浮吊进行。此架梁方法高空作业较少、吊装能力大、工效高、施工较安全，但需要大型浮吊。由于浮吊船来回运梁航行时间长，须增加费用，一般采取用装梁船存梁后成批架设的方法。浮吊架梁时须在岸边设置临时码头来移运预制梁。架梁时，浮吊要仔细锚固，当流速不大时，可用预先抛入河中的混凝土锚作为锚固点。

5. 高低腿龙门架配合架桥机架设法

山区预制梁受场地影响，为满足施工进度需求，经常把预制梁场地设置在桥梁下狭小场地内，采用运梁车将桥下预制梁运至高低腿龙门吊下面，利用高低腿龙门吊将预制梁提升到桥面，然后再用运梁小车把箱梁运到架桥机下面进行预制梁架设。

第二节　预应力混凝土连续梁桥施工

预应力混凝土连续梁桥以结构受力性能好、抗震能力强、变形小、造型简洁美观、行车平顺舒适等优点而成为富有竞争力的主要桥型之一。预应力混凝土连续梁桥施工方法主要包括简支转连续施工、就地浇筑施工、悬臂施工、顶推施工和移动模架逐孔施工。

一、简支转连续施工

（一）简支转连续施工方法

简支转连续施工方法是指把一联连续梁板分成几段，每段一孔，多段梁板在预制场预制后移动吊放到墩台顶的支座上，形成简支梁，在完成湿接缝、连续端的各道工序后浇筑连续端及湿接缝混凝土，然后张拉负弯矩预应力束，拆除临时支座，使连续梁落到永久支座上，完成桥梁结构由简支到连续的体系转换。

预制简支梁时按预制简支梁的受力状态进行第一次预应力筋(正弯矩筋)的张拉锚固，分片进行预制安装，安装完成后经调整位置（横桥向及标高），浇筑墩顶接头处混凝土，更换支座，进行第二次预应力筋（负弯矩筋）的张拉锚固，进而完成一联预应力混凝土连续梁的施工。简支转连续施工方法也存在体系转换，体系转换施工方法一般有以下三种。

1. 从一端起依次逐孔连续，即先将第一孔与第二孔形成两跨连续梁，然后再与第三孔形成三跨连续梁，依此类推，形成一联连续。

2. 从两端起向中间依次逐孔连续。

3. 从中间孔起向两端依次逐孔连续。

如遇长联，可按上述三种方法灵活综合选用。显然，不同的体系转换方法所产生的混凝土徐变二次力及预加力产生的二次力是不同的。

（二）简支转连续施工技术存在的问题

简支转连续施工技术存在的主要问题有以下几点

1. 顶板负弯矩波纹管施工中，由于靠近梁体上部，混凝土浇筑中容易出现位移，造成两梁端部的对应管道错位，不顺直，增加了内摩阻力和其他应力。振捣棒易破坏波纹管，造成漏浆，穿束困难。

2. 锚固段在张拉时，钢绞线从固定端锚板滑丝，锚固区混凝土开裂，锚板变形，伸长值超标。

3. 张拉端在张拉时，锚垫板压坏，出现滑丝现象。

4. 两梁对接的连续端波纹管和张拉、固定槽间断的波纹管搭接困难，浇筑整体化混凝土时向管内渗浆，造成穿束困难和张拉应力误差较大。

5. 由于预留张拉槽、固定槽和连续端的多处波纹管搭接，压浆困难，无法直观判断压浆饱满情况，可能出现出浆口不出浆现象。

二、就地浇筑施工

（一）概述

连续梁桥就地支架浇筑施工是在支架上安装模板，绑扎、安装钢筋骨架，预留孔道，现场浇筑混凝土，并施加预应力的方法。预应力混凝土连续梁桥采用就地支架浇筑施工，需要在连续梁桥的一联各跨均设支架，一联施工完成后，整联卸落支架。也可以仅在一跨梁上使用移动支架逐孔现浇施工。因此，结构在施工中不存在体系转换，不产生恒载徐变二次矩。其主要特点是桥梁整体性好，施工简便可靠，对机具和起重能力要求不高。该方法缺点是：需要大量的脚手架，可能影响通航和排洪；设备周转次数少，施工工期长；施工费用较高。该方法适用于低矮桥墩的中小跨径连续梁桥或弯桥、宽桥、斜交桥、立交桥等复杂桥型。其经济跨径为 20～60m。

（二）施工流程

为减轻支架的负担，节省临时工程数量，部分桥梁主梁截面的某些部分在落架后利用主梁自身支承，继续浇筑二期结构的混凝土，这样就使浇筑和张拉的工序重复进行。

（三）支架

支架类型选择是就地浇筑施工的关键。支架上就地浇筑连续梁桥施工所用支架与钢筋混凝土简支梁桥就地浇筑支架基本相同。

（四）混凝土浇筑

混凝土浇筑方式有多种，以大跨径预应力混凝土箱形截面连续梁桥混凝土浇筑施工为例。

1.箱形截面混凝土浇筑顺序应按设计要求进行施工，采用一次浇筑时，可在顶板中部留一洞口以供浇筑底板混凝土，待浇好底板后立即补焊钢筋封洞，并同时浇筑肋板混凝土，最后浇顶板混凝土，一次完成；当采用两次浇筑时，各梁段的施工应错开。箱体分层浇筑时，底板可一次浇筑完成，腹板可分层浇筑，分层间隔时间宜控制在混凝土初凝前且使层与层覆盖住。

2.浇筑肋板混凝土时，两侧肋板应同时分层进行。浇筑顶板及翼板混凝土时，应从外侧向内侧一次完成，以防发生裂纹。

3.当箱梁截面较大，节段混凝土数量较多时，每个节段可分两次浇筑，先浇底板到肋板的倒角以上，再浇筑肋板上段和顶板，其接缝按施工缝要求处理。

4.混凝土浇筑完毕，经养护达到设计强度的75%或要求的强度后，再经过孔道检查和修理管口弧度等工作，即可进行穿束、张拉、压浆和封锚。

5.梁段混凝土的拆模时间，应根据混凝土强度及施工安排确定。混凝土应尽量采用早强措施，使混凝土的强度及早达到预施应力的强度要求，缩短施工周期，加快施工进度。

6.梁段拆模后，应对梁端的混凝土表面进行凿毛处理，以加强接头混凝土的连接。

三、悬臂施工

（一）悬臂施工法概述

悬臂施工法亦称分段施工法，它是在已建成的桥墩上，沿桥梁跨径方向对称地逐段浇筑或拼装的施工方法。悬臂施工法按节段成型方式一般分为悬臂浇筑法和悬臂拼装法。其主要特点如下。

1.悬臂施工法比满堂固定脚手架施工法具有更大的桥下净空。

2.施工时不受季节、河流水位的影响，不影响桥下通航。

3.减少了大量施工支架和施工设备，简化了施工程序，高度机械化，能循环重复作业。

预应力混凝土连续梁桥采用悬臂施工的方法须在施工中进行体系转换，即在悬臂施工时，结构的受力状态呈T形刚构、悬臂梁，待施工合龙后形成连续梁。预应力混凝土连续梁桥在悬臂施工时，由于墩梁不能承受较大弯矩，因此，施工时要采取措施临时将墩、梁固结，待悬臂施工至少一端合龙后恢复原结构状态，这是连续梁采用悬臂施工的一个特点。

（二）悬臂施工法工序

预应力混凝土连续梁桥悬臂施工按其工序不同，有下列三种情况。

I.逐跨连续悬臂施工

对于多跨连续梁仍可按上述工序，由一端开始向另一端进行。逐跨连续悬臂施工过程中需要有体系转换，这是悬臂施工法的基本要点。逐跨连续悬臂施工可以利用已建结构在桥面上运输，故机具设备、材料的运输较为简捷。此外，每完成一个新的悬臂并在跨中合龙后，结构的稳定性和刚度不断加强，因此，此工法常在多跨连续梁或较长的大跨桥上使用。

2.T构单悬臂连续施工

多跨连续梁的中段合龙可以 2 ～ 3 个合龙段同时施工，也可以逐个进行。按这一工序施工可使结构稳定，受力对称，并便于结构内力调整。但须注意当边段合龙，边墩临时固结尚未释放之前为一端交接、一端固接的超静定结构，此时，张拉边跨的预应力筋时，将产生预加力的二次矩。T构单悬臂连续的施工工序常在 3 跨、5 跨的连续梁中采用。

3.T构双悬臂连续施工

先将所有悬臂施工部分连接起来，最后边跨合龙，即所谓"先中孔后边孔合龙"，不但施工费用高，施工工序跳跃，而且在结构呈悬臂状态时稳定性差，一端施力引起另一端产生较大的位移，因此较少采用。特别是在大跨和多跨连续梁桥中，应尽量避免使用这一施工工序。

上述三种施工工序是悬臂施工的基本方法，对于实际桥梁的施工可选择其中一种，在多跨连续梁桥中也可兼顾各工法优点综合选用。

连续梁桥的最终恒载内力与施工合龙的次序有关，不同的合龙工序，它们的初始恒载内力不同，并且在体系转换过程中，由混凝土徐变引起的内力重分布的数值也不同。采用悬浇施工时，由于桥墩 0# 块坞工体积数量大，一般采用现场就地浇筑，为了拼装挂篮，常先将梁根部节段与 0# 块一起现浇，可采用支架或三角托架支承这部分施工荷载。

（三）悬臂浇筑施工法

悬臂浇筑是在桥墩两侧对称逐段浇筑混凝土，待混凝土达到一定强度后，张拉预应力筋，然后移动机具、模板（挂篮），再进行下一节段的施工，一直推进到悬臂端为止。依据施工设备不同，悬臂浇筑施工可分为：移动式挂篮悬臂浇筑施工；桁式吊悬臂浇筑施工；挂篮、导梁悬臂浇筑施工。悬臂浇筑施工时，梁体一般分为四大部分浇筑，主梁各部分的长度视主梁形式、跨径、挂篮的形式及施工周期而定。墩顶梁段一般为 5 ～ 10m，悬浇分段一般为 3 ～ 5m，支架现浇段一般为 2 ～ 3 个悬浇分段长，合龙段一般为 1 ～ 3m。

1.移动式挂篮悬臂浇筑

挂篮悬臂浇筑施工是将梁体每 2 ～ 5m 分为一个节段，以挂篮为施工机具，从桥墩开始对称伸臂逐段现场浇筑混凝土的施工方法。挂篮通常由承重梁、悬吊模板、锚固装置、行走系统和工作平台几部分组成。承重梁是挂篮的主要受力构件，可以采用钢板梁、Ⅰ型钢、万能杆件组拼的桁架或斜拉体系等，它承受施工设备和新浇节段混凝土的重量并由支座和锚固装置将荷载传到已施工完成的梁身上，当后支座的锚固能力不够，并考虑行走的稳定时，常采用在尾端压重的措施。

挂篮的主要功能有：支承梁段模板，调整正确位置；吊运材料、机具；浇筑混凝土和在挂篮上张拉预应力筋。在挂篮施工中，架设模板、安装钢筋、浇筑混凝土和张拉等全部工作均在挂篮工作平台上进行。当该节段的全部施工完成后，由行走系统将挂篮向前移动，动力常采用绞车牵引。行走系统包括向前牵引装置和尾索保护装置。

挂篮按构造形式主要有桁架式挂篮（包括菱形、弓弦式、平弦无平衡重式）、斜拉式（三角形）挂篮及组合斜拉式挂篮三种。菱形桁架式挂篮主要由菱形桁架、提吊系统、走行及后锚系统、模板系统和张拉操作平台等六部分组成。

斜拉式挂篮也称为轻型挂篮。随着桥梁跨径越来越大，为了减轻挂篮自重，以达到减少施工阶段增加的临时钢丝束，在梁式挂篮的基础上研制了斜拉式挂篮。斜拉式挂篮承重结构采用纵梁、立柱、前后斜拉杆组成，杆件少，结构简单，受力明确，承重结构轻巧。其他构造系统与梁式挂篮相似。

2.桁式吊悬臂浇筑

桁式吊悬臂浇筑施工是利用由万能杆件组拼的桁架悬吊移动式模板和施工设备进行悬臂浇筑的施工方法。用桁式吊悬臂浇筑施工的主要特点在于悬臂施工的节段重量和施工设备均由桁架承受，通过桁架的支架和中间支柱将荷重传至已完成的梁体和桥墩上。此外，由于施工桁梁把梁体与悬浇施工梁段连通，所以材料和设备均可由桥上水平运输到施工现场。

桁式吊有移动式和固定式两种。移动式桁梁随施工进程逐跨前移，而固定式桁梁在悬臂施工时不移动，须在桥梁全长布置桁梁，因此仅在桥不长的情况下使用。桁式吊可用于等截面梁和变截面梁，所以桁梁通常设在主梁的上方。

当悬臂浇筑合龙后，先将前后悬吊模板移向墩顶，移桁架至前墩，浇筑墩顶段混凝土，待墩上节段张拉完成，梁墩临时固结后，将桁梁前移呈单臂梁后，在墩上主梁处设支架支承桁梁。对于多联连续梁桥，各联不连续，施工时可临时连续，完成后再分开。当悬臂施工合龙，桁梁前移后，与悬臂浇筑施工无关的后跨应释放墩梁临时固结，此项工作在施工中逐跨进行。

移动桁式吊悬浇施工适用桥梁跨径为 40 ～ 150m，经济跨径为 70 ～ 90m，对于多跨长桥最为合适，经济效益较高。如果选用桁梁支承在桥墩顶处的桁式吊，由于施工重量不施加给悬臂的主梁上，可以减小对桥墩的不平衡弯矩，因此可以加大悬臂施工的节段长度，通常可做到 10m 为一节段，大大加快了施工速度。

移动桁式吊悬浇施工也适用于变截面梁桥、变跨径桥和有缓和曲线弯桥。施工条件和质量控制与用挂篮悬臂浇筑施工相同，但与挂篮悬臂浇筑施工相比，岸跨边段及墩上节段的施工均可由桁式吊完成，可以省掉部分施工支架设备。

3. 挂篮、导梁悬臂浇筑施工

挂篮、导梁悬臂浇筑施工是用挂篮悬臂施工并辅以导梁作为运输材料、设备和移动挂篮的施工方法。采用挂篮悬臂浇筑完成后须将挂篮移至下一个桥墩继续施工，使用导梁就可以方便地将挂篮水平移到下一个墩位，施工简便、迅速。

导梁仅承受挂篮或运输材料、设备的重量，与前述桁梁相比可以降低要求，常采用钢板梁、I 形梁或简易桁架。导梁的长度必须大于最大跨径的一半，即在悬臂浇筑施工完成后，导梁纵向移到前墩，支承在已完工的悬臂端和前墩上运送挂篮。采用导梁运送挂篮，后方挂篮需要通过桥墩，因此对挂篮的构造要考虑其悬吊部分便于装拆分离。

（四）悬臂拼装施工法

悬臂拼装法则是将预制节段块件，从桥墩两侧依次对称安装节段，张拉预应力筋，使悬臂不断接长，直至合龙的一种施工方法。

1. 节段预制

节段的划分主要由运输吊装能力、工期、预制模板等因素确定，一般长 2 ～ 5m。节段预制的质量和定位的准确程度直接影响悬臂拼装的效果。常用的预制方法有长线浇筑和短线浇筑预制方法。

长线浇筑是在施工现场按桥梁底缘曲线制作的固定底模上分段浇筑，底模长度可取桥跨的一半或从桥墩对称取桥跨的长度，浇筑的顺序可以采用奇、偶数，即先绕奇数块节段，然后利用奇数节段的端面弥合浇筑偶数节段，使混凝土面结合密贴，也可采用分阶段的预制方法，但长线法施工对曲线段桥梁适用性较差。

短线预制设备由可调整外部及内部模板的台车与端模架系统组成。预制时第一段混凝土浇筑完成后，在其相对位置上安装下一段模板，并利用第一节段的端面作为第二节段的端模完成混凝土的浇筑工作。

长线浇筑需要较大的施工场地，并要求操作设备能在预制场地移动，节段要按序堆放。长线浇筑法宜在具有固定的水平和竖向曲率的多跨桥上采用，可以提高设备的使用效率。

节段的拼装面常做成企口缝，腹板企口缝用于调整高程，顶板企口缝可控制节段的水平位置，使拼装迅速就位，并能提高结构的抗剪能力。也有的在预制节段的底板处设预埋件，用以固定拼装时的临时筋，可加临时预应力或用法兰螺丝收紧。

2. 悬臂拼装施工

悬臂拼装的 $0^#$ 块，多数采用预制装配，由于 $0^#$ 块一般高度最大，所用混凝土最多，也可以采用梁场预制，运至现场后进行二次浇筑施工，也有部分采用全部现场浇筑施工。由于 $0^#$ 块空间位置对后续梁段拼装线形影响很大，因此 $0^#$ 块需要进行精确定位，节段预制和拼装过程需要专业人员进行监控，量测其结构线形。悬臂拼装时，预制节段的接缝可采用湿接缝、胶接缝和干接缝。

湿接缝：是在相邻节段间现浇一段 10～20cm 宽的高强度等级的快凝水泥砂浆或小石子混凝土，将节段连接成整体。湿接缝常在就地浇筑的 $0^#$ 块与第一节段间使用，用以调整预制节段的准确位置，此时第一节段还须用吊机固定位置，桥墩构造设计时考虑支承第一节段，保证第一节段的位置准确。

胶接缝：常用厚 1mm 左右的环氧树脂水泥在节段接触面上涂一薄层，采用 0.2～0.25MPa 的预应力拼压，将相邻节段连成整体。环氧树脂水泥在施工中起润滑作用，使接缝密贴，完工后可提高结构的抗剪能力、整体刚度和不透水性，常在节段间接缝中使用。

干接缝：是相邻节段拼装时，接缝间无任何填充料，直接将两端面直接贴合，接缝上的内力通过预应力及肋板上的齿形键传递。

通常情况下，节段拼装施工一般采用湿接缝或涂环氧树脂胶的胶接缝，尽量避免采用干接缝，干接缝节段密贴性差，接缝中水汽浸入导致钢筋锈蚀。

悬臂拼装的机具很多，有移动式吊车、挂篮、桁式吊、悬索起重机、汽车吊、浮吊等。移动式吊车外形似挂篮，由承重梁、横梁、锚固装置、起吊装置、行走系统和张拉平台等几部分组成。

在墩顶开始吊装第一节段时，可以使用一根承重梁对称同时吊装，在允许布置两台移动式吊车后，开始独立对称吊装。通常是从桥下用轨道平车或驳船将节段运输至桥位，由移动式吊车吊装就位。关于合龙段的施工，一种是预留 1.5～2.0m 合龙段，在主梁标高调整后现场浇筑混凝土张拉预应力筋，将梁连成整体；另一种是采用节段拼装合龙，浇筑合龙段湿接缝后张拉合龙束预应力钢筋，使梁连成整体。现浇合龙比节段拼装合龙施工工期长，工序复杂，但便于施工调整，而节段拼装对梁段预制和拼装的精度要求较高，合龙施工工期较短。

悬臂拼装将大跨桥梁化整为零，预制施工方便，可上下部结构平行作业，拼装周期短、施工速度快，预制节段施工质量容易控制，混凝土的收缩徐变变形小，结构的附加内力小，但预制节段需要较大场地，要求有一定的存梁能力，对施工精度要求较高，对于大跨径拼装影响较大。因此，悬臂拼装施工对于跨径小于 100m 的多跨长桥是一种高效、经济的施工方法。

四、顶推施工

（一）顶推施工法概述

顶推法多应用于预应力钢筋混凝土连续梁桥和斜拉桥梁的施工。它是沿桥纵轴方向，在桥台后设置预制场地，分节段预制，并用纵向预应力筋将预制节段与前阶段施工完成的梁体连成整体，在梁体前安装长度为顶推跨径 0.7 倍左右的钢导梁，然后通过水平千斤顶施力，借助滑动装置将梁体向前顶推出预制场地，使梁体通过各墩顶临时滑动支座面就位，之后继续在预制场地进行下一节段梁的预制，重复直至全部完成。顶推完毕就位后，拆除顶推用的临时预应力筋束，张拉通长的纵向预应力筋束以及在顶推时未张拉到设计值的筋束；然后灌浆、封端、落梁。顶推法适用于桥下空间不能利用的施工场地，例如在高山深谷和水深流急的河道上建桥以及多跨连梁桥施工。

（二）顶推施工法分类

顶推法施工法按顶推千斤顶的设置分为单点顶推（TL 顶推）、多点顶推（SSY 顶推）；按动力装置的类别可分为步距式顶推和连续顶推；按顶推方向分为单向顶推和双向顶推；按顶推连续性分为间断顶推和连续顶推；按是否利用永久支座分为设置临时滑动支承顶推施工、使用与永久支座兼用的滑动支承顶推。

1. 单点顶推

单点顶推水平力的施加位置一般集中于主梁预制场附近的桥台或桥墩上，前方各墩上设置滑移支承。顶推装置又可分为以下两种。

（1）用水平加垂直千斤顶的顶推装置。

该装置是由垂直顶升千斤顶、滑架、滑台（包括滑块）、水平千斤顶组成。它一般设置在紧靠梁段预制场地的桥台或支架底处。滑架长约 2m，固定在桥台或支架上。滑台是钢制方块体，其顶面垫以氯丁橡胶块承托着梁体，滑台与滑架之间垫有滑块。顶推时，先将垂直千斤顶落下，使梁支承于水平千斤顶前端的滑块上；开动水平千斤顶的油泵，通过活塞向前推动滑块，利用梁底混凝土与橡胶的摩阻力大于聚四氟乙烯与不锈钢的摩擦力带动梁体向前移动；顶起千斤顶，使梁升高，脱离滑块；向千斤顶小缸送油，活塞后退，把滑块退回原处。

（2）用拉杆的顶推装置。

该装置在桥台（墩）前安装，采用大行程水平穿心式千斤顶，使其底座靠在桥台（墩）上，拉杆的一端与千斤顶连接，另一端固定在箱梁侧壁上（在梁体顶、底板预留孔内插入强劲的钢锚柱，由钢横梁锚住拉杆）。顶推时，通过千斤顶顶升带动拉杆牵引梁体前进，单点顶推适用于桥台刚度大、梁体轻的施工条件。

2. 多点顶推

由于单点顶推在顶推前期和后期，垂直千斤顶顶部同梁体之间的摩擦不能带动梁体前移，必须依靠辅助动力才能完成顶推。此外，单点顶推施工中没有设置水平千斤顶的高墩，尤其是柔性墩在水平力作用下会产生较大的墩顶位移，威胁到结构的安全，为克服单点顶推的缺点，由此产生了多点顶推施工方法。

多点顶推是在每个墩台上设置一对顶推装置，要求千斤顶同步运行，将集中的顶推力分散到各墩上，在各墩上及临时墩上设置滑移支承，让梁体在滑道上前进。滑道支承设置在墩上的混凝土临时垫块上，它由光滑的不锈钢板与组合的聚四氟乙烯滑块组成，其中的滑块由聚四氟乙烯板与具有加劲钢板的橡胶块构成。顶推时，滑块在不锈钢板上滑动，并在前方滑出通过在滑道后方不断滑加劲钢板的橡胶块构成。顶推时，滑块在不锈钢板上滑动，并在前方滑出，通过在滑道后方不断滑入滑块，带动梁身前进。

顶推施工时，梁应支承在滑动的支座上，以减少推进阻力，梁才能向前。顶推施工的滑道是在墩上临时设置的，用于滑移梁体和起到支承作用。主梁顶推就位后，拆除顶推设备，用数只大吨位竖向千斤顶同步将一联主梁顶起，拆除滑道及滑道底座混凝土垫块，安放正式支座，进行落梁就位。

多点顶推施工的关键在于须通过中心控制室控制启动、前进、停止和换向，适用于桥墩较高、截面尺寸又小的柔性墩施工。

（三）顶推施工关键工序

1. 准备预制场地

预制场地应设在桥台后面桥轴线的引道或引桥，当为多联顶推时，为加速施工进度，可在桥两端均设场地，由两端相对顶推。预制场地的长度应考虑梁段悬出时反压段的长度、梁段底板与腹（顶）板预制长度、导梁拼装长度和机具设备材料进入预制作业线的长度；预制场地的宽度应考虑梁段两侧施工作业的需要。

预制场地上宜搭设固定或活动的作业棚，其长度宜大于 2 倍预制梁段长度，使梁段作业不受天气影响，并便于混凝土养护。

在桥端路基上或引桥上设置预制台座时，其地基或引桥的强度、刚度和稳定性应符合设计要求，并应做好台座地基的防水、排水设施，以防沉陷。在荷载作用下，台座顶面变形不应大于 2mm。台座的轴线应与桥梁轴线的延长线重合，台座的纵坡应与桥梁的纵坡一致。

2. 预制及养护梁段

模板一般宜采用钢模板，底模与底架连成一体并可升降，侧模宜采用旋转式的整体模板，内模板采用安装在可移动台车上的升降旋转整体模板。钢筋工程应做好接缝处纵向钢筋的搭接，模板应保证刚度和制作精度，混凝土可采用全断面整段浇筑或采用两次浇筑，支座位置处的隔板在整个梁顶推到位并完成解联后进行浇筑，浇筑时应避免振动器碰撞预应力筋管道、预埋件等。

3. 施加梁段预应力

梁段预应力束的布置和张拉次序、临时束的拆除次序等，应严格按照设计规定执行。在桥梁顶推就位后需要拆除的临时预应力束，张拉后不应灌浆，锚具外露出的多余预应力束不必切除。梁段间须连接的永久预应力束，应在梁端间留出适当空间，用预应力束连接器连接，张拉后用混凝土填塞。

预制梁段的技术要求：底板平整度，要有一定的刚度和硬度；严格控制钢筋、预应力筋孔道、预埋件的位置；严格控制混凝土的浇筑质量；尽可能采用机械化装拆模板。

4. 运输与吊装梁段

梁段现场拼装平台与现浇连续箱梁台座相同，也可采用间歇式临时墩组成，确保梁段在拼装机顶推过程中不发生失稳、沉降和偏斜。梁段在拼装过程中应确保各制作节段相对位置准确，及时检查与纠正。

5. 架设导梁

导梁设置在主梁的前端，宜为钢导梁（钢横梁、钢框梁、贝雷梁或钢桁架），主梁前段有预埋件与钢导梁栓接，导梁的长度一般取顶推跨径的 0.6 ～ 0.7 倍。导梁采用分联顶推时，根据设计设置后导梁，其与顶推梁的连接方式应符合设计要求。设置导梁时，导梁全部节间拼装平整，底缘与箱梁底应在同一平面上，前端底缘应向上，呈圆弧形。

6. 设置临时墩及平台

当跨径较大时，为减小顶推时梁的内力，宜设置临时墩，城市桥梁工程临时墩设置应考虑桥下交通、拆除等综合因素。临时墩须有足够的刚度来承受顶推时产生的水平推力，并在最大竖向荷载作用下不产生较大沉降。临时墩通常只设置滑道，须设置顶推装置时，应通过计算确定。

7. 顶推梁段

顶推施工前应对顶推设备、千斤顶、油泵、控制装置及梁段中线、各滑道顶面标高等进行检查，并做好顶推各项准备工作后，方可进行顶推。根据施工组织设计要求安装顶推泵站，顶推泵站宜采用变量泵站、分级调压、集中控制，使各千斤顶同步、有序、高效地进行顶推施工。

五、移动模架逐孔施工

移动模架逐孔施工法是指当桥墩较高、桥跨较长或桥下净空受到约束时，采用非落地支撑的移动模架逐孔现浇施工的方法。移动模架法适用于多跨长桥施工，使用一套设备可多次移动中转使用。

（一）逐孔施工法分类

逐孔施工法从施工技术方面可分为 3 种类型。

1. 整孔吊装或分段吊装逐孔施工

该施工方法是早期连续梁桥采用逐孔施工的唯一方法，由于起重器械起重能力越来越强，使得桥梁的预制构件向大型化方向发展，从而更能体现逐孔施工速度快的优点。

2. 临时支承组拼预制节段逐孔施工

该施工方法是将每一桥跨分成若干节段，节段预制完成后在临时支承上逐孔组拼施工。

3. 移动支架逐孔现浇施工

移动支架逐孔现浇施工也称移动模架法，它是在可移动的支架、模板上完成桥梁的全部工序，即从模板工程、钢筋工程到浇筑混凝土和张拉预应力筋等工序，待混凝土有足够强度后，张拉预应力筋、移动支架模板，进行下一孔梁的施工。由于移动模架法是在桥位上现浇施工，可免去大型运输和吊装设备，桥梁整体性好，同时又有在桥梁预制厂生产的特点，可提高机械设备的利用率和生产效率。

移动支撑系统是一种自带模板，利用箱梁支撑对桥梁进行现场浇筑的施工机械系统。它可完成由移动支架到浇筑成型等一系列施工，又称造桥机、滑移支架、无支架模板系统等，适用于跨径 20～50m 的等跨和等高连续桥梁施工，随着逐孔施工的进行，桥梁结构的受力体系在不断变化，结构内力也随之变更。逐孔施工的体系转换有 3 种：由简支梁状态转换为连续状态、由悬臂梁转换为连续梁体系以及由少跨连续梁逐孔伸延转换为最终结构体系。在体系转换中，不同的转换途径将得到不同的内力叠加过程，而最终的恒载内力（包括混凝土的收缩、徐变内力重分布）与连续梁桥按全联一次施工完成的恒载内力靠近。

（二）移动支撑系统的主要组成及功能介绍

移动支撑系统主要由牛腿、主梁、横梁、外模及内模组成。每一部分都配有相应的液压或机械系统，各部分组成结构及功能简介如下。

l. 牛腿

牛腿为三角形结构，通过墩身预留孔插入墩身，附着在墩身上并支撑在承台顶面上。牛腿的主要作用是支撑主梁，将施加在主梁上的荷载通过牛腿传递到墩身和承台上。每个牛腿顶部滑面安装有天车，并配有两个横向自动液压千斤顶，一个竖向自动液压千斤顶。主梁嵌在天车上，为减少主梁在纵向移动时与天车接触的摩阻力，天车上装有聚四氯乙烯滑板，通过三向液压系统使主梁在横桥向、顺桥向及竖向高度上正确就位。

2. 主梁

移动支撑系统主梁为一对钢箱梁。钢箱梁节间用高强螺栓连接，主梁是整套滑模的承重部件，主梁两端设有导梁，起到支架向下一孔移动时的引导和承重作用。主梁承受由横梁传递来的外模、内模及上部结构的施工荷载。

3. 横梁

横梁同一断面上每对横梁间为销连接，横梁上设有销孔，以安置外模支架。横梁通过液压系统进行竖向和横向调整。

4. 外模

外模由底板、腹板、肋板及翼缘组成。底板分块直接铺设在横梁上，并与横梁相对应。每对底板沿横梁销接方向由普通螺栓连接。腹板、肋板及翼缘也与横梁相对应，并通过在横梁设置的模板支架及支撑来安装。

5. 内模

移动支撑系统的内模系统包括模板、电动小车、内模梁及道轨。模板的运输及安装通过电动小车来完成。电动小车配有液压系统，通过这些液压系统完成内模安装及拆除。

（三）移动支撑系统的拼装

l. 牛腿的拼装

牛腿呈三角形且有一定高度，拼装时应先做一支架支撑在牛腿外缘，以防止歪倒。吊车牛腿在牛腿顶面用水准仪抄平，以便使推进平车在牛腿顶面上顺利滑移。

2. 主梁安装

主梁在桥下组装，根据现场起吊能力，可采用搭设临时支架将主梁分段吊装在牛腿和支架上，组成整体后拆除临时支架，也可以全部主梁组装完成后用大吨位吊机整体吊装就位。

3.横梁及外模板的拼装

主梁拼装完毕后，接着拼装横梁，待横梁全部安装完成后，主梁在液压系统作用下，横桥向、顺桥向依次准确就位。在墩中心放出桥轴线，按桥轴线方向调整横梁，并用销子连接好，然后铺设底板和外腹板、肋板及翼缘板。

4.模板拼接顺序

模板的拼装顺序为：组装牛腿——组装主梁及有关施工设备——机具就位——安装牛腿——主梁吊装就位——安装横梁——铺设底板、安装模板支架——安装外腹板及翼缘板、底板——安装内模。

第三节　桥面系及其附属工程施工

桥梁的桥面系及其附属工程主要包括桥面铺装、伸缩缝、人行道(或安全带)、缘石、栏杆等构造。

一、桥面铺装施工

桥面铺装即行车道铺装，作为上层的保护层，保护桥面免受车轮的摩擦以及雨水的冲刷作用，并对车轮荷载具有一定的分布作用。因此，桥面铺装必须具有一定的强度、刚度、抗滑性和不透水性。桥面铺装的平整性、耐磨性和稳固性是保证行车平稳的关键，特别是在钢箱梁上铺设沥青路面时的技术要求十分严格。桥面铺装可采用水泥混凝土、沥青混凝土、沥青表面处治和泥结碎石等材料，而沥青表面处治和泥结碎石桥面铺装耐久性较差，仅在中级和低级公路桥梁上使用。本节简要介绍桥梁水泥混凝土和沥青混凝土桥面的铺装层施工。

（一）水泥混凝土桥面铺装

水泥混凝土桥面铺装是以水泥和水合成的水泥浆为结合料，碎(砾)石为粗集料，砂为细集料，经过拌和、摊铺、振捣和养护所修筑的桥面铺装。水泥混凝土桥面铺装直接铺设在防水层或桥面板上，其混凝土强度等级一般与桥面板混凝土等级相同或高一级，铺设时应避免两次成型。水泥混凝土桥面铺装层内一般配置钢筋网，钢筋直径不应小于8mm，间距不大于100mm。采用水泥混凝土铺装桥面耐磨性较好，养护费用小，适合于重载交通，但其养生期比沥青混凝土铺装的养生期要长，后期修补也比较麻烦。

I. 材料准备

桥面水泥混凝土要求强度等级在 C30 以上，要满足防水、抗冻、抗冲击和耐磨等性能要求，而结构厚度较小，因此对路面铺装材料的要求较高。

①粗集料：一般宜选用碎石，特别是有抗冻、抗冲击要求的混凝土；碎石要求级配良好，最大粒径不大于层厚的 1/4，一般以 5～20mm 为宜；针片状颗粒含量不大于 7%，含泥量不大于 0.2%。

②细集料：宜选用优质中砂，天然砂和人工砂亦可，含泥量不大于 0.5%。

③水：宜选用可饮用水，水质应符合国家现行混凝土用水标准相关规定。

④水泥：宜选用强度等级为 32.5 级以上硅酸盐水泥或普通硅酸盐水泥。水泥进场后应有产品合格证和出厂检验报告，对其强度、安定性等性能指标进行取样复试。

⑤外加剂：外加剂应有产品说明书、出厂检验报告及合格证，应由相应资质等级的检测部门出具有害物质含量检测报告。为提高混凝土密实度和早期强度，宜选用优质高效减水剂。

2. 安放钢筋

钢筋可选用市场上合格的成品钢筋网片，这类网片一般采用冷拉圆筋或冷轧带肋钢筋加工而成，强度较高，一般节点采用机械电阻焊较为牢固；若选用此类成品网片，可根据单幅桥面净宽定做，运到现场后采用绑扎连接即可。

如无特别要求，也可在现场加工钢筋网。钢筋网一般采用热轧 6～12mm 钢筋，6～10mm 钢筋一般采用 I 级盘圆筋，12mm 钢筋一般采用 D 级带肋筋；I 级盘圆筋需要先行调直，可以用冷拉或机械调直的方法，若采用冷拉法，其冷拉率不宜大于 2%。

将调直的钢筋按设计的网眼尺寸在桥面上布置并固定，交叉点一般采用铁丝绑扎，也可用点焊；钢筋如需接长，可采用绑扎或电弧焊等方式搭接，搭接长度应满足相应的规范要求，若采用绑扎接头，应在两端和中央处均绑扎牢固。

3. 安装模板

由于水泥混凝土铺装层较薄（一般为 6～12cm），同时要伸出钢筋连接，故一般用木板或钢板做成齿板或带孔板的形式，既便于钢筋定位又可支挡混凝土，同时装拆也方便。安装模板要保证线形平顺，模板接缝的错台要小于 2mm，同时模板要固定牢固，以防在浇注时爆模。安装完成的模板要经过高程复核。

4. 混凝土拌和与运输

混凝土拌和宜使用强制式搅拌机拌和，应先将碎石、砂和水泥干拌 1min，再放入水和减水剂的溶液湿拌 1.5min；如须掺入纤维，则应均匀撒在碎石和砂之间，钢纤维的掺量一般为 1% 的体积率，聚丙烯纤维的掺量一般为 0.9kg/m³；要注意严格控制混凝土的坍落度。混凝土运输可用混凝土罐车或其他小型车辆运输，运输时间不宜大于 30min，且要做到不漏浆、不吸水、不离析，坍落度损失小。

5. 混凝土入模与初平

①标高控制：在混凝土施工前先用水准仪测量梁板顶面标高，一般纵向 10m、横向 5m 一个点，再用混凝土（砂浆）带或固定型钢（钢筋）顶面标高控制带，间距宜小于 6m，可做 2～4 条，顶面要保持平顺。

②混凝土入模：混凝土用运输车运到施工地点后，分点卸在模内，以便于摊平。

③混凝土初平：混凝土卸料后用人工进行摊平，其松铺高度一般要高于设计顶面 2～3cm。

6. 混凝土振捣与平整

①混凝土振捣：混凝土摊平后用平板振捣器将其振捣密实，平板振捣器的行走速度宜控制在 5m/min 左右，反复振捣 3～5 遍，至混凝土密实不再沉降、表面覆盖一层稠浆为止；在混凝土较厚（大于 15cm）处须先使用插入式振捣器。

②混凝土平整：平整度要求较高时宜先用钢滚筒进行初平、压实；钢筒直径一般为 15～25cm，厚 1cm 左右，中轴为 ϕ50 mm 左右的钢棒，轴与筒之间灌填粗砂，其重量既要能将混凝土压实又要便于操作，并要有足够的刚度；使用钢滚筒时，将其放在两条标高控制带上，再在两端各用一人用粗绳拉动中轴使其来回滚动，并用人工辅助挖补找平，直至将表面压平为止；钢滚筒表面宜保持平整、不黏附混凝土。有条件的单位可使用三轴整平机，它将表面振捣和平整结合在一起，效率较高，但原理与上述相同。

③混凝土精平：可选用方木或铝合金型材，一般长 3～6m，用一人或两人持型材板沿标高控制带进行纵向精平，要注意封闭气（水）泡眼；要搭施工台供人站立。

7. 混凝土表面处理

混凝土表面应根据设计要求设置防滑构造。当设计为拉槽或压槽时，在第二次抹平后，沿横坡方向拉毛或采用机具压槽，拉毛和压槽深度应为 1～2mm；当设计为刻槽时，则在混凝土达到设计强度的 75% 后，用刻槽机刻槽。

8. 混凝土养护

由于混凝土铺装层是大面积的薄层构件，易于风干开裂，因此要特别注意后期养护。混凝土养护可用土工布或麻（草）袋覆盖，然后洒水湿润，时间保持 7d。

9. 后浇带施工

桥面混凝土的横向分块施工，需要预留安装模板的宽度，一般为 20～30cm，此处桥面铺装待主体浇筑完成后另行浇筑。有时为了预留预应力张拉槽口或其他原因而留有一段空带作为后浇带，在最后浇筑。后浇带施工与正常的铺装施工完全相同，但要注意在施工前须将之前浇筑的铺装层端面凿毛、洗净，使新浇筑混凝土与桥面铺装混凝土结合良好。

（二）沥青混凝土桥面铺装

沥青混凝土适用于大桥、特大桥的桥面铺装，高速公路、一级公路桥梁的沥青混凝土桥面铺装层厚度不宜小于 70mm；二级及二级以下公路桥梁的沥青混凝土桥面铺装层厚度不宜小于 50mm。为了防滑和减弱光线的反射，最好将混凝土做成粗糙表面。沥青混凝土铺装可以做成单层式、双层式或三层式。

沥青混凝土铺装前应对桥面进行检查，桥面应平整、粗糙、干燥、整洁。桥面横坡应满足要求，不符合时应及时处理。铺筑前应撒布洒层沥青，石油沥青洒布量为 0.3 ～ 0.5L/m²。

1. 施工准备

①沥青混凝土所用粗细集料、填料以及沥青均应符合规范技术要求，提前设计混合料配合比，包括矿料级配、沥青含量、稳定度（包括残留稳定度）、饱和度、流值、马歇尔试件的密度与空隙率等的详细说明。

②沥青混合料拌和设备、运输设备以及摊铺设备均应符合规范技术要求。

③施工测量放样。

恢复中线：在直线每 10m 设一钢筋桩，平曲线每 5m 设一桩，桩的位置在中央隔离带所摊铺结构层的宽度外 20cm 处。

水平测量：对设立好的钢筋桩进行水平测量，并标出摊铺层的设计标高，挂好钢筋，作为摊铺机的自动找平基线。

④沥青材料的准备。沥青材料应先加热，避免局部加热过度，并保证按均匀温度把沥青材料源源不断地从贮料罐送到拌和设备内，不应使用正在起泡或加热超过 160℃ 的沥青胶结料。

2. 沥青混凝土拌和、运输

①沥青混凝土拌和。

集料和沥青材料按工地配合比公式规定的用量测定和送进拌和，送入拌和设备里的集料温度应符合规范规定，在拌和设备内及出厂混合料的温度，应不超过 160℃。

把规定数量的集料和沥青材料送入拌和设备后，须把这两种材料充分拌和直至所有集料颗粒全部裹覆沥青结合料为度，沥青材料也完全分布到整个混合料中；拌和厂拌和的沥青混合料应均匀一致、无花白料、无结团块。

拌好的热拌沥青混合料不立即铺筑时，可放入保温的成品储料仓储存，存储时间不得超过 72h，贮料仓无保温设备时，允许的储料时间应以符合摊铺温度要求为准。

②沥青混合料运输。

沥青混凝土运输采用 15t 的自卸车运输，从拌和设备向自卸车放料时，为减少粗细集料的离析现象，每卸一斗混合料挪动一下汽车位置，运料时，自卸车用篷布覆盖。

3. 沥青混凝土摊铺、碾压

（1）沥青混凝土摊铺。

①沥青混凝土采用沥青摊铺机进行摊铺和刮平。摊铺机自动找平时，采用所摊铺层的高程靠金属边桩挂钢丝所形成的参考线控制，横坡靠横坡控制器来控制，精度在 ±0.1% 范围。

②摊铺时，沥青混合料必须缓慢、均匀、连续不间断地摊铺。不得随意变换速度或中途停顿。摊铺机螺旋送料器中的混合料的高度保持不低于送料器高度的 2/3，并保证在摊铺机全宽度断面上不发生离析。

③在机械不能摊铺及整修的地方，在征得监理工程师同意后可用人工摊铺和整修。

④在施工安排时，当气温低于 10℃ 时不安排沥青混合料摊铺作业。

（2）沥青混合料碾压。

①一旦沥青混合料摊铺整平，并对不规则的表面修整后，立即对其进行全面、均匀的压实。

②初压在混合料摊铺后较高温度下进行，沥青混合料不应低于 120℃，不得产生推移、发裂；碾压时将驱动轮面向摊铺机，碾压路线及碾压方向不得突然改变，初压两遍；复压要紧接在初压后进行，沥青混合料不得低于 90℃。

③终压要紧接在复压后进行，沥青混合料不得低于 70℃，采用轮胎压路机碾压 2～4 遍，并无轮迹，路面压实成型的最终温度符合规范要求。

④碾压从外侧开始并在纵向平行于道路中线进行，双轮压路机每次重叠 30cm，三轮每次重叠为后轮宽的一半，逐步向内侧碾压过去；用梯队法或接着先铺好的车道摊铺时，应先压纵缝，然后进行常规碾压；在有超高的弯道上，碾压应采用纵向行程平行于中线重叠的办法，由低边向高边进行。碾压时压路机应匀速行驶，不得在新铺混合料上或未碾压成型并未冷却的路段上停留、转弯或急刹车。施工检验人员在碾压过程中，使用核子密度仪来检测密实度，以保证获得要求的最小压实度，开始碾压时的温度控制在不低于 120℃，碾压终了温度控制在不低于 70℃，初压、复压、终压三种不同压实段落接着设在不同的断面上，横向错开 1m 以上。

⑤为防止压路机碾压过程中沥青混合料沾轮现象发生，可向碾压轮洒少量水、混有极少量洗涤剂的水或其他认可的材料，把碾轮适当保湿。

4. 接缝、修边和清场

沥青混合料的摊铺应尽量连续作业，压路机不得驶过新铺混合料的无保护端部，横缝应在前一次行程端部切成，以暴露出铺层的全面。接铺新混合料时，应在上次行程的末端涂刷适量黏层沥青，然后紧贴着先前压好的材料加铺混合料，并注意调置整平板的高度，为碾压留出充分的预留量。相邻两幅及上下层的横向接缝均应错位 1m 以上。横缝的碾压采用横向碾压后再进行常规碾压。修边切下的材料及其他的废弃沥青混合料均应从路上清除。

三、其他附属工程施工

（一）人行道

人行道是用路缘石或护栏或其他设施加以分隔的专门供人行走的部分，桥梁上的人行道宽度由人行交通量决定，可选用 0.75m 或 1m，大于 1m 时按 0.5m 倍数递增，行人稀少时可不设人行道。按人行道的施工方法，有以下几种形式。

①就地浇筑的人行道，用于跨径比较小的桥梁中人行道与行车道板及梁整体连接在一起，若人行道板的恒载及活载较小，可将其设在桥梁行车道的悬挑部分。

②整体预制装配式的人行道，是将人行道做成预制块件安装在桥面上，这种形式适用于各种净宽度的人行道，人行道下可以放置过桥管线，但是对管线的检修和更换比较困难。

③部分装配和部分现浇的人行道，是把预制的人行道梁、支撑梁及人行道板等构件通过与主梁上预埋件的连接，并使接缝部分填实，混凝土与桥面形成整体。

人行道顶面一般铺设 20mm 厚的水泥砂浆或沥青混凝土作为面层，并向桥内侧形成 1% 的横向坡度；桥面铺设中若设贴式防水层，要在人行道内侧设置路缘石，以便把防水层伸过缘石底面，从人行道与缘石之间的砌缝里向上叠起；人行道在桥面伸缩缝处也必须设断缝。

（二）安全带

不设置人行道的桥上，两边应设置宽度不小于 250mm，高度为 250～350mm 的护轮安全带。为了保证行车安全，安全带的高度可适当增加。安全带可以做成预制块件或与桥面铺装层一起现浇。预制的安全带有矩形截面和肋板式截面两种，以矩形截面最为常见。现浇的安全带宜每隔 2.5～3.0m 做一个断缝，以免参与主梁受力而破损。

（三）栏杆和护栏

l. 栏杆

栏杆既是桥梁上的安全措施，又是桥梁表面的建筑。桥梁栏杆不仅要结构坚固，而且要求具有美观的外表。栏杆的高度一般不小于 1.1m，栏杆的间距一般为 1.6～2.7m。桥梁栏杆设置在人行道上，防止行人和车辆坠入桥下。

栏杆选用时首先要考虑结构安全可靠、选材合理，栏杆或栏杆底座要与浇在混凝土中的预埋件焊牢，以增强抗冲击能力。同时，栏杆要经济实用，工序简单，方便互换。在造型上，栏杆的材料和尺寸与整体应协调，常采用简单的上扶手、下扶手和栏杆柱组成。

2.护栏

桥梁上的护栏，当设于人行道上时，主要作用是给行人以安全感，遮拦行人，防止行人坠入桥下；当无人行道时，桥上栏杆主要作用是与高填路堤或危险路段所设护栏相仿，用以引导视线，起到轮廓标示的作用，使车辆尽量在路幅之内行驶。用于高速公路、一级公路、城市快速道路、主干道路、立交工程等的护栏用以封闭沿线两侧，是人畜与非机动车辆公路的隔离设施，它同时能有效吸收能量、迫使失控车辆改变方向并使其恢复到原有行驶方向，防止其越出路外或跌落桥下的作用。

第七章　拱桥、钢桥施工技术

第一节　拱桥施工技术

拱桥作为一种优美的桥型，在我国拥有悠久的历史，随着建桥技术和材料工业水平的提高，我国拱桥的修建得到了空前的发展。

一、一般规定

拱桥施工前应根据设计施工图、施工方案、现场条件，制定结构施工设计，其主要内容应包括以下几点。

1. 拱架上砌筑或现浇拱圈施工应完成拱架设计（包括支架及支架基础设计）、拱架安装及卸落设计。

2. 拱圈浇筑、砌筑方法、顺序及分层分段施工程序设计。

3. 拱架及劲性骨架预压、加载设计、分段浇筑、分段卸载设计。

4. 支架或劲性骨架上现浇拱圈，分层（环）浇筑及分环承载设计。

5. 大跨度拱桥合龙设计。

二、拱架上浇筑混凝土拱圈

（一）浇筑准备

1. 混凝土拱圈浇筑前应检查支架、拱架及模板安装质量，检测高程、轴线合格后，在底模上放线标明拱圈（拱肋）中线、边线、分段浇筑位置。

2. 拱脚、拱顶及各分段点应留间隔槽。分段长度视混凝土浇筑能力和拱架结构及支架情况而定，一般宜取 5 ~ 12m。

（二）施工技术要点

1. 跨径小于 16m 的拱圈或拱肋混凝土，应按拱圈全宽度从两端拱脚向拱顶对称地连续浇筑，并在拱脚混凝土初凝前全部完成。若预计不能在限定时间内完成，则应在拱脚预留一个隔缝并最后浇筑隔缝混凝土。

2. 跨径大于或等于 16m 的拱圈或拱肋，应沿拱跨方向分段浇筑。分段位置应以能使拱架受力对称、均匀和变形小为原则，拱式拱架宜设置在拱架受力反弯点、拱架节点、拱顶及拱脚处；满布式拱架宜设置在拱顶、拱跨 1/4 处、拱脚及拱架节点等处。各段的接缝面应与拱轴线垂直，各分段点应预留间隔槽，其宽度一般为 0.5 ～ 1.0m，但安排有钢筋接头时，其宽度还应满足钢筋接头的需要。若预计拱架变形较小，可减少或不设间隔槽，而采取分段间隔浇筑。

3. 分段浇筑程序应符合设计要求，应对称于拱顶进行，使拱架变形保持均匀和尽可能地小，并应预先做出设计。分段浇筑时，各分段内的混凝土应一次连续浇筑完毕，因故中断时，应浇筑成垂直于拱轴线的施工缝；若已浇筑成斜面，应凿成垂直于拱轴线的平面或台阶式接合面。

4. 间隔槽浇筑混凝土，应待拱圈分段浇筑完成后且其强度达到 75% 设计强度和接合面按施工缝处理后，由拱脚向拱顶对称进行浇筑。拱顶及两拱脚间隔槽混凝土应在最后封拱时浇筑。封拱合龙温度应符合设计要求，若设计无规定时，宜在接近当地年平均气温或5 ～ 15℃时进行，封拱合龙前用千斤顶施加压力的方法调整拱圈应力时，拱圈（包括已浇间隔槽）的混凝土强度应达到设计强度。

5. 浇筑大跨度钢筋混凝土拱圈（拱肋）时，纵向钢筋接头应安排在设计规定的最后浇筑的几个间隔槽内，并应在这些间隔槽浇筑时再连接。

6. 浇筑大跨径拱圈（拱肋）混凝土时，宜采用分环（层）分段法浇筑，也可沿纵向分成若干条幅，中间条幅先行浇筑合龙，达到设计要求后，再按横向对称、分次浇筑合龙其他条幅。其浇筑顺序和养护时间应根据拱架荷载和各环负荷条件通过计算确定，并应符合设计要求。

7. 大跨径钢筋混凝土箱形拱圈（拱肋）可采取拱架上组装并现浇的施工方法。先将预制好的腹板、横隔板和底板钢盘在拱架上组装，在焊接腹板、横隔板的接头钢筋形成拱片后，立即浇筑接头和拱箱底板混凝土，组装和现浇混凝土时应从两拱脚向拱顶对称进行，浇底板混凝土时应按拱架变形情况设置少量间隔缝并于底板合龙时填筑，待接头和底板混凝土强度达到设计强度的 75% 以上后，安装预制盖板，然后铺设钢筋，现浇顶板混凝土。

三、劲性骨架浇筑拱圈

（一）一般规定

劲性骨架浇筑混凝土拱圈，主要用于大跨径拱桥、无支架悬挂模板现浇，施工前必须编制施工设计和监控方案，并符合下列要求。

1. 劲性骨架可根据施工图设计选定的钢桁架拱圈、钢管混凝土拱圈或钢管混凝土组拼桁架拱圈，分别采用工厂制作、现场分段吊装，架设成拱。

2. 劲性骨架设计，应主要由施工阶段荷载控制。除验算使用阶段受力外，应分别验算架安装阶段及各环拱圈混凝土浇筑阶段的受力状态，同时考虑劲性骨架结构构件的受力历程，防止局部构件先期失稳。劲性骨架混凝土拱圈施工过程的各阶段都必须有足够的强度、刚度和稳定性。

3.劲性骨架混凝土拱圈的浇筑方法，可依具体条件采用分环多工作面浇筑法、分环分段浇筑法、水箱压载平衡浇筑法和扣索斜拉连续浇筑法。

4.劲性骨架混凝土拱圈分环浇筑，应制定浇筑程序，计算分析分环浇筑、分环合龙和分环承载各阶段的骨架及骨架与分环混凝土拱圈联合结构的变形、应力及稳定性，并在施工过程中严格监控。

5.依据分环浇筑需要，可采用水箱法或其他加载方法加压，减少劲性骨架变形。施工设计时要对加压、卸载的程序和方法妥善安排，并计算分环拱圈混凝土浇筑、压载、卸载过程的变形及骨架结构受力状态。实施过程严格监控，保持劲性骨架的竖向、横向变形在设计允许范围内。

（二）施工技术要求

1.分环多工作面均衡浇筑劲性骨架混凝土拱圈（拱肋）时，各工作面可根据模板长度分成若干工作段，各工作面要求对称均衡浇筑，两对应工作面浇筑进度差不得超过一个工作段。

2.水箱压载法，即在拱圈（或拱肋）顶部布置水箱，随着混凝土浇筑面从拱脚向拱顶的推进，根据拱圈（或拱肋）变形和应力的观测值，通过对水箱注水加载和放水卸载来实现对拱轴线竖向变形的控制。

3.用斜拉扣挂分环连接浇筑劲性骨架混凝土拱圈（拱肋）时，应选择可靠和操作方便的扣挂及张拉系统，选好扣点和索力，设计好扣索的张拉与放松程序，以便有效地控制拱圈截面应力和变形，确保混凝土从拱脚向拱顶对称连续浇筑的实施。

斜拉扣挂法就是在拱圈（拱肋）适当位置选取扣点，用钢绞线作为扣索（斜拉索），两岸设置临时塔架，在混凝土浇筑过程中，根据各断面的应力情况进行张拉或放松，实现从拱脚到拱顶连续浇筑混凝土。扣点作为施加在拱肋上拉力的作用点，其位置可根据受力要求并考虑钢骨架吊装大段的接头位置合理选择。

扣索的索力可采用制定应力法来确定，即指定拱肋断面的应力在某一范围内，在浇筑某一环混凝土时，若应力在此范围内，可不张拉扣索；若超过指定范围，则用扣索来调整应力。扣索的张拉与放松过程，一般是从拱脚往上浇筑混凝土后，拱脚转而受压，趋于全拱均匀受荷，就要逐渐放松扣索。混凝土浇完，扣索已松完，转变为纯拱受荷体系。

4.浇筑劲性骨架混凝土拱圈（拱肋）时，要严格控制钢骨架及先期混凝土层的竖向、横向变形，其变形值应符合设计要求，相对高差和横向位移应符合检测标准，否则应采取纠正措施。

5.在拱圈合龙及混凝土或砂浆达到设计强度的30%后即可进行拱上建筑以及后期附属设施的施工。空腹式拱上建筑一般是砌完腹孔墩后即卸落拱架，再对称均衡地砌筑腹拱圈、侧墙。实腹式拱上建筑应由拱脚向拱顶对称地砌筑，砌完侧墙后，再填筑拱腹填料及修建桥面结构等。

四、装配式混凝土拱桥施工

（一）装配式桁架拱和刚构拱预制

装配式桁架拱和刚构拱的拱片宜根据跨径和场地大小及吊装能力等因素，选取整片、分段或分杆件的预制方法。分段或分杆件预制时，其分段长度、结头连接类型和方法应按设计规定执行。拱片预制时应设置预拱度，拱顶预拱度确定后，其余各点预拱度可按直线变化设置。

1.拱肋预制一般规定

①拱肋预制可依据跨径大小、安装方法分段预制，分段数量及分段长度应按设计规定或施工设计执行。

②拱肋宜立式浇筑，便于起吊。

③箱形、U形拱肋必须立式预制，混凝土浇筑可采取一次浇筑或二次浇筑法，二次浇筑时施工缝位置应设在腹板以上。

④拱肋卧式预制时，对起吊、扶正应有可靠性措施，不得直接搬起扶正。

2.桁架拱片预制一般规定

①桁架拱片可依跨径大小、架设方法，采取整片、分段或分杆件预制。分段与分杆件分解长度及接头构造应按设计规定执行。

②拱片长度一般采取卧式预制。拱片起吊、扶正必须水平起吊后，悬空翻身竖立，起吊过程要求各点受力均匀，拱片保持平面状态，不得扭、折。

③拱片起吊时，对其薄弱部位应依受力情况予以加固。

（二）装配式桁架拱和刚构拱安装

装配式桁架拱和刚构拱的安装程序为：在墩台上安装预制的桁架（刚架）拱片，同时安装横向联系构件，在组成的桁架拱（刚架拱）上铺装预制的桥面板。多孔桁架拱（刚架拱）采用少支架安装时宜逐孔进行，卸架应安排在各孔拱片都合龙后进行，卸架程序应按照设计要求或根据桥墩所能承受的最大不平衡推力计算确定。

拱片采用无支架安装时，可采用分段、分杆件或悬臂拼装的方法进行。在成拱过程中应及时安装横向联结系和横向临时稳定风缆等。拱片分杆件安装时，宜先安装由下弦杆与跨中实腹段组成的"拱肋"单元，再由实腹段两端向拱脚对称地逐个安装由斜杆、竖杆和上弦杆组成的三角形单元。拱片采用悬臂拼装方案时，还应注意张拉预应力筋必须在相邻两段拱片吊装好并横向联系牢固，形成较稳定的框架之后进行，防止张拉时发生横向失稳。

装配式桁架拱、刚构拱无支架安装的接头类型应符合设计规定。大跨径桁式组合拱的拱顶接头施工还应符合下列规定。

①两岸合龙段构件吊装就位，在封顶以前，应对拱顶接头施加预应力以调整应力，然后浇筑拱顶湿接头混凝土，待接头混凝土达到规定强度后方可松索合龙。

②湿接头混凝土宜采用较构件混凝土强度高一级的早强混凝土。

（三）无支架安装拱圈

拱圈的无支架吊装可根据河床、地形、桥梁跨径、吊装设备等情况选择适当的方案。起重设施、设备均应按有关规定设计、计算确定。

I. 缆索吊机架设的一般规定

①承重主索、塔架、索鞍、风缆、地锚等设施的强度及稳定性以及地基承载力均应按有关规定验算，符合规定要求。

②主索的设计垂度可采用塔架间距 1/20 ～ 1/15，主索的计算荷载应计入 1.2 的冲击系数。

③因塔顶受水平分力作用，为防止失衡、摆动，应设缆索加固。

④缆索吊机组装完毕应全面检查，并进行试吊、试拉、试运行。试吊荷载应不小于使用荷载的 130%。

2. 扣索、扣架一般规定

①扣索、扣架应布置合理，扣架底座应与墩、台固定，扣架顶部应设风缆，扣索、扣架的强度及稳定性应经验算符合有关规定。

②各扣索位置必须与所吊拱肋在同一竖直面内。

③拱架顶面高程应高于拱肋扣环高程。

3. 构件拼装

应结合桥梁规模、河流、地形及设备等条件采用适宜的吊装机具，各项机具设备和辅助结构的规格、型号、数量等均应按有关规定经过计算设计确定。缆索吊机在吊装前必须按规定进行张拉和试吊。

拱肋吊装时，除拱顶段以外，各段应设一组扣索悬挂。整根拱肋吊装或每根拱肋分两段预制、吊装，对中小跨径的箱形拱桥，当其拱肋高度大于 0.009 ～ 0.012 倍跨径，且横向稳定安全系数不小于 4 时，可采取单肋合龙，嵌紧拱脚后松索成拱。大、中跨径的箱形拱，其单拱合龙横向稳定安全系数小于 4 时，可先悬扣多段拱脚段或次拱脚段拱肋，然后用横夹木临时将相邻两肋连接后，安装拱顶段单根肋合龙，松索成拱。

当拱肋跨径不小于 80m 或横向稳定安全系数小于 4 时，应采用双基肋合龙松索成拱的方式，即当第一根拱肋合龙并校正拱轴线，压紧拱肋接头缝后，稍松扣索和起重索，压紧接头缝，但不卸掉扣索和起重索。待第二根拱肋合龙，两根拱肋横向连接固定好并拉好风缆后，再同时松卸两根拱肋的扣索和起重索。

当拱肋分三段吊装时，采用阶梯形搭接接头时，宜先准确扣挂两拱脚段，调整扣索使其上端头较设计值高 30 ～ 50mm，再安装拱顶段使之与拱脚段合龙。采用对接接头，宜先悬扣拱脚段初步定位，使其上端头高程比设计值抬高 50 ～ 100mm，然后准确悬扣拱顶段，使其两端头比设计值高 10 ～ 20mm，最后放松两拱脚段扣索使其两端均匀下降与拱顶段合龙。

当拱肋分五段吊装时，宜先从拱脚段开始依次向拱顶分段吊装就位，每段的上端头断面不得扭斜。首先使拱脚段的上端头较设计高程抬高 150 ～ 200mm，次边段定位后，使拱脚段的上端头抬高值下降为 50mm 左右，应保持次边段的上端头抬高值约为拱脚段的上端头抬高值的 2 倍的关系，否则应及时调整，以防拱肋接头处开裂。

当拱肋分七段吊装时，受施工条件或地形限制无法采用双肋合龙时，在对风缆系统进行专门设计，拱肋接头强度满足该施工阶段设计要求，并经监理工程师审批后，可采用单拱合龙。

4. 在各段拱肋松索过程的一般规定

①松索前应校正拱轴线位置及各接头高程，使之符合要求。

②每次松索均应采用仪器观测，控制各接头、拱顶及 1/4 高程，防止拱肋接头发生非对称变形而导致拱肋失稳或开裂。

③松索应按照拱脚段扣索、次拱脚段扣索、起重索三者的先后顺序，并按比例定长对称、均匀松卸。

④每次松索量不应较大，各接头高程变化不宜超过 10mm，每次松索压紧接头缝后应普遍旋紧接头螺栓一次。当接头高程接近设计值时，宜用钢板嵌塞接头缝隙，再将扣索、起重索放松到基本不受力，压紧接头缝，拧紧接头螺栓，同时用风缆调整拱肋轴线的横向偏位，并应观测拱肋各接头、1/8 跨及拱顶高程，使其在允许偏差之内。

⑤大跨径箱形拱桥分三段或五段吊装合龙成拱后，根据拱肋接头密合情况及拱肋的稳定度，可保留起重索和扣索部分受力，待拱肋接头的连接工序基本完成后再全部松索。

（四）钢管拱肋（桁架）安装

1. 钢管拱肋吊装可采用少支架或无支架法施工。

2. 钢管拱肋分段吊装过程中应同时安装横向联系或采取临时横向稳定措施。

3. 钢管拱肋分段接头施焊，应对称进行，施焊前应用定位板控制焊缝间距，不得采用堆焊。

4. 钢管拱肋安装成拱后，应调整各段接头高程及拱轴线符合施工结构设计。

5. 钢管拱肋其横向稳定系数大于 4 时可单肋合龙，拱肋合龙温度应符合设计要求，若设计未做规定，应在气温接近年平均温度时合龙。

（五）钢管混凝土浇筑

1. 管内混凝土应采用泵送顶升压注施工，由两拱脚至拱顶对称均衡一次压注完成，除拱顶外，不宜在其余部位设置横隔板。

2. 钢管混凝土应具有低泡、大流动性、微膨胀、延后初凝和早强的工程性能。

3. 钢管混凝土压注前应清洗管内污物，润湿管壁，泵入适量水泥浆后再压注混凝土，直至钢管顶端排气孔排出合格的混凝土时停止。完成后应关闭设于压注口的倒流截止阀。管内混凝土的压注应连续进行，不得中断。

4. 大跨径拱肋钢管混凝土浇筑应根据设计加载程序，宜分环、分段隔仓由拱脚向拱顶对称均衡压注，浇筑过程要严格监控拱肋变位，不得超过设计规定。

5. 拱肋钢管混凝土浇筑采用抛落浇筑时，管径很小时可采用外部附着式振捣，管径大于 350mm 则宜采用内部插入式振捣。

6. 钢管混凝土应具有低泡、大流动性、收缩补偿、延缓初凝和早强的性能。拌和时宜掺入性能适宜的减水剂或使用微膨胀水泥拌制。

7. 钢管混凝土的质量检测方法应以超声波检测为主。

8. 为保证混凝土泵送工艺的顺利进行，对大跨径钢管混凝土拱桥，须按实际泵送距离和高度进行模拟混凝土压注试验。

9. 钢管混凝土的泵送顺序应按设计要求进行，宜采用先钢管后腹箱的程序。

第二节　钢桥施工技术

钢桥是指用钢材作为主要建造材料的桥梁，它具有强度高、刚度大的特点，相对于混凝土桥，它可减小梁高和自重。钢桥施工一般可先在工厂预制，由工地现场拼接，施工周期较短，加工方便且不受季节影响。钢桥按常见截面形式可分为钢桁梁桥、钢板梁桥、钢箱梁桥等，本节重点介绍常见钢桥的一般架设施工。

一、钢桥分类

钢桥根据主要承重结构的受力体系可以分为：梁式桥、拱桥、刚构桥、斜拉桥、悬索桥和混合体系桥梁；按截面形式可分为：钢板梁、钢桁梁和钢箱梁等。

（一）钢板梁桥

1. 钢板梁桥的结构形式与组成

钢板梁桥是指由钢板焊接、栓接或铆接，形成工字形的实腹式钢梁作为主要承重结构的桥梁。焊接工字形梁是由上下翼板和腹板焊接而成，具有结构灵活、构造简单、工地连接方便、单个构件质量轻等优点，适用跨径可以达到60m，是中小跨径钢梁桥最常用的结构形式。当跨径较大的桥梁采用钢板梁桥时，主梁高度和用钢量将增加。

（1）钢板梁桥的结构形式

钢板梁桥的基本结构体系可以分为简支钢板梁桥、连续钢板梁桥和悬臂钢板梁桥。简支钢板梁桥是最简单的结构形式；当跨径较大时，多采用连续钢板梁桥，与简支梁桥相比，它有伸缩缝少、噪声小、行车平稳、挠度小等优点，但连续梁对地基不均匀沉降较为敏感，软土地基的连续梁桥附加弯矩较大。

悬臂钢板梁桥是静定结构，弯矩与连续梁桥比较接近，截面比简支梁经济，对地基不均匀沉降不会产生附加弯矩；但是伸缩缝多、悬臂挠度大、线形有折角现象，对行车不利，而且牛腿构造受力均较为复杂，容易引起疲劳破坏等，现已较少采用。

（2）钢板梁桥的组成

钢板梁桥上部结构主要由主梁、横向联结系、纵向联结系和桥面系组成。主梁起到整个桥梁的承重作用，把由横向联结系、纵向联结系和桥面系传来的荷载传递到支座。横向联结系有实腹式梁和空腹式桁架形式，它是为把各个主梁连接成整体，起到荷载横向分布、防止主梁侧向失稳的作用。纵向联结系通常采用桁架式结构，其作用主要是加强桥梁的整体稳定性、与横梁共同承担横向力和扭矩的作用。桥面系主要是为了提供桥梁的行车部分，把桥面荷载传送到主梁和横梁。

2. 钢板梁桥的横截面布置

横截面布置主要确定主梁的根数与间距。主梁的根数与间距直接影响主梁的受力大小与截面尺寸，同时影响桥面板的跨径和受力状态。当桥面板支承于主梁时，主梁的间距决定桥面板的跨径，主梁的横向布置会影响到桥面板的受力，主梁间距过大时往往需要设置内纵梁或较密的横隔板来减小桥面板的跨径。

3. 钢板梁桥的平面布置

（1）横向联结系的布置

上承式板梁桥在两主梁之间设有上下横撑和斜撑。横向联结系的结构形式和数量主要由桥梁的整体横向刚度和主梁的侧向失稳要求控制设计。横梁要求有足够的刚度，通常可以采用实腹式结构形式。对于为防止主梁侧向失稳而布置的横梁，因其仅对主梁的侧向变形起到支承约束作用，故也可采用刚度相对小一些的桁架式横向联结系。

（2）纵向联结系的布置

在上下横撑处两主梁之间的平面内还设置交叉杆，在上面的杆件与上梁的上部翼缘组成一个水平桁架，称为上面水平纵向联结系。纵向联结系对于防止板梁桥施工时的失稳和抵抗横向力及扭矩有很大的作用。

（二）钢桁梁桥

钢桁梁桥的主梁是由位于多个平面内的钢桁架连接形成整体空间结构，来承受荷载作用的空腹式受弯结构。同实腹梁相比，当跨径较大时，桁式主梁具有刚度大、通透性好、用钢量省、制造运输及拼装方便等特点，钢桁架在桥梁工程领域的应用十分广泛，可以作为钢桁梁桥的主要承重结构、悬索桥和斜拉桥的主梁、拱桥的拱肋等结构。钢桁架桥主要包括主桁、联结系、桥道系等部分。

I. 主桁

主桁是桁梁桥的主要承重结构，它由上弦杆、下弦杆和腹杆（两弦杆之间的斜杆、竖杆）组成。各杆件交汇处用节点板连接形成节点。

2. 联结系

要使主桁架形成稳定的空间受力结构，必须设置水平桁架把两片或多片桁架连接成空间受力结构，这个上、下水平桁架，统称为纵向联结系，横向联结系是指为了增加桁梁桥的抗扭刚度并提高横断面的稳定性，以确保各片主桁架共向受力而在主桁的竖杆平面内设置的横向联结。

3. 桥道系

桥道系是指桥面、纵梁、横梁以及它们之间的联结系统。为提供行车桥面，应设置纵、横梁的桥道梁，支撑桥面板，或设置纵、横肋支撑钢板的钢桥面。从桥面传来的荷载经由纵梁传递至横梁，然后传至主桁节点，并最终传至基础。

（三）钢箱梁桥

I. 钢箱梁的主要形式

钢箱梁是指其主梁为薄壁闭合截面形式的钢梁桥。当跨径较大（通常超过 60m）时，设计和施工采用箱形梁桥的形式较为合理。箱梁的构造形式有单箱单室箱梁桥、双箱单室箱梁桥、三箱单室箱梁桥、倾斜腹板的倒梯形箱梁桥、扁平钢箱梁等。

钢箱梁具有很好的受力特性，它的翼缘宽度大，具有很大的抗弯能力，跨越能力较大；具有很大的抗扭刚度，荷载横向分配均匀，适合于扭矩较大的弯桥等复杂桥梁；具有很大的横向抗弯刚度，横向稳定性好，可以抵抗很大的水平力作用，省去纵向联结系，对于单箱结构不需要横向联结系；单根箱梁的整体稳定性好，便于吊装和无支架施工；并且构件数远比工字形梁少，施工速度快；梁高小，适合于立交桥和建筑高度受到限制的桥梁等。

2. 钢箱梁的构造

钢箱梁的组成部分主要是顶、底板、腹板和加劲构件。顶板又兼作桥面之用，分为钢筋混凝土桥面板和钢桥面板两种。为减轻重量，增加箱梁整体性，工程中往往采用正交异性钢桥面板。

（1）正交异性钢桥面板

由于加劲钢板的纵、横肋刚度不同，两个方向的弹性性能也不同，这种具有"正交异性"的板通常就称为正交异性板。箱形截面梁的顶板用作钢桥面板，一般钢板厚度不小于10mm，同时钢板下面还要用密布的纵肋及垂直于纵肋的、分布较疏的横肋来加劲。

（2）箱梁的腹板、底板和加劲肋

箱梁的顶板、底板和腹板，其板厚与高度和宽度之比非常小，是较混凝土箱梁更为典型的闭口薄壁结构，因此必须有一定数量的加劲肋构件，如加劲肋和横隔板来保证其受力性能。腹板的加劲肋仅设在内侧，腹板沿长度方向需要设置焊接或栓接的竖向接头，沿高度方向则随尺寸而定。为保证腹板局部屈曲的安全性，需要设置一定的水平加劲肋和竖向加劲肋。

（3）扁平钢箱梁的构造

扁平钢箱梁结构是由众多纵横加劲梁和盖板组成的封闭式扁平薄壁箱形结构，梁高与跨径和梁宽相比较小，适用于现代大跨度斜拉桥、悬索桥等。

二、钢梁制作施工

钢梁的制作主要包括下列工艺过程：钢材矫正与放样、加工切割、再矫正、制孔、边缘加工、组装、焊接（或铆接）、构件矫正、栓接摩擦面加工、试拼装、除锈涂漆等。

（一）钢材和零部件矫正

钢材由于生产、贮运等原因，以及经过冲、剪分离等初加工制成零件毛坯料后，可能会出现各种各样的变形，在钢梁制作前，应按照工艺要求对其进行矫正。矫正钢材变形可分为冷作矫正和加热矫正。冷作矫正是在常温下进行的机械矫正或手工矫正；加热矫正是将钢材加热到一定温度，然后对其进行矫正。

（二）钢材放样与加工

1. 钢材放样与号料

钢材放样从熟悉图纸开始，首先应仔细阅读技术要求及说明，并逐个核对图纸之间的尺寸和方向等。钢材放样应采用经过计量检定的钢尺，并将标定的偏差值计入量测尺寸。尺寸画法是先量全长后分尺寸，不得分段丈量相加，避免偏差积累。特别应注意各个部件之间的连接部位、连接方式和尺寸是否一一对应，发现有疑问之处，应与有关技术部门联系解决。

放样以 1:1 的比例在样板台上弹出大样。当大样尺寸过大时，可分段弹出。放样过程中碰到技术上的问题，要及时与技术部门联系解决。由于尺寸的变更、材料的代用而产生的与原图不相符处，要及时与设计单位联系做好更改。放样结束，应对照图纸进行自检。检查样板是否符合要求，核对样板数量，并报质检员。

号料是以样板为依据，在材料上画出实样并打上各种加工记号。号料前必须了解原材料的钢号及规格，检查原材料的质量，如有疤痕、裂缝、夹灰、厚度不足等现象应调换材料，或取得技术部门同意后方可使用。号料的钢材必须摆平放稳，不得弯曲。大型型钢号料，应根据画线的方便来摊料，两根型钢之间要留有 10cm 以上的间距，以便于画线。

2. 钢材切割

对于长条板件采取手工号料、多头直条数控切割机下料。对于筋板、端板等各类节点板，可在计算机上编制切割程序，采取数控切割。各类切割件切割前须对号料线、数控程序进行审核，合格后方可切割下料。主梁翼板、腹板长度拼焊缝要错开 200mm 以上。切割后的钢材不得有分层，断面上不得有裂纹，应清除切口处的毛刺或熔渣和飞溅物。

3. 钢材制孔

钢材制孔包括冲孔、钻孔和扩孔。钢材制孔后应用磨光机清除孔边毛刺，并不得损伤母材。螺栓孔的允许偏差超过规范规定时，不得采用钢块填塞，可采用与母材材质相匹配的焊条补焊，打磨平整后重新制孔。螺栓孔的加工采用数控钻床加工，对连接板要采用套钻方法，以保证钢架的组装精度。

4. 钢材组装与焊接

钢结构构件的组装是遵照施工图的要求，把已加工完成的零件或半成品装配成独立的成品构件。零部件在组装前应矫正其变形并达到符合控制偏差范围以内，接触表面应无毛刺、污垢和杂物，并符合相关规定。组装时，配有适当的工具和设备，如组装平台或胎架、夹具、定位器等，以保证组装足够的精度。组装出首批构件后，必须由质检部门进行全面检查，经合格认可后方可进行继续组装。

施焊前应复查组装质量和焊接区域的清理情况，确认材料及焊材是否进行工艺评定。焊接顺序和熔敷顺序是关系到减少焊接变形的重要因素，选择焊接顺序和熔敷顺序时应注意尽可能减少热量的输入，并必须以最小限度的线能量进行焊接；不要把热量集中在一个部位，尽可能均等分散；可采用先行焊接产生的变形由后续焊接抵消的施焊方法；从结构的中心向外进行焊接；从板的厚处向薄处焊接，对于重要结构处的多层焊必须采用多层多道焊，应按照规定对其进行质量检查，检查方法有超声波探伤和 X 射线检查。焊接结束后的焊缝及其两侧，必须彻底清除焊渣、金属飞溅物和焊瘤等，在焊缝附近打上钢印代号。

（三）钢材试装

栓、焊钢梁的某些构件，由于运输和架设能力的限制，必须在工地进行拼装。为了保证钢梁拼装时栓孔不发生错位，因此对杆件工地栓孔的钻制要求非常准确。运送至工地的各构件，须在出厂前进行试拼装，以验证工艺设备是否精确可靠。对杆件进行连接时，按规定冲钉和高强度螺栓总数不得少于孔眼总数的 1/3，在孔眼较少的部位，冲钉和螺栓总数不得少于 6 个。

三、钢桥架设施工

为确保钢桥施工过程有序、合理，各工序必须严格按照施工工艺流程进行。架设施工是钢桥施工的关键工序，它直接影响到钢桥成桥时的内力线形以及工程的整体造价。钢桥架设施工的主要方法有膺架法、悬臂拼装架设法、拖拉架设法、浮运架设法、浮运拖拉架设法、浮吊架设法、顶推架设法、整体架设法等。一座复杂大桥的建设，往往会综合运用以上多种方法。

（一）膺架法架设钢梁

膺架法架设钢梁法是先在桥孔内利用型钢或制式常备杆件（万能杆件）组拼成膺架，再在膺架上组拼、架设整孔或整节（部分）钢梁的一种架梁方法，膺架形式主要有满堂式支架和梁式支架。满堂式支架具有对地基承载力不高、安装方便、受力均匀等优点，适用于没有通航要求的施工现场；梁式支架可以满足有一定通航要求的钢桥架设施工，往往需要在跨间设置临时支墩。因膺架上拼装钢梁施工中须搭设膺架，故适用于桥下净空不高的情况。在膺架上拼装钢梁，可采用纵向分段拼装法和竖向分层拼装法进行组装。

膺架法架梁的施工工序：组拼膺架——膺架顶面铺轨及设置木垛——钢梁组拼——调整拱度——螺栓初拧及终拧——顶梁安装支座——拆支垛、落梁就位——铺设桥面——安装附属设备——油漆。

（二）悬臂拼装法架设钢梁

悬臂拼装法架梁是指在桥位处无法布设连续支架的条件下，钢梁从桥孔的一端开始，逐节悬臂拼装钢梁的施工方法。钢桥的悬臂拼装施工适用于桥墩较高、跨度较大的桥以及在通航河流或水深流急，有流冰或有较多木排的河流上架设的桥梁；钢梁的结构形式有利于悬臂架设时（如连续桁梁、悬臂桁梁等），也可选用悬臂拼装法架设钢梁。

悬臂拼装架设钢梁的主要原则是使拼装好的杆件尽快形成闭合的三角形，组成稳定的几何不变体系，并尽快安装纵横联结系，保证结构的空间稳定，同时先拼装好的杆件，不应妨碍后装杆件的安装与吊机运行。为保证悬臂拼装安全、顺利进行，施工时可对安装应力最大的杆件采取临时加固措施，在伸臂安装应力最大区段加设加劲梁，在墩旁设托架，或在安装应力最大区段铺设预施拉力吊索。

悬臂拼装架设钢梁按照施工方法的不同又可分为全悬臂拼装法、半悬臂拼装法和中间合龙法。

（三）拖拉法架设钢梁

拖拉法架梁，是将钢梁在桥头路堤上或脚手架上组拼，并在钢梁上设上滑道、路堤或脚手架上设下滑道，通过上、下滑道间的滚轴，将钢梁拖拉至预定桥孔，顶落梁就位的施工方法。钢梁采用拖拉法架设施工时，首先应在桥跨附近的相邻孔位处平整场地，布置拼装支架及拖拉支架，拼装支架顶面布置拼装平台，钢梁在拼装平台上使用吊机安装，通过牵引装置在拖拉支架上滑移钢梁至桥跨处，钢梁调整后就位，进行下一步桥面附属施工。拖拉法架设方式有全悬臂纵向拖拉法和半悬臂纵向拖拉法。

钢梁一般一次性拼装完成整体拖拉到位，若为节省下滑道长度，也可随拼随拖。在滑道布置等准备工作完善后即开始牵引钢梁滑移，可采用卷扬机滑轮组连续拖拉钢梁前移，每次拖拉一个节段，滑移过程应尽量平稳，左右行程要一致。

待钢梁拖拉到位且所有高强度螺栓均已终拧后即可开始落梁操作，钢梁的位置调整可通过墩顶布置的横向及纵向调节装置来实现，纵向调整一般在钢梁拖拉至墩顶后大致对位，再通过墩顶千斤顶水平向微调定位。钢梁的横移即先在钢梁的支点下布置千斤顶，各点均匀、同步起顶，利用墩顶（或托梁）上的横移设备，将钢梁横移至设计位置，再缓慢下落至支座上，将钢梁承重点从支架上转换到正式桥墩的支座上。

（四）浮运法架设钢梁

浮运法架梁是在桥位的下游侧岸边，将钢梁组装成整孔后，利用码头把钢梁纵移或横移到浮运支承上，再浮运至预定架设的桥孔上落梁就位的钢梁施工方法。浮运法架梁也可以在浮船的支架上拼装钢梁，然后将浮船拖到桥孔内，再将浮船灌水下沉，或等潮水退落或用千斤顶将钢梁安装在桥墩上。

　　浮运法架梁的主要优点是钢梁可在岸上进行拼装，不在高空作业，安全可靠，质量好，且可与墩台同时施工，节省工期。其缺点是对自然环境要求较高，钢梁底面距施工水位不宜过高，一般不大于 15m，浮运时风力不大于 5 级，岸边有拼装钢梁的场地和修建码头的条件等，适用于水深适当、水位稳定、流速不大的自然条件。

参考文献

[1] 王立朋，张逸飞，黄天懿. 道路桥梁工程材料及施工技术 [M]. 长春：吉林科学技术出版社，2022.

[2] 杭争强，张运山，刘小飞. 道路桥梁工程施工与养护维修技术 [M]. 武汉：华中科学技术大学出版社，2021.

[3] 王海良，张春瑜，贾磊. 桥梁工程施工临时结构设计及案例分析 [M]. 北京：中国铁道出版社，2021

[4] 杜操，徐桂华，王运华. 道路桥梁标准化施管理 [M]. 北京：中国建材工业出版社，2021.

[5] 冉茂平，周兴林，肖神清. 道路路面测试技术 [M]. 北京：清华大学出版社，2021.

[6] 姜志青. 道路建筑材料 [M]. 第 6 版北京：人民交通出版社，2021.

[7] 王国福，赵永刚，武晋峰. 道路与桥梁工程 [M]. 长春：吉林科学技术出版社，2020.04.

[8] 王修山. 道路与桥梁工程概论 [M]. 北京：机械工业出版社，2020.

[9] 马国峰，刘玉娟. 桥梁上部结构施工技术 [M]. 北京：北京理工大学出版社，2020.

[10] 于洪江，李明樾. 道路工程施工技术 [M]. 重庆：重庆大学出版社，2020.

[11] 艾建杰，罗清波. 公路工程施工技术 [M]. 重庆：重庆大学出版社，2020.

[12] 李书艳. 道桥工程施工组织与管理 [M]. 北京：北京理工大学出版社，2020.

[13] 吴留星. 公路桥梁与维修养护 [M]. 北京：中国纺织出版社，2020.

[14] 马涛，黄晓明. 路基路面工程 [M]. 南京：东南大学出版社，2020.

[15] 魏斌，赵金云. 工程测量 [M]. 北京：北京理工大学出版社，2020.

[16] 江斗，刘成，熊文斌. 道路桥梁和工程建设 [M]. 北京：中国石化出版社，2020.

[17] 张忠. 道路与桥梁工程施工技术 [M]. 北京：中国建材工业出版社，2019.

[18] 麻文燕，肖念婷，陈永峰. 桥梁工程 [M]. 天津：天津科学技术出版社，2019.

[19] 丁雪英，陈强，白炳发. 公路桥梁建设与工程项目管理 [M]. 长春：吉林科学技术出版社，2019.

[20] 肖光斌，冯丽霞. 道路桥梁与隧道施工技术 [M]. 西安出版社，2019.

[21] 刘俊广. 公路与桥梁项目施工 [M]. 天津科学技术出版社，2019.

[22] 彭彦彬，张银峰. 道路桥梁工程概论：第 2 版 [M]. 郑州：黄河水利出版社，2019.

[23] 李冬松. 桥梁工程技术 [M]. 北京：人民交通出版社，2019.

[24] 颜景波. 道路施工技术研究 [M]. 天津：天津科学技术出版社，2018.

[25] 刘勇，高景光，刘福臣. 地基与基础工程施工技术 [M]. 郑州：黄河水利出版社，

2018.

[26] 石玥茹，杨娜，宋荣方 . 道路桥梁与建筑工程施工 [M]. 哈尔滨：哈尔滨工程大学出版社，2018.

[27] 高峰 . 公路施工组织实务 [M]. 北京：北京理工大学出版社，2018.

[28] 马洪建，袁其华，范雪，等 . 道桥与管廊工程概论 [M]. 武汉：武汉大学出版社，2018.

[29] 袁猛，张传刚，李桩 . 城市道路桥梁建设与土木工程施工管理 [M]. 长春：吉林科学技术出版社，2018.

[30] 李艳龙 . 浅谈道路桥梁工程施工 [J]. 建筑工程技术与设计，2018（29）：1888.